你缺乏的不是機遇
而是自知之明

李樹蔭 —— 著

PMA學說、卡內基課程……
一本書讓你改變自我，打造積極人生

我在「社會」大學深造中

所有的機遇、成就和快樂，剛開始不過只是一個想法罷了
所以，現在深思細想，你想要的到底是什麼
我想不再生活在別人的眼光中！
我想走出困境，改善我的人生！
我想在框架的限制中尋求自由！
我想執著追求，達到預期目標！
……
本書所講述的成功心理與交際藝術，將為你帶來意想不到的改變 ——

崧燁文化

目錄

目錄

序篇

瀟灑人生，成功始於覺醒

一、你想活得瀟灑，走向成功嗎

逢年過節的時候，親友熟人之間相聚或是通話，總要彼此祝福：「萬事如意」、「心想事成」……不知你想過沒有，「萬事如意」僅僅是人們的美好願望，絕無可能如願實現。好事多磨，人生不易，這是我們每個人都會有的體會和感嘆。然而，「心想事成」這句話卻蘊含著實在而奧妙的人生哲理。當然，從「心想」到「事成」之間還要走過長途遠路，還要跨越深溝大壑，還要穿過障礙與險阻的荊棘叢林，才會見到成功的花朵燦爛綻放，但這奮然前行的過程畢竟是由「心想」這個引擎所啟動和推進的！

說句實在話，所有的機遇、進取、成就和快樂，剛開始的時候都不過只是一個想法罷了。所以，現在讓我們首先靜下心來，深思細想……

你想走出困境，改善自己的人生嗎？你想執著追求，達到預期的目標嗎？你想有效的表現自我，和別人溝通心靈嗎？你想學會推銷自己，去做自己想做的事情嗎？你想靠經商發財，在市場的競爭中立於不敗之地嗎？你想精神致富，熱忱處世，讓平淡的生活變得充實而快樂嗎？你想善於經營管

理，讓自己的企業或部門充滿活力嗎？你想積極的適應環境，在框架的限制中尋求自由嗎？你想風度大方，獨具魅力，獲得友誼和愛情的幸福嗎？你想機智幽默，妙語如珠，掌握說理和育人的藝術嗎？你想拋棄「人言可畏」的包袱，不再生活在別人的眼光之中嗎？你想打碎「害怕失敗」的枷鎖，享受求變創新勝於求成的樂趣嗎？你想更新觀念，選擇控制自己的情感，在生命的延伸中永遠年輕嗎？你想寵辱不驚，自強不息，勇於迎接挑戰，成為一個開拓型的和創造型的人才嗎？……總之，你想活得瀟灑，走向成功，實現自己的人生價值嗎？如果你想，而且是真想，渴望，夢寐以求 —— 那麼，我所講述的成功心理與交際藝術 —— 卡內基課程會給你意想不到的啟迪和切實有效的幫助。

「成功心理與交際藝術」是一片新開拓的知識領域，是求實創新，集科學性、實用性和藝術性為一的新學科。它包括「成功心理」、「實用口才」、「交際藝術」三門主課和口語訓練、體態語言、禮儀風度三項輔助課題。其主導思想就是借鑒西方的「PMA」 —— 積極人生、走向成功的新學說，並結合社會現實情況的成功心理。

成功心理與交際藝術 —— PMA 學說和卡內基課程，比較系統全面而又深入淺出的講述了現代人積極做人處世，爭取自由發展的基本規律和方法。作為系統課程，它是文化教育領域中一項填補空白的創舉；若從產生背景來說，它是人本主義理論精華的結合；從幾年來的講學授課的效果來看，許多學員反映：心靈受到震撼，意識開始轉變……

成功心理與交際藝術，已經使許多學員和讀者朋友深受啟發，獲益匪淺，並在實際生活中取得了成效。有的人從拘謹木訥變得勇於當眾自我表現

了；有的人擺脫了自卑、孤僻的狀態，變得開朗熱情，主動與人交往改善處境；有的人不再生活在「別人的眼光」中，從而取得了求職面試的成功；有的人打碎了「害怕失敗」的枷鎖，終於勇於辭職創業；有的單身人士由於觀念改變，學會了選擇，終於贏得了愛情；有的自由業懂得了有效交流，成為頗有風度的「外交官」；有的大學生勇於在「社會大學」裡深造，幾經跳槽，當上了自己想當的公關；有的文藝愛好者不再避短藏拙，而是勇於表現真實的自我，結果成為演講比賽的獲獎者或節目主持人；有的普通員工懂得了積極適應環境，發揮了自己的才幹，職位得到提升；有的中年知識分子學會了如何表達分歧，出於愛心說話，從而改善了家庭關係；有的廠長、經理和機關高層明白了自由平等的涵義，轉變了意識，發現了有效管理和溝通的新天地……總之，事實已經表明，「成功心理與交際藝術」這門新學問是有助於人們開發潛能、提高素養的良師益友，是有助於人們駕馭生活、自我實現的無價之寶！

　　所謂「指南」和「法寶」絕非我的發明和創造，而是人人都有的資源和能力。心理態度、精神力量難道不是人人都有的指南和法寶嗎？但這個東西有正確與錯誤、積極與消極兩個方面。我們有許多人往往習以為常的使用消極和錯誤的那一面，如果轉變過來經常使用積極和正確的這一面，這就是成功的心理。可見，成功心理是生活中存在的，任何人都有可能掌握的法寶。我的著述只是啟迪和幫助你檢驗和調整自己的心態與表現，不可能把你根本沒有的東西給予你。我所能給予你的僅僅是某種程度的啟迪和幫助，它就像一串迸發的火花，能否點燃你的心靈，讓你的生命熊熊燃燒，那就靠你自己的領會、選擇、夢想、追求、實際應用和具體實踐了。

我堅定不移的相信，世界上最科學、最有價值的著作和講課，不是放之四海而皆準的指令、法則和教條，只要人們，恪守照辦就行了，而是透過事實、道理、啟發幫助人們開闊眼界、開放思想，充實和啟迪屬於自己的頭腦。本書是我為現代人生的成功之路所寫的，是建立在一個實在的原則基礎上的，這就是每個人都有自己的頭腦，唯有自己的頭腦才是真正的法寶！因而，本書就一種著述和課程而言，它不是什麼神奇的祕方，而是求實創新、不斷探索的精神火光。它不是一塊路牌號誌，你只要遵循照辦就一定會避免岔道不走彎路，並到達目的地，它是一座讓你可以登高望遠，自由選擇價值觀念和人生道路的康莊大道；它不會改變我們所面對的這個紛紜複雜又不盡人意的現實世界，卻有可能促使一個人的心態和生活發生深刻的變化，突破環境的局限，主宰自己的命運！只要樹立了成功心理，就會獲得新生，走向成功！有一個熟人就是透過學習了這門新學問，改變了心態，從而獲得了新生，走上了成功之路！

他已經四十多歲了，經歷坎坷，命運多舛，曾經長期從事文學創作，嘔心瀝血寫作二十多年了，還不是一個成功的作家。

儘管他曾寫過十來個大型話劇的劇本，也都由專業文藝團體演出了，其中有的還曾獲獎，甚至轟動一時，但事過境遷，回頭一看，他的那些劇本十之八九都早已成了連自己都不屑一顧的廢舊物品了。但他本人並不是廢舊物品，而是一個有追求，肯務實的人，他不僅在創作上肯下苦功夫，而且敢在科學與民主慘遭踐踏的時候說幾句真話……當然，其結果並不叫人羨慕，他幾次都是碰得頭破血流。關於他以前怎樣受批判，還有個人生活上的倒楣事情，不必多說了。跟某些著名的文化人相比，他能活下來就算是幸運的了！

序篇 瀟灑人生，成功始於覺醒

　　他很快又寫出兩個劇本，得以演出，獲得好評。可是好景不常，由於他總是「傻」得出奇，不合時宜，甚至為了追求真情實感而不惜「身敗名裂」。在轉業的前後，他的處境又陷入了危機：無端被人指控，背上了可怕的罪名；突然生病住院耽誤了工作的好機會；禍不單行，多年辛苦寫作的長篇小說出版落空……事情糟糕到這般地步，長期累積下來的苦惱、憂憤、困惑、迷惘……使他走投無路，精神崩潰。他多少次徹夜難眠，思前想後，卻理不清紛亂的思緒，只是痛感人生太艱難，簡直是活受罪！他多少次自我反省，想換個活法，可分明是命運總是和他作對，而一個人能夠改變自己的命運嗎？但他仍不肯放棄讀書與思考。拜倫說得好：「一滴墨水可以引發千萬人的思考，一本好書可以改變無數人的命運！」

　　就在這極度苦悶壓抑的境遇裡，他有幸讀了戴爾‧卡內基的《語言的突破》、《人性的弱點》；他讀了拿破崙‧希爾的《人人都能成功》；他讀了關於人本主義心理學的譯著《人的潛能和價值》；他讀了凱蘇拉的《去爭取 ——如何改變你的命運》………這些指點迷津的書，使他驚喜的發現了自信的依據、人生的美學和選擇的權力，這些書使他懂得了應該重新思考自己所面臨的困難和問題。一個人的境遇並不是最重要的，最重要的是一個人的心理反應和對自己的生活重新選擇、掌握主動權並負起責任。我們所遭受的艱難、挫折和打擊並不是人生的失敗，而是在社會大學裡的進修和深造，而且困難、挫折、偏見、誤解這些讓人不喜歡的東西將繼續並永遠如影相隨，如約作伴。怨天尤人、逃避、呼救是沒有出路和成效的，只有心態改變，自己救自己，壓力才會變成動力！我們個人無力改變這個不夠理想也不可能理想的現實世界，但我們有能力改變自己！我們不是因為幸運而自信，而是因為自

信而幸運；我們不是因為幸福而微笑，而是因為微笑而幸福！沒有你的同意，有誰能讓你感到自卑和苦惱？你不做出自己的選擇，哪裡會有什麼機會和轉折來叩響你的房門？你的心態對了，那麼你周圍的世界也就變得正確了！這就是成功心理學給人的啟示與激勵。

於是，他振作起來，重新起步了。人生中有價值的東西，都值得我們為它而勞動，何況它還具有幫助人們改善人生、走向成功的巨大價值。他打定了一個主意，認準了一個目標：一定要把自己的深切體會告訴別人，一定要嘗試一下成功心理與交際的新學說，於是，他開始著書立說，辦班講課。後來，他為了全力以赴開拓這項新的事業，索性辭去公職，來個破釜沉舟。就這樣，他創辦了一個卡內基口才與交際藝術學校；他寫出一部又一部關於成功心理、實用口才和交際藝術的書稿。幾年來，他接受講課的邀請不斷，很受歡迎；他的著作接連出版，得到好評；他的經歷被媒體多次報導；他的命運終於能夠掌握在自己的手中……

說到這裡，你自然會想到，這個倒楣又幸運的「他」就是我本人。值得安慰的並不是我的努力總算得到了一些鼓勵，而是我對自己所著述的學問能夠身體力行，實際去做，並透過親身的實踐來檢驗它的成效。正是這門開拓性的新學說使我改變了心態，做了自己想做的事情，成了自己想成為的那種人，使我活得瀟灑，走向成功！也使我的許多學員和讀者朋友懂得了什麼是成功的心理、瀟灑的人生！

但在這裡，我要著重說明：「成功心理與交際藝術」這門新課程，並不是僅僅依據我個人經驗的私見，而是奠基於西方一些專家學者的科學研究，從精神文化的意義上講，它是這個時代的產物。

序篇

瀟灑人生，成功始於覺醒

因為自有人類以來，不知有多少思想家、教育家和傳教士都一再強調信心與意志的重要性，這無疑是正確的見解。但是很可惜，由於文明程度的局限，他們都沒有指出信心與意志是任何一個平凡之人都可以透過轉變意識，重新選擇而誘導和修練出來的積極心理態度，而改變心理上的自我暗示，發展積極的心理態度，這正是成功心理學的卓越發現和貢獻。就是說成功者原本並非是具有特殊才能或雄厚資本的人，恰恰相反，他們正是生活中平凡的人，他們所做的努力，付出的辛勞也不一定比未能成功的人更多。他們為什麼能獲得成功呢？因為成功的人都懂得主宰自己的命運。所以，成功心理與交際藝術這門新學說將會告訴我們：任何一個普通人或失意者，都可以透過發展積極的心理態度和掌握口才與交際藝術而走向成功之路！

二、卡內基課程為什麼卓有成效

成功心理、口才與交際的學問在歐美國家早已盛行，在中國才剛剛起步。如果你讀過他的書，那麼你就會知道「卡內基」這個名字意味著什麼。這位著名的教育家以其驚人的勞動和畢生的精力教人們如何說話，如何演講，如何掌握心態，如何與人交際，如何改善人生、活得瀟灑……他的《人性的弱點》等著作曾被譽為繼《聖經》之後的世界第二暢銷書；他所開創的卡內基課程早已成為口才、交際和成功心理學教育的代名詞；他所創辦的卡內基學院包括它遍布西歐各國的分支機構，已經多達一千七百多個。接受過卡內基課程培訓的人們，不僅有各行各業的從業人員，還有許多是明星、企業家、州長、議員以至總統。總之，卡內基課程的學員人數多達千萬，影響了二十世紀的三代人。

有的市長和議員參加競選失敗了，學完了卡內基課程後再度參加競選便取得成功。其中有個路易斯・韋爾契，他不僅反敗為勝，並連任了五屆市長。有的公司老闆不善於和人打交道，和員工的關係很糟糕，當他從卡內基學院畢業，便學會了與人溝通，改善了人際關係，使成百上千原先與他敵對的員工變成了朋友，取得了經營管理的成功。著名的石油大王洛克菲勒曾因憂慮過重，瀕臨死亡，後來得到了卡內基課程的幫助，他改變了心態，恢復了健康，又多活了半個世紀。類似這樣的事例很多，不勝枚舉。

卡內基課程對於美國現代超級企業家李・艾科卡的勇於進取也起了很大的作用。艾科卡是移民之子，這種出身不是讓人自卑，就是促人自強。艾科卡大學畢業，到福特汽車公司當了一名見習工程師，但他對技術工作沒興趣，便主動爭取當推銷員。他做推銷很有活力和成效，很快被升為銷售部主任。就這樣一步一步的發奮進取，在一九七〇年代初，他當上了福特公司的總經理。在他登上高峰的七八年之後，董事長突然把他解雇了。他滿腔悲憤，簡直氣瘋了 —— 但不知要氣福特，還是氣自己。

艾科卡沒有倒下去，而是接受了一個新的挑戰。當時，有好幾家大公司都邀請他去擔任要職，他都沒去，而是應聘到瀕臨破產的克萊斯勒汽車公司出任總經理。這年他五十四歲，是個尷尬的年齡，退休為時尚早，另起爐灶又嫌太晚，被突然解雇的打擊已夠慘重，和克萊斯勒公司這條待救的破船共濟命運，倒是很相配。於是，他毅然接下了沒人敢接的爛攤子，大刀闊斧的整頓企業，並舌戰國會議員，說服政府官員，爭取到了巨額貸款，重振企業雄風。一九八三年八月十五日，就在五年前他被福特解雇的這個紀念日，他還清了九億多美元的債務，一年後又宣布盈利二十四億美元 —— 打破了歷年

記錄的總和，取得了令人驚奇的成功。

艾科卡怎麼會起死回生、創造奇蹟呢？我們不便猜測他有什麼特別的祕訣和高招，但從《艾科卡傳》中卻可以發現一點線索。

他自己說：「如果要用最簡短的話來概括優秀管理者的才能，那就是一切要靠善於決斷，善於與人打交道。」他又說：「我要鼓舞人們去工作，唯一的辦法是與他們交談。雖然我在中學時代參加過論辯小組，但我以往是怕演說的，在工作的最初幾年裡，我依然是個內向的、怕見世面的人……但是，在我進了卡內基學院攻讀了演講術以後，我學到了演說和交際的一些基本技能。這些知識和技巧，我至今還在用，它使我感到輕鬆，獲得自信。有時，即使沒有被邀請，我也樂意站起來講話，我喜歡這種挑戰。訓練的整個目的，是使我們不要那麼拘謹。對我來說，這種辦法確實起作用。所以直到如今，我仍是卡內基課程的忠實信徒。我認識許多工程師，他們有極好的設想，但要他們把設想對別人說清楚就有困難……於是，我曾決定由公司出錢送了幾十個內向性格的工作人員到卡內基學院去學習。學完之後，他們大多數人確實有很大的改變……」

顯然，事實早已表明，卡內基課程確實是人們開發潛能、提高素養的有效途徑，是人們駕馭生活、爭取成功的無價之寶。正因為如此，不僅有許多人自己要學，而且有許多企業、團體和部門也把卡內基訓練看作是培養人才、發展事業的需要，並因此紛紛支持資助卡內基辦學培訓。他們有的把本機構的全部管理人員或多數職員送到卡內基學院接受培訓，還有些機構索性在本部門開班培訓。不少機構則把是否接受過卡內基培訓作為聘任的條件和招攬生意的榮耀。維吉尼亞州洛亞諾克市的好樂百貨公司不僅把售貨員全部

送去接受卡內基課程的培訓，而且在當地報紙上特意刊登畢業班的廣告，附上照片和卡內基顧客關係班的說明，以此來提高本公司的信譽和形象。

據卡內基學院一九七九年對美國一萬五千名學員所做的調查，近百分之六十的人是由老闆推薦而參加卡內基課程培訓的，百分之七十二百分之二的學員是由公司負擔學費。據說，由公司或機構出資參加學習的比例，近年來已高達百分之八十以上。

卡內基課程作為傳授口才與交際藝術的成人教育，究竟有什麼特點和奧祕呢？

一九五五年卡內基逝世時，華盛頓一家報紙刊載的文章中有這麼兩段話：

「百萬人受他源於常理的哲學所影響，這些哲理如文明一樣老，如十誡一般簡明，但卻極有助於人們在這個狂亂的時代裡，獲得快樂和成就。」

「卡內基並沒有解決宇宙的深奧神祕。但是，在幫助人們學習如何相處上，或許他比這一代的任何人做得都多 —— 而這一點似乎是人類最大的需要。」

這些話很耐人尋味。讀過卡內基著作的人大多會有一種感受：書中所談的許多道理並不深奧，也不十分新奇，而是通俗易懂，相當淺顯的。就社會道德觀念而言，卡內基的許多教誨和古訓、俗話、諺語一樣如出一轍。甚至可以說，卡內基所宣導的社會道德觀念、做人處世原則，並非西方社會的產物。早在兩千多年前，孔子就已提出了以「仁」為核心的儒家道德觀念和人際關係的學說。孔子的「仁」就是「克己復禮」，克制自己的自大，以禮待人，「己所不欲，勿施於人」，也就是說，只有以己思彼，常存愛心，尊重他人，才能得到他人的尊重和愛護，實現人際關係和社會交往的密切和諧。至

序篇 瀟灑人生，成功始於覺醒

於「以和為貴」、「和氣生財」這些古訓和常言，卡內基早已在他的著述中引用了。由此可見，卡內基所主張的做人處世的思想觀念，如果分解開來獨立的去看，只當做一種言行規範去看，那就無法解釋卡內基課程為什麼會卓有成效、使人提升。

有人說，孔子作為古代思想家只是提出了一種基本的做人處世的規範，而卡內基作為口才與交際藝術的教育家，則為實現這些已有的規範、深入人的心理和人際關係的細微之處，提出許多具體而微妙的方法與技巧，為那些陷入人生困惑、遭受挫折的人們樹立了路牌號誌。還有人說，卡內基課程之所以從美國流傳到西歐、日本，又從西方流傳到東方許多國家，並為現代社會普遍推崇，這是因為人類社會存在一種超越民族、超越時空的價值認知。

而卡內基正是把人類共同的價值認知加以總結和推廣，因而才成為名滿天下的成人教育家。也有人分析說，卡內基課程和著作的基本原則是要尊重每個人都應該得到的待遇和權利。它強調個人奮鬥與人際關係的協調結合。這種原則產生於一九二〇至一九三〇年代美國經濟大蕭條的特定時期，人們當時急於擺脫困境，尋求成功致富之路。這種渴望正與卡內基迅速有效取得成功的原則相吻合，所以產生了極大的吸引力和衝擊……

諸如此類的體會解說不無道理，但似乎都沒有說出卡內基課程的真諦和精髓所在，也不足以闡明卡內基課程卓有成效、普遍需要的根本原因。老實說，這個重要問題在我心裡也似是而非、纏繞已久。但經過反覆的學習思索總算有了點眉目。這就是卡內基的教學思想和內容沒有停留在教人做人處世的一般道理上，也沒有局限於演講與交際的方法和技巧上，而是特別重視改變人的心態，提升心態。這是卡內基課程卓有成效的根本原因和關鍵所在。

對於這個問題我們不妨以卡內基課程的教學原則和特點來加以論證。

1. 培訓演說術，建立自信心

卡內基課程講授和訓練演說術，但其宗旨不是培養演說家，而是培養自信心。大多數學員反映說，他們雖然也得到其他的益處，但最主要的收穫是自信心的增強，心理態度變得積極了。為達此目的，卡內基課程要求每個學員，在每堂課裡至少當眾講話一次，透過「參與」練習培養克服畏懼所需要的自信意識。

卡內基的主要著作中有一本書叫《語言的突破》，就口才與演講的技巧來說並沒有多麼重大的突破，但突破什麼呢？就是要突破畏懼心理，發展積極的心態，釋放束縛的智商，「讓別人能看到你的腦海和心靈。一個人在別人面前，在大眾面前，清晰的傳達出自己的思想和意念，在你這樣努力去做而不斷進步時，你便會發覺，你 —— 真正的自我 —— 正在人們心目中塑造前所未有的印象，產生前所未有的震撼……因為當你著對別人講話時，你的自信心也會隨之增強，而你整個人的性格也會越來越溫煦，越來越美好……」

為此，卡內基告誡他的教師要記住他們的責任：「征服畏懼以及培養儀態、勇氣和自信。」卡內基不僅要求學員勇於和樂於當眾演講，而且要求作為聽眾的學員們樂於聽，並樂於給予鼓勵。他說：「不管這個人站起來講話犯了什麼錯誤 —— 就算他怕得只說出半句話，這個人都應該得到祝賀，因為他做了一千個人之中才有一個人有勇氣做的事 —— 改進全世界最重要的一個人 —— 這個人就是自己。」以建立和發展個人的自信心和價值感來改善人生、促進社會進步，這就是卡內基的實在而又高明之處，比起以往的聖賢哲人總是強調教條式的規範，這確實是一個具有重大意義的突破。

2. 傳授交際術，人性更熱忱

卡內基有一個基本觀點就是一個人的事業成功、生活幸福，只有百分之十五是由於他的專業知識和技能，而百分之八十五要依靠人際關係、處世技巧。因此，他的教學思想既著眼於人的自信心的培養，又很重視人與人之間的交往、溝通和寬容。他還汲取了心理學、管理學和行為科學的新成果，促使人們成為事業成功、生活幸福的快樂人。

人字最容易寫，但做人卻最難，難就難在人是各種各樣、千差萬別的，這就構成了人際關係的錯綜複雜，難以掌握。一個人怎樣才能被別人接納，到處受歡迎？

為了給人們提供一點切實有效的幫助，卡內基不是簡單的輯錄先哲名家的警句箴言。而是面對社會現實，做廣泛深入的調查研究，力求從人的本性出發，總結出規律性的有實用價值和普遍意義的理論。為了寫作這樣一本書，他付出了驚人的勞動力。

他首先閱讀了他所能找到的所有資料，從美國狄克斯的報紙信箱問答、離婚的法庭記錄、各種雜誌……乃至著名社會學家、心理學家的有關著作，並且用了幾年時間，僱用了受過他訓練的研究人員，在各個圖書館中代讀查閱他所遺漏的書籍資料。瀏覽了千萬篇文章，翻閱了各個時代偉大人物的傳記，僅美國總統羅斯福的傳記，他們就讀了一百多本……總之，他像蜜蜂採蜜、沙裡淘金一樣探索人際關係和人生哲理的真諦，寫出了一本旨在啟發幫助人們開發自身潛藏的才能、克服人類天性中的弱點、通情達理的處理人際關係、走向成功的書。這本書就是《人性的弱點》。

卡內基關於人際關係的基本原則是：對人不要輕易批評、指責和抱怨，

而要表現出真誠的鼓勵、感激和讚賞。他引用富蘭克林說白己做外交官成功的祕訣是：「我不會說任何人的缺點……我只說我認識的每一個人的優點。」為什麼要這樣呢？因為人類本性最深的需要是渴望得到別人的讚賞。這不是庸俗的關係學，而是偉大的真理，是為了發展人與人之間的相互尊重和友愛。卡內基指出：「把你渴望的東西獻給對方。」而且要發自內心的真誠熱情的讚賞。在卡內基課堂上，學員總是為說話的人熱烈鼓掌以示讚賞，教師也總是以感謝說話的人和稱讚講話的內容來表示欣賞。你要別人喜歡你，必先喜歡別人，所以容納、理解和讚賞比任何批評都更有益處，更有趣味，也更有成效。如果你想讓一個人對你反感，至死都仇視你，那你只要對他口吐一句惡言就行了。既然無數事實都已證明「惡語傷人六月寒」，我們當然要追求「良言一句三冬暖」了。

一個汽車加油站的小老闆希望有更多的司機到他這裡加油，怎麼建立這種理想的關係呢？他的辦法就是依照登記的汽車號碼，查用戶地址，經常給用戶寫感謝信，一人一封，堅持不斷。結果，老用戶一個不少，新用戶不斷增加。

鋼鐵大王卡內基經常對他的屬員表示感謝和讚賞，他的企業蒸蒸日上，具有很強的凝聚力和競爭力。他的墓誌銘寫著這樣一句話：「這裡躺著的是一個知道跟那些比自己聰明的下屬相處的人。」他死後還要讚賞別人，真是把人際關係的祕訣鋼鐵澆鑄，銘心刻骨了。

每個人所交往相處的人並不是邏輯之人，而是感情之人，是既有一定優點也有某些缺點的人。你和某人相處並不一定因為你喜愛他，但你必須尊重別人，就像你要別人尊重你一樣。你必須承認別人具有你作為一個人所應該

具有的同樣權利。你必須公正待人，並且讚揚他們的努力，原諒他們的錯誤，正如你期望別人這樣對待你一樣。確認個人的重要，而又以現代方式表達出《聖經》中「欲人施於己者，必先施於人」的金科玉律，這就是卡內基課程在人際關係學上的精髓所在。

3. 憂慮可征服，自立新境界

卡內基課程的第三個特點是重視心態與感情對人的言行的支配作用。他認為：憂慮是人類面臨的最大問題之一。因為在醫院裡，經常有半數以上的床位讓那些精神和情緒上有問題的人占據了。他還了解到，在培訓班上，無論是高級主管，還是家庭主婦，無論是推銷售貨人員，還是工程師和會計，幾乎人人都有各式各樣的憂慮和苦惱，需要為他們開一門征服憂慮的課。但是，當他翻遍了紐約公共圖書館，找到談憂慮的書僅有二十多本，而且沒有一本可以作為他的培訓班的教材，於是他決定自己來著述。他閱讀了大量的曾經面臨嚴重問題的著名人物的傳記，從中尋求這些人物是怎樣解決難題的，又約請幾十位人士交談，請教他們征服憂慮的方法，又把總結出的基本原則和做法，讓學員們在生活中應用，然後再討論他們應用的效果和體會，以便充實和完善。就這樣，他完成了《人性的優點》和與其相關的《快樂的人生》的著述。

卡內基征服憂慮的妙方第一個要點是：生活在現時中，生活在獨立的今日。他強調關閉過去，把已死的過去埋葬掉，不要以悔恨去陪葬！把未來也像過去一樣關閉起來，憂慮未來就是今天的精力浪費、精神壓力和疲累。我們要培養生活在獨立的今天之中的習慣，把今天過好，只有今天是屬於自己的實實在在的一天！

這個意思當然不是過一天算一天，也不是不要總結過去，預想未來。這裡的界限在於從消極和積極兩個不同的方面考慮。

征服憂慮的妙方另一個要點是從積極方面看待問題。如果你有擔憂的問題就可採用這樣一個萬能公式：1. 可能發生的最壞情況是什麼？2. 如必須接受，那就接受它；3. 然後想辦法改善最壞的情況。如一個患有胃潰瘍，大出血，體重很快從一百七十九磅降到九十磅，即將垂死的病人。最壞的情況就是一死，他爽快接受，然後帶上棺材去旅行，享受最後的生活快樂，結果病情逐漸好轉，體重增加四十磅。醫生曾宣布他大約只能活半年，他玩了三年反倒好了許多。與此相反，一個女孩子做檢查，醫生弄錯了，說她患了肺結核。幾年之後她又檢查，果真得了肺結核，但查驗結果證明這是她第一次檢查以後才得的。這就是心理上自我暗示的作用，精神決定健康。

半杯咖啡，你是憂慮缺少半杯，還是高興已經得到半杯？再如你缺少一雙新鞋，經常為此感到難過，但你走到街上看到了一個沒有雙腳的人，你又會怎麼想呢？所以說，人的感情是可以控制和選擇的。卡內基就教導人們積極的選擇，使人生變得快樂。

綜上所述，我們可以引用卡內基的夫人、助手和事業的繼承人桃樂絲‧卡內基的論述來總結卡內基課程的基本原則和精髓所在。她說：「我們不能夠改變一個人的為人 —— 即使我們能夠，我們也不會這樣做。我們所能做的只是幫助一個人，更有效的運用他所具有的天賦才能和任何優點。征服了畏懼和憂慮，一個人就能表達他所要表達的任何意思；在這種辦法之下，整個的人就能致力於自我實現的心願。這種能表達自我的新自由所帶來的快樂和力量，常常可以改變一個人的生活、思想和行動方式；但是人的本身並沒有改

變——只是比以前更能夠開發運用他自己的稟賦而已。我們不能把人們內心裡所沒有的資質給他們，但可使他們認識自身的資質，並鼓勵他們去開發自己的資質。」

這番話裡蘊含著卡內基課程的精髓實質：就是啟示和希望人們自我肯定，視自己為一個有價值的人，並因為真正有了「自知之明」而達到自己所嚮往的目標。正是由於堅持貫徹以人為本，促人上升的思想原則，卡內基課程的成人教育才卓有成效，並影響了全世界。

三、我們這個時代最偉大的發現

基於自我肯定，發展積極心態。這樣一個以人為本，使人上升的指導思想引導我緊緊抓住了創辦口才與交際藝術社會教育的總樞紐和突破口。但它只是一種教學思想嗎？只是一種克服心理障礙、勇於自我表現的有效途徑嗎？它是不是現代人切實可行、最有價值的人生觀念和生活方式？是不是能使任何人都可以重塑自我、改變命運、走向成功呢？……這一連串的求知與思索的問號促使我一頭栽進了更為深廣的人文科學的領域，使人驚喜的看清了一個更加令人振奮和令人著迷的新天地；人人都有巨大的潛能，人人都能走向成功！這是當代西方文化教育界已經高高舉起的思想旗幟，是我們這個時代最偉大的發現！人本主義心理學和成功學等新思潮與新學說，不是一般的古訓常理的總結，也不是趕時髦、追名利的浮囂，而是一門具有普遍意義的人文導向的科學！儘管有關的著述在翻譯出版得很少，我也沒有機會和條件對它們深入全面的學習和研究，但僅就我能看到的一個粗略輪廓就使人感到這是升起人的太陽！它為我結合社會現實和文化心理編著和講解自己的成

功心理學達到了奠基和參照的作用。

　　成功的人生，自古就有；創業的哲理，世代相傳；實現理想，人人都有過美好的心願。可是，不要說舊時代的老百姓，就說今天的普通人吧，真正能做到主宰自己的命運，而不是說服自己聽天由命的人究竟有多少呢？經常是還沒有行動起來，還沒有拚搏一場，心中的希望和曾有過的理想便遭到沉重的打擊而默默的消逝了。在許多人看來，這個世界不屬於自己，而屬於別人。所謂別人是指那些有權勢的強人，有地位的名人，發了財的富人和有特殊背景與機遇的幸運之人；而自己是既平凡，又渺小，除了安分守己、循規蹈矩又能怎樣呢？甚至連什麼是人生的成功還弄不清楚呢！實際上許多人的一切苦惱、憂愁和無可奈何，絕非命裡注定，而僅僅在於我們還沒有覺醒，還沒有發現我們的正常生活其實並不正常！

　　據傳，有個奇怪的孤島，那裡的傳統風俗是嬰兒一生下來就要被砍去右臂。這些獨臂人，在我們看來均屬不健全、不正常的身心障礙者，但在這個奇島上因為傳統習慣如此，人們卻覺得自己和別人的身體條件和活動能力均屬健康而正常。這是多麼可怕而又可悲的傳統習俗呀！世界上究竟有沒有如此殘害人體的怪島，我們不必去考證，但我們可以由此類比而沉思：在我們發育成長的過程中是不是也有某種根深蒂固的傳統習俗使我們的文化心理受到損害和壓抑呢？是不是只因我們周圍的許多人都是心理貧血、精神缺鈣，而我們就習以為常的把我們的人性殘疾也看做是健全而正常的事呢？現在有一種學說，有一種法寶，能使我們覺醒，能使我們發現並治癒人性的殘缺，你不想試試嗎？你不想開發自身的潛能，實現人生的價值嗎？一旦在你的心目中有了一個可以指望、可以信賴的人，前程就會變得遠大，心願就能變成

序篇 瀟灑人生，成功始於覺醒

現實！這個可以指望信賴的人不是別人，不是你的師長，也不是你曾崇拜過的某個名流偶像，而是你自己！哪怕你實在覺得自己平庸、渺小，甚至不幸，這個世界也同樣屬於你！這就是成功心理學的偉大邏輯！

拿破崙・希爾出身貧寒，母親去世很早，而他在父親和哥哥們的心目中卻是一個「該下地獄的孩子」。這個「沒有出息的倒楣鬼」、「壞孩子」唯一的幸運是繼母肯定了他的聰明伶俐。正是這僅有的激勵和祝福使他發展個性，發憤圖強，苦學務實，走上了成功之路，並成為創立美國成功學的代表人物。

年輕的希爾在為一家雜誌社工作時，曾去訪問並結識了著名的鋼鐵大王、哲學家兼慈善家安德魯・卡內基。卡內基十分善於理解人和激勵人，他曾對希爾說：「在這個偉大的國家中，一個人，一個外國人或者其他任何一個人，憑藉著什麼能創立一番事業，獲得財富，取得成功呢？」希爾還未來得及回答，卡內基又說：「我向你挑戰，你將一生中的二十年用於研究成功的哲學，怎麼樣？你願意接受我的挑戰嗎？」

「非常願意！」希爾痛快的回答。

此後，希爾在自謀生計的同時，借助一切機會和可能，訪問調查了五百多個業績卓著的成功者。恰好在希爾訪問卡內基之後的二十年，他的著作《成功規律》出版了。這部名著產生了世界範圍的影響。幾年後，當希爾擔任威爾遜和西奧多・羅斯福這兩屆美國總統的顧問時，又出版了《思考致富》。後來，他又和克里曼特・斯通合著了《人人都能成功》。這些成功學的代表作激勵了千百萬人去獲得財富或者成為業績卓著的成功者。

為什麼拿破崙・希爾這個「該下地獄的孩子」，也如同出身貧寒、曾經深

感自卑的戴爾・卡內基一樣會成為開創偉業、馳響世界的成功者呢？為什麼任何一個普通人，甚至是失意不幸的普通人能改變自己的命運，走上成功之路呢？這正是成功心理學所要揭示的奧祕。在這裡，為了簡略說明成功心理並不僅僅是某些個人的寶貴經驗和奇蹟，也不僅是某些早已有之的古訓常理的實踐總結，而是時代新思潮的結晶，是人文科學突破性的新發展，我們有必要了解一下人本主義心理學的產生及其基本觀點。

西方的人本主義心理學是二十世紀後半葉形成的一個心理學的新學派。它是當代人文科學研究發展的新趨向和新成果，已經在歐美發達國家的社會各界產生了積極而重大的影響。從某種意義上講，它是成功學在科學論證的理論體系方面的同盟軍，其代表人物馬斯、羅傑斯和弗洛姆等著名學者聲稱：他們的學說是哲學人本主義的繼承和發展，是對現代心理學的開拓。

產生於歐洲文藝復興時期的人本主義哲學是人類歷史上一次劃時代的思想解放運動，它強烈反對封建主義和宗教桎梏對人性的壓抑，明確主張維護人的良知和健康感情，使人的道德意識在擺脫禁慾主義束縛的基礎上得到積極的發展，適應和促進了近代歷史進程的迅速發展。而人本主義心理學就是在新的歷史條件下繼承了哲學人道主義的傳統，面對現代社會物慾橫流、激烈競爭和人被異化的複雜現象，在更高的層次上提出了人的尊嚴和價值問題，並著重於對人的潛能和價值建立一個健全的體系做出科學的論證。其基本觀點是：

1. 人的本性是良性的，至少是中性的，惡是派生的，是人的基本需要受挫引起的。

2. 在生物進化的階梯上，人有高於一般動物的心理潛能。心理潛能高

於生理潛能。

3. 人的需要有層次結構，動機也有高低的層次。只有低級需要得到基本滿足才會有高級動機；只有高級需要得到滿足才能產生更深刻的充實感和幸福感。高級需要比低級需要有更大的價值。

4. 高級需要包括愛的需要或社會交往的需要，因此，人的自我滿足和利他主義是基本上一致的。

5. 創造潛能的發揮是人的最高需要，是人生追求的最高獎賞，是一種歡樂狀態的「高峰體驗」。這一最高目標的實現稱為自我實現。

6. 人格健康的人有自發追求潛能實現的內在傾向，並有以此為依據的自我評價能力。這使人在困境面前能夠保持主動和自由。

7. 而喪失自我評價能力就會導致消極和病態。就人的本能而言，高級需要尤其是自我實現的需要與較低級的需要相比是一種微弱的衝動，不像動物本能那樣牢固。因此，高級動機有賴於後天的學習和培養，才能得到充分的發展。

8. 人的潛能和價值與社會環境的關係是一種內在因素與外在因素的關係。潛能是主導的因素，環境是限制或促進潛能開發的條件。環境的作用歸根結柢在於允許或幫助人開發自身的潛能，而不是實現環境的潛能。因此，對自身潛能和價值的自我認識和評價，即「自我意識」具有重要的意義，它有助於克服自身的弱點，使自己的意識和人格力量變得更堅強。

9. 人的潛能與價值和群體與社會的利益並無本質矛盾。人的需要層次越高，就必然越少自私，創造潛能的開發具有最高的社會價值。所

以，只有充分實現自身潛能和人生價值的人才能成為自由的、成功的和無畏的人，才能在社會中充分發揮作用。進步的社會或社會的進步的主要職能就在於促進人的潛能開發。

從以上的概括中可以看出人本心理學的核心思想：人有巨大的潛能和價值。潛能是價值的基礎，價值是潛能的開發和實現。開發潛能實現價值是人生的自然傾向。而且，人的高級的、巨大的潛能和突出的價值特徵是具有高度發展的中樞神經系統，具有能夠認識自身潛能與價值的自我意識。人經過進化，自我意識經過發展，人能夠主動實現自身的價值，取得有利於社會的成功。如同一粒種子「迫切需要」長成一棵樹一樣，人的本性也「迫切趨向」於人生價值的實現。

人本心理學家們所研究論證的基本觀點，與近現代傳統心理學主要流派以動物本能為基礎的人性論和價值論是不同的。

人本心理學和佛洛伊德的理論同樣在內在因素與外在因素的關係上強調內在因素或生物性的作用，同屬動力論心理學。但兩者卻有根本的不同：

1. 佛洛伊德把內在因素理解為動物本能，不可改變；人本心理學認為內在因素只是一種先天微弱的生命潛能，有賴於後天的學習培養才能得以發展，這給環境與教育的作用留有餘地。

2. 人本心理學的潛能概念包括社會性和創造性在內，不同於佛洛伊德以動物本能為基礎的泛性論。

3. 人本主義心理學肯定了人在對付環境時的主動性。這和佛洛伊德強調自我的現實原則只能被動適應環境的概念也有不同。

因而，佛洛伊德認為自我與社會之間的衝突在本質上是不可能解決的，

從而對人類未來的看法帶有悲觀色彩；而人本心理學認為人的社會性和創造性是原發過程，人的惡性和破壞行為是基本需要受挫折而派生的，因而並不是不可克服的障礙，人類的未來是樂觀的。

人文科學尤其是心理學研究中的分歧實際上就是時代思潮的改變和發展。近代心理學從哲學中分立出來是以強調實證方法為特徵的，這對心理學的發展做出了重要貢獻。行為主義在這方面是最高發展。行為主義由內向研究轉向行為研究的時候，曾經擴大了心理學的研究領域。因為人是自然存在物，也是社會動物，人的許多複雜心理活動，特別是觀念與意識，是無法用嚴格的實驗來分析證明的。如果說行為派的研究突破了心理學作為一門自然科學的局限，而人本心理學再次轉為從內部出發研究則是又一次突破和擴大了心理學的研究領域，充實和拓寬了人的精神世界。

行為主義強調只能以人的外觀行為作為研究對象，他們認為人的內部意識是無法進行客觀研究的。所以行為派的基本公式是刺激 —— 反應或環境 —— 行為，根本不涉及意識。從這一模式出發，他們在價值論上比佛洛伊德走得更遠。他們的徹底的外在因素論或外在價值論只是強調對人的行為的外部控制，也可叫做「行為控制論」。與此相反，人本心理學認為人的價值是由人的本性派生的，他們在價值論上既反對佛洛伊德的「內化論」，又反對行為派的「外在論」，其主張是強調人的思想行為的自然性，不相信「控制萬能」。其代表人物之一羅傑斯說得好：「我們的文化，越來越以對自然的征服和對人的控制為基礎，正處於衰落中。在廢墟上湧現的是新人，高度覺醒的、自我指導的、一個對內部空間或許比對外部空間更為關心的探索者，輕視對習俗慣例和權威教條的尊奉。他不相信控制能在行為上被塑造，或能塑造他人的

行為。」

　　這段話的含意是極為深刻的。歷來的文化教育無非是兩大類：一大類是自然科學，解決人類如何認識和征服自然界、滿足物質需要的問題；另一大類則是社會科學，主要是教給人們如何認識和適應社會關係和文化規範。儘管這兩大類的文化教育已經有許許多多、各種各樣的學科專業，但自然科學不涉及人的精神世界、觀念意識，社會科學雖然是研究人的，卻主要是研究人的群體。然而，社會群體是由一個個獨立的個人組成的，但關於最基本的主體——人的自身的學問卻長期處在難以說清的「初級階段」。那麼多學科，為什麼沒有人生學？那麼多專業，為什麼不需要成功學的專門知識？人是怎麼回事？人應該怎樣做人處世，尋求發展？單是接受社會的管理和控制就行了嗎？單是辛勤勞動，盡職盡力就行了嗎？老祖宗傳下來的道德規範和行為準則，當然不能一概看做是陳規陋習，但其內涵和實質只展現社會群體的共性，而不具備認識和發展個體的價值。這一嚴重缺憾，在經濟文化落後的國家和地區尤其如此。而且，許多文化教育至今仍存在著將人肢解化的元素主義和現象學的傾向，不是基於個體，而是從整體動態上去探求人的生存發展規律。具體教學又大多是灌輸脫離現實的理論知識，側重於消極防範、約束控制。即使是直接研究人的心理學，以往的傳統也主要是從防止和治療心理病態的消極方面出發，而不是從積極方面引導人們開發自身潛能，實現人生價值。

　　然而，人類歷史發展到今天，時代呼喚升起人的太陽，因為人是萬物之靈，人是世界上一切財富的創造者。因而，人本心理學的理論體系和成功學的系統工程應運而生，橫空出世！這些新學說所高舉的光輝旗幟是以人為

本，使人上升。認為人人都有巨大的潛能，人人都可以透過發展積極的心理態度，從而主宰自己的命運，走向成功之路！人人都能成功！這就是我們這個時代最偉大的發現和召喚！

四、真正的法寶是你自己的頭腦

有些人經過初步學習，認識到「成功心理與交際藝術」是走向成功的法寶，他們很想掌握這個法寶。但他們的思維方式和學習方法卻不是開放的，而是封閉的。比如有人在聽課或閱讀中發現某一段話說得很對，簡直說到他的心坎上，他的心情為之振奮，決心遵照這段話的意思去做。這種語錄式的「學以致用」，就如同尋求路標的指引去走路一樣，不是心態開放、實事求是的學習方法，其效果往往是學的時候興奮，而到實際環境中去運用，又感到事情難做而心灰意冷。

應當承認，對某些簡單的問題，「路牌號誌」式的警句箴言有一定的啟發作用，但事物是互相連繫的，實際情況是錯綜複雜的。人生之路，開拓新局面的道路，畢竟不像日常生活中走一段路那麼簡單容易，只要一看「路牌號誌」，用不著多想就知道該往哪裡走了。

我們每個人都生活在一定的具體的社會環境當中，每個人還都有自己的經歷、個性、心願、條件和人際關係以及專長職責等等。講課或書本上的內容不可能研究分析每個人的具體情況，即使你和某個例子對號入座，也不會完全相同。因而，你該怎樣連繫實際，解決問題，必須要依靠自己的理解、思考和選擇。這種連繫實際的思考，沒有人可以代替，沒有人可以提供你只要照辦，一試就靈的路牌號誌。真正的良師益友不會是「路牌號誌」。

　　「成功心理與交際藝術」這門課不是路牌號誌，而是良師益友，它可以幫你在成功之路上少走彎路，加快速度。「成功心理與交際藝術」是一門開拓性的廣泛實用的新學說、新課程，需要我們以求實創新的精神去探索，去開拓！我將熱誠的鼓勵你，幫助你，給你提供一些較為豐富而新鮮的精神食糧，希望你能在我的平凡而真誠的講述中，找出它所蘊含的質樸的真理，作為你自己的思想結晶，逐步構建屬於你自己的頭腦 —— 屬於你自己的人生的康莊大道！

　　但是請你記住真正的法寶是你自己的頭腦！最強大的精神動力是你的欲望和需要！你認為什麼樣的生活和目標才是你的成功？

　　什麼會使你感到充實、歡欣、有價值？不論你所夢想和追求的目標是什麼樣的，只要你特別喜歡，非常渴望，並甘願為之努力奮鬥，便都是美好的、值得的。只有你自己知道什麼會在你的心中激起波濤，什麼能使你露出笑容，笑對人生，什麼會使你甘願嘔心瀝血，什麼能使你的生活放出光彩……這一切，只有你自己才能做出明確而具體的判斷與選擇。所以說，真正的法寶是你自己的頭腦！只有這樣，「成功心理與交際藝術」課程，才有可能是你碰到的最值得信賴的良師益友，是你從生活海洋的岸邊挖出的一顆寶石，是你主宰自己命運、走上成功之路的頗有價值的藍圖

第一單元
人生沉浮，究竟取決於什麼

第一章　心理決定你的生存和健康

　　人生不易，一個人要發展、成功更不容易。面對強大的自然和複雜的社會，個人常常顯得微不足道，無能為力。人生在世似乎注定要吃苦受罪，要承受某種壓力，經歷某些坎坷。天災人禍不說，一個接一個的難題就讓人防不勝防。年少時有青春期情緒波動；到了中年上有老下有小，更有不堪負荷的感覺；老年時還有更年期症候群，容易感到孤獨、憂鬱……許多都市都興起了心理諮商或健康熱線的活動，這是值得提倡的大好事，這是實行人道主義的社會服務。然而，心理諮商或健康熱線活動的發展，主要是治療某些人的心理病態。從層次上說還不是幫助人們樹立成功心理。這就是說，健康的或是正常的心理還不等於是成功心理，但一個人要發展和成功，首先要有生存的能力和健康的身體。而在這個最起碼也是最重要的問題上，我們可以看出心理盲點的嚴重存在和心理狀態的決定意義。

人的心態也要改變

四十多歲的王某是公司經理。老闆給他制定了一條硬性規定：每年只有在頭年效益基礎上遞增百分之二十才算完成當年的任務指標。可這一年的上半年適逢他家中有事未能完成任務，下半年的精神壓力很大，整天都在絞盡腦汁想辦法，偏巧他的母親又在這時候去世了。為此，他的精神一下子垮了。他像變了個人似的，整天煩躁不安。醫院認為他患了焦慮性憂鬱症……

很多人都面臨著沉重的工作壓力、複雜的人際關係和激烈的市場競爭。這就使人們經常生活在心理衝突中，自己有苦惱卻壓抑著不肯暴露給別人發現，又無力調整自己的心態，這就必然產生生存危機。

有一位很有名望的已經取得成功的企業家突然在家中自殺。當人們懷著世俗的好奇心探究他的死因時，都大失所望。他清廉勤政，生活儉樸，作風正派，事業心極強……他幾乎是一個完美的人。然而，正是由於他近乎完美，追求完美了，所以才承受了常人難以忍受的壓力、煩惱和焦慮，神經繃得太緊了，於是就有一觸即潰的可能……

人生在世總要承受某種壓力，經歷某些挫折，尤其是在發展市場經濟、開展自由競爭的今天，下海經商、跳槽求職、破產吞併、人事紛爭、收支失衡、失戀離婚等等不斷變化的情況，真可以說是人欲橫流、命運難測。這種情況必然會加重人們的心理負擔，使許多人失去心理平衡。

電影《芙蓉鎮》裡有個慘遭打擊迫害的人物叫秦叔田，他被抓走之前，在雨裡對妻子說：「活下去，像牲口一樣的活下去」。這是這個人物最精彩的地方。他的經歷真可謂九死一生，他懂得生存是人的第一需要。一個人的處境到了連牲口都不如的悲慘境地，為什麼還能堅韌不拔的活下去？這是由於他的心態好，有很強的心理彈性。

孟男早在二十多年前五十幾歲時，因突患腦溢血，八天八夜不省人事而

導致下肢癱瘓。他為了不給別人添麻煩，甚至想到死。經一位老朋友和他談心後，他就振作起來學習中醫，專攻燒燙傷。他又讀書，又求教，又實驗，配製了頗有療效的藥膏，並堅持義務治病，為人民做出可貴的奉獻。這又是什麼力量的支持，使他癱瘓後更有作為呢？這是由於他的心態積極，具有堅強的精神支柱。

人，當然應該過人的生活，而不該「像牲口一樣的活下去」。

但現代社會的人，確實應該具有秦叔田那種像牲口一樣的活下去的心理彈性，應該具有孟憲爵那種萬難不屈、自強不息的精神支柱，這就是生存能力。

所謂生存能力，不僅是指在任何情況下都要堅持生存、維護生命的能力，而且要有心理的平衡和健康樂觀的情緒。儘管自殺的人是極少數，心理疾病的患者也不是大多數，然而，由於心態不良和情緒焦慮而損害身體健康、影響生活品質的人，卻不是少數，而是相當普遍的社會現象。

人們的焦慮主要有三種原因和類型：一是社會轉型時期，舊的價值觀念尚未消亡，新的價值觀念又有待於確立，這種模糊混雜的狀態，使人感到生之困惑；二是隨著社會現象的複雜化，誘惑和危險同時增加，人們對前景預測有許多憂慮，因而失去了生活與工作的安全感；三是機遇增多，自由選擇的餘地擴大，但由於害怕競爭，這就導致了焦慮和煩惱，尤其是貧富的差別擴大，使人的心理難以平衡。從某種意義上講，現代化的根本問題是人的自身的現代化。而人的自身現代化主要是提高心態，發展積極的心理態度。唯有如此，人們才能健康樂觀的生存，並在生存的基礎上參與競爭，求得發展，走向成功。這也就是重新塑造自我的過程。

現代社會，主要是心理決定健康

身體健康是人的第一財富。健康的重要性人人皆知，但對健康的理解就不見得全對了。有人說，身體沒病就是健康；有人說，精力充沛、體魄強健就是健康；還有人以《辭海》上的注釋作為正確而全面的答案：「健康指人體各器官系統發育良好、功能正常、體力健壯並具有良好勞動效能的狀態。」這些答案似乎都對，都指出了健康的原始含義：生理健康。但忽視了心理健康，那就忽視了健康的另一個很重要和最基本的要素。實際上心理健康比生理健康更重要，心理狀態對人的生理狀態有極大的影響，甚至可以說現代人的健康與否是由心理決定的。因此，世界衛生組織（WHO）為健康下了一個新的定義：「健康，不但是軀體沒有缺陷，還要有完整的生理、心理狀態和社會適應能力」。顯然，健康的桂冠只能屬於身心兩方面都是正常發展的人們。心理有了疾病，不僅容易導致生理上的疾病，而且比生理上生病更為可怕。

心理疾病，也叫心理失調，它包括預期焦慮、心理偏差和心理障礙等類型，使人容易產生錯覺、記憶衰退、思維和反應遲鈍，出現易衝動、好發脾氣、愛管閒事、好猜疑、憂鬱、膽小怕事、自卑、自私等怪癖。這些症狀本身就是對生存能力的損害，同時還會導致生理上的疾病，而且較為嚴重，是不易治療的疾病。

從醫學角度縱觀人類歷史，其目標就是維護健康，延年益壽。這個歷史可以大體分為三個階段。第一階段，在百獸爭強的年代，人類維護生命與健康的死對頭是許多凶猛的禽獸。那時候，人類為了生存，必須集中全力和野獸拼爭並戰而勝之。火的發現和工具的發明，使人類學會了勞動，提高了鬥爭能力，隨後創造了語言文字，可以思考和傳授各種資訊與知識，同時也就創造了人類自己。人類站起來了，獲得了在地球這個競技場上能主宰一切的金牌，成了萬物之靈，地球之王。人類的生存基本上得到了保障。

　　凶猛的禽獸被降伏之後，早就隱藏在人體內的各種微生物、寄生蟲等越來越猖獗，並成為人類生存與健康的主要敵人。在這個階段中。各種微生物和寄生蟲等引起一次又一次的鼠疫、霍亂、天花等瘟疫流行，奪去了幾百萬甚至幾千萬人的生命。後來，顯微鏡的發明，使人們看清了瘟疫流行，奪去了幾百萬甚至幾千萬人的生命。後來，顯微鏡的發明，使人們看清了瘟疫的廬山真面目，抗生素的發現和應用才使人類的努力取得成效，戰勝了可怕的瘟疫。

　　如今很少聽說什麼地方有瘟疫流行，然而新的重要敵人又擺在人類面前。這就是心理疾病和心態不良的問題。心理問題當然一直存在，但它原先不是主要的危害，只要絕大多數人基本上解決了溫飽的問題，這個矛盾就必然上升到主要地位。這就是心理決定健康的第三個階段。現代社會的高速發展，知識和資訊的空前爆炸，給人類帶來了巨大的進步，卻也帶來了知識和資訊的傳染，即各種各樣的不良刺激。如今生活多變化，節奏加快了，人際關係更加複雜微妙，人欲橫流，煩惱與焦慮也增多了。在這個階段中，在發展水準中等以上的國家和地區，嚴重威脅人類健康生存的疾病主要是心腦血管疾病、癌症和意外傷亡，而導致這三大現代疾病的因素，顯微鏡找不到，醫藥治療作用也有限。它們的病因不是單一的，而是綜合的，但其中最主要的問題就是心理態度。

　　人的壽命究竟能有多長？據科學家推論計算，竟可高達一百六十歲。為什麼人類大體只可享年其半，甚至是一小半呢？結論是：除坎坷勞累之外，折壽的主要因素就是心態欠佳、感情傷損。

　　常言道：怒傷肝，思傷脾，喜傷心，憂傷肺，恐傷腎，百病皆生於氣。這是頗有道理的。

　　據世界權威醫學家聲稱：腦血管疾病、癌症及其他一些病主要源於或惡

第一單元　人生沉浮，究竟取決於什麼

化於心理方面的原因，絕非由於傳染，不能統統歸咎於病理，而要多著眼於社會心理，故稱國際社會心理疾病。

有關專家的研究表明：高血壓病人由不良情緒引起的占百分之七十四；美國某醫院調查五百名腸胃病患者，由不良情緒致病者占百分之七十五；美國某綜合性大醫院對門診病人的調查發現，百分之六十八的病因是由身處逆境、焦慮不安引起的，由不良情緒導致癌症的比例更大些。因而，在美國有許多高明的醫生已經用病人的「生活大事記」來診斷病情，因為不連繫病人的經歷，不轉變病人的心態，就無法進行有效的治療。

在發達國家中出現了一些新的學科、理論和方法。心理神經免疫學的研究表明，人的大腦與免疫系統存在著密切相關的連繫，相互之間傳遞某些信號，因而心態良好、樂觀處世的人抗病免疫能力相當強。現在，已有了新的醫學心理理論《感情應力學說》，「心理治療」和「心理分析」的方法嶄露頭角，方興未艾。這些新的學科、理論和方法都主張不要累積「感情勢能」，不要單純從藥理上作文章，而要從心理上防病於未然。解除「感情勢能」，可以早期預防隱患和絕症。

什麼叫「感情勢能」？這是指人在心理上受到的外界刺激一定要與本人的心理承受力保持平衡，否則就會造成病灶的「感情勢能」。勢能者，不調也，猶如物體之高舉，越高其重力之勢能越大，正負電之對峙，越盛，放電則越烈。這就是感情勢能成為病灶的道理。

外界的不良刺激日積月累形成潛在的能量，如果不能排解，超過一定限量，就會使各種生理系統如消化、血液循環和神經等系統失調，形成嚴重的疾病。事實證明，隨著社會文明程度的不斷發展，人類比從前更易累積感情勢能。因為在文明程度不高的社會，人們會毫不隱諱的表達情感，因而隨時可求得心理平衡。上古時代，人們只求謀得一飽，很少奢求。也許二人爭一

獵物打起架來，即使決死相爭也不抑制感情，感情勢能當即放射一空。現代社會則不同，要求行為規範，人們做任何事都擔心別人有看法。

　　人際社交要求自我束縛，斯斯文文，哪怕心裡極不痛快，也不能任意宣洩內心的感情。外國科學家曾研究證明，古代人絕少壽終於心腦血管疾病和癌症，而現代人患這類病症的比例卻與日俱增。

　　此外，文明社會中的男性平均壽命一般比女性低五歲，這種差距還有擴大的趨勢。除了生理原因外，主要因為男性的社會負擔重，因而心理損傷也大。

　　美國社會學家詹姆斯‧豪斯對兩千七百五十四人做了十年的調查研究發現，性格活躍的已婚者的壽命比不愛社交、分居生活和離婚者以及單身男女的壽命要長。一個人若能經常向知心朋友傾吐心中的祕密，發洩自己的喜怒哀樂，這對健康大有裨益。心理學家彭尼貝克做了一項試驗：他讓一組學生連續四天寫出他們感到煩惱或悲傷的事件，與另一組只寫生活瑣事的學生相比，他們在此後的六個月裡心情更為愉快和健康，而且免疫功能在六週內有明顯改善。匹茲堡大學癌症研究所的心理學家桑德拉‧利維對三十六名患晚期乳癌的婦女進行長達七年的追蹤調查。七年後仍健在的患者都是心情開朗、樂觀處世的人。

　　總之，心理狀態是生命的指揮儀和導向儀，尤其是情緒對人的免疫系統和內分泌功能具有直接的很大的影響。在一切對人不利的影響之中，最能使人患病夭亡的就是惡劣心境和不良情感。然而，人生不可能是一帆風順的，應該承認，逆境就是生活的一部分。精神壓力之所以能使人患病、消沉，是由於人們對壓力缺乏心理彈性和積極的心態。如果以積極心態對待精神壓力，就能在逆境中奮起，使之無礙於心身健康，所以結論是：心理決定健康，信心是大半個生命。

第二章　成功的決定因素是智商還是心態

　　智商是人的感知力、記憶力、思維力、想像力和注意力的總和，是人思考和調整自己與現實的關係的一種能力。

　　人要發展，要成功，當然應當重視並開發自己的智商。為此要盡可能多接受教育，並要長期堅持自學有關的各種知識。但是，如果把開發智商看做是成才成功的決定因素，以智商為中心，這就不合乎事實了。因為事實上，決定成功的因素並不只是智商，而是心理態度，或叫做非智商因素。一般情況下，人們對某個人尤其是對青少年的智商的測試與衡量也不夠確實。

智商超常不等於前途無量

　　人與人之間在智商上是有差別的，但是很小。從人口的智商高低分布來看，百分之九十五人口的智商都處在正常範圍之內。一般衡量智商高低大體從三個方面考慮：考試成績、學歷和智商。似乎比較科學和通行的測試是智商分數。心理學把人的智商發展水準，按照智商的分數劃分為超常（智商在一百三十以上者）、正常（智商一百左右）、低常（智商在七十以下者）三種類型。據有關部門對二十萬人的調查，智商超常和低常者都極少數，不到百分之三。國外有關專家的調查是優智與弱智各占百分之二點五，合計大約百分之五。那麼，將近百分之三的智商超常者是不是都取得了一定的或突出的成就呢？

　　事實並非如此。

　　一九〇九年，美國哈佛大學曾招收了幾名神童入學。其中有個叫西迪斯的男孩，他十一歲時所做的關於四維空間幾何正邊形的學術報告就是對研究生來講也是很有水準、值得稱道的。但他後來由於心態不夠好，心理上缺乏適應性、承受力，又無遠大志向，長大後並沒有什麼發展。他曾因參加激進

派的遊行而被拘留，精神上受到打擊，此後便一蹶不振。後來他只求謀得一個可以糊口的普通員工的職位了事。與他同時入校的神童諾伯特‧維納由於心態積極，不斷努力而成為控制論的創始人。顯然，智商超常不等於前途無量。

一九一六年，美國心理學家特爾曼教授提出了兒童智商測驗量表，以檢測語言和數學的知識能力為主來判定智商高低。這就是智商的來歷。幾十年來，智商學風行全球，影響深遠，使人們去追求單一的智商發展，造成了高分低能、有知無識的不良後果，並使許多孩子失去了歡樂的童年和發展前途。

一九五〇年代，美國某些專家對智商學提出質疑，並做了一項龐大的長期的調查。他們對十萬兒童的智商、考試成績進行登記，隨後長年追蹤調查。三十年後，對這些孩子成人後的情況進行比較分析，結果發現：兒童時代智商的高低與成人後的有無成就幾乎沒什麼關係。也就是說，這十萬人中後來取得成功的人有智商超常者，也有許多正常者，還有低常者。這就說明優智與成就之間並無必然的連繫。

智商偏高本是好事，它表明一個人的潛能較大，但某種潛能的開發必須要配合全面協調的培育和發展，主要是要重視非智商因素，培養發展積極的心理態度。否則，優智的孩子很可能會隨著年齡和環境的改變而逐漸失去了自己的優勢，最終未必能有所作為，有所成就。

優智兒童的成長里程一般比同齡孩子要快一些，早一些，也突出一些。他們可能較早就會說話、認字、算數和思想等等。在興趣方面，他們會對一些別的孩子不感興趣的事物產生好奇心、求知欲，喜歡觀察周圍事物，喜歡發問和聯想，表現出領悟和反應都很靈敏的特徵。這樣的優智兒童在不同的家長和教師的眼裡往往分為兩類：按常規走路的，比如考試分數名列前茅者，

會被看做是優等生，將來有出息；而有的孩子超越了常規，就會被看做是存在很大的騷擾性，甚至誤以為是行為問題兒童，從而被當作「沒出息的壞孩子」並受到批評和貶斥。

因此，家長和教師不能以單一的模式來看待所有的孩子。對於優智兒童必須給予良好而足夠的刺激和啟發，培養積極心態，開發他們的潛能，才可進而有所成就。而作為成年人就要自己重視並培養積極心態。決定的因素是心態而不是智商。如果只重視智商高、分數高，而在性格、觀念、興趣、意志、情感、口才與社交方面存在缺陷，不去發展，不要說優智的兒童長大了未必事業有成，就是已經長大成人的成績優等的大學生或研究生也不會有什麼成就。

可憐學子為何演出悲劇

農村青年孫某，從小就立志要上國立大學。他從小學到高中，一直都是班裡數一數二的好學生。可是一連參加兩年大學考試，他都沒能跨進國立大學校門。第三年作最後一搏。

通知書下來那天，孫某沒敢去取，而是讓父親代勞。這個「一沒敢去取」就是心理上的隱患。當時，他看到父親從村外跑回來，聽父親激動的喊著「考上了！考上了！」父親進了門，孫某竟站在原地呆立不動，目光呆滯，隨後大喊一聲：「我終於考上國立大學了！」便發瘋一般衝出門外，被嚇壞了的父母拉也沒拉住，兒子唱著笑著跑出去了，從此得了精神病。消息傳開，人們都為之惋惜，父母哭得死去活來。醫生講還有治癒的可能，然而，他還能繼續上學嗎？心態不良，他下了那麼大功夫又有什麼用呢？

有個大學畢業生有幸被選送去美國留學，這本來是許多人求之不得的好事。可是，他卻總是擔憂到了大洋彼岸的陌生世界不知該怎麼生活，終日憂

鬱不堪，吃不下睡不著，結果患了憂鬱性精神病，什麼也學不成，哪裡也去不了，只有長期住院治療。這麼一點變化都經受不起，好事居然變成了悲劇。可見，缺少心理彈性，即使成績優等，機會臨頭又有什麼意義呢？

前幾年發生在美國的盧剛事件曾經令人震驚！盧剛是一個智商出眾的博士研究生，他僅僅因認為在論文答辯中受到不公正待遇，便用手槍一連殺害了四五個有關的教授學者，然後自殺。消息傳來，報紙上曾展開討論，說什麼這是極端個人主義所導致的惡果，如果是個人主義，他為什麼不好好活著，而要殺死別人，自己也不想活了？準確的解釋應當是由於心理態度不良而導致的惡果。也就是說，在他刻苦求學並一直名列前茅的年代裡，只有分數與學歷的上升，他始終沒有在心理態度所包括的觀念、動機、情感、意志、興趣、性格等非智商因素上解決問題。這樣的人一旦遇到困難、挫折、身處逆境，不是一蹶不振，就是自尋絕路。

當然，心態存在嚴重的缺陷和偏差的人畢竟是少數。心態的決定作用不僅是為了防止性格與生命的脆弱易碎，更重要的是它能決定一個人能否把壓力變動力，把難題變機遇，開發自身的潛能，開闢自己的道路。實際上，也正是積極心態的促進和支持，才會更有效、更充分的開發一個人的智商。

第三章　心理的力量比技能更強大

藝高未必膽大，膽大必然藝高

心態非常重要！這種極端重要性不僅表現在競爭性的職業和活動中，而且滲透在人的生活、事業和人際關係的各個方面。然而，我們的教育和一般的人生觀念恰恰忽視了這個問題。透過考大學拿文憑，指望出國留學而爭取功成名就，熱衷於學外語、學服裝、學公關、學美容等等而掌握某種專門的

知識和技能⋯⋯這些嘗試和努力，毫無疑問都是有益的選擇，也都能或多或少提高文化素養，掌握某種專業技能。但是，如果只注重取得學歷和專長，而忽視了改善提高心態，不要說難以達到「藝高」的目標，即使是功成名就了，也會經受不起這樣或那樣的考驗，而最終一蹶不振，甚至自我毀滅。由於忽視了心態的提高，一個幹部登上了高位可能會貪汙腐化；一名高材生遇到挫折可能會陷入苦悶；一個自由業發財致富了可能會成為痴迷的賭徒；一個女孩一旦失足可能會自甘墮落；一個青年好不容易謀取了某個職位可能會變得謹小慎微；一個歌星一旦走紅可能會不知高低；一個私營公司的經理如果破產可能會走上絕路；一個人失戀或離婚後可能會自我封閉；一個作者嘔心瀝血寫出的作品得不到出版可能會整天借酒澆愁，⋯⋯諸如此類的事情每天都在發生，每個人都會遇到。如果沒有良好的心態，那辛苦學來的專門知識和技能又有什麼意義呢？恐怕連自己選擇什麼專業或職業也不確定，更不要說去恰當應付各種各樣的困難和考驗了。

選聘人才不僅要看專業技能，還需要心理測試

　　某年畢業分配前，某國際信託公司對某經濟貿易大學應屆畢業生中進行了一次心理測驗。由於忽視了心態，那就無從評定選取合適的人才。比如過去選擇飛行員，一般只考慮身體的體能、專業成績等條件，不注意心態。因而經過訓練後，淘汰率較高。後來選拔飛行員進行心理測驗，合格率與淘汰率都降低了。

　　可見，職業選擇也不忽視心理因素。在心理測驗中，氣質測試對職業選擇尤其重要。人的氣質一般分為膽汁質、多血質、黏液質和憂鬱質四種基本類型。每種氣質各有其長短，氣質本身並無好壞之分，而且也不是不能改變的。但由於不同氣質特點不同，各有其適合的職業，所以氣質測驗就很有必

要。不同的職業對氣質有不同的要求，如飛行員、登山員對憂鬱質比較忌諱；繪圖、校對工作不太歡迎膽汁質和多血質的人。一個人如果從事了與自己氣質不相符合的職業，對他個人是一種痛苦，對工作也是一種損失。例如著名數學家陳景潤曾當過中學教師，這個職業對他不適合，後來他改做數學研究工作取得了傑出的成就。一個人了解自己的氣質，可以在選擇職業時揚長避短，也可在自己喜歡的工作中有意識的克服氣質上的不足之處，於工作成敗和個人發展都有所助益。

　　了解心態至關重要的人越來越多了，這是科學文化水準正在提高的一種表現。一九九三年五月有關報紙報導：

　　近期欲到某市開發區合資企業一展鴻圖的兩百三十七名總經理候選人，經歷了一次特殊的考試 —— 國際標準心理測試。在測評中，心理專家對每位應聘者的反應能力、推理判斷力、想像力、決策力以及協調人際關係等十六種能力進行了全面測試。其中達標者，還將接受一次更深層次的人格測量，對自信心、獨立性和情緒的穩定性等心態進行進一步考察。兩次測試均得以順利通過者 —— 優等人才，將有資格獲得聘任。

　　這裡所說的國際標準心理測試的主要內容，尤其是對心態進行進一步考察的更深層次的要求，也就是對優等人才的心理要求，正是積極心態和成功心理。

　　一個人的心態如何，在考試、選拔和競賽活動中最能發揮決定性的作用，因而也最容易考察出來。考試和競賽是沒有訣竅的，它不僅是對水準的檢驗，而且是心理力量的較量。喜歡參加藝文及體育活動的人大都有體會：有一類人心態積極，喜歡迎接挑戰，越比高低越興奮。他們往往能最大限度的發掘出自身已有的技能水準和潛在能力，從而取勝。相反，另一類人平時認真學習，刻苦訓練，狀態良好，可一到關鍵時刻就心慌意亂，表現失常，

造成不應有的遺憾，錯過了難得的機會。這兩種類型的人的區別顯然不是技能高低，而是心態不同。成功心理包括一種自我選擇控制能力，也叫做自我心理調節能力。

凡是想在考試或比賽中取得優異成績，達到預期目標的人，都要善於進行自我心理調節，運用心理的戰術。比如參加升學考試，在你複習準備階段，你心裡一定要虔誠的想：我目前的程度不高，頭腦沒那麼聰明，所以我必須全力以赴，比別人花費更多的時間和精力。

而當你一旦進入考場，坐在你的位置上，心裡卻要毫不含糊的自我暗示：我無疑是最聰明能幹的，比在座的諸位都強，所以我絲毫不用害怕和緊張，我要集中全力去奪取勝利。這樣的話，你就能在平時做好最充分的準備，而在考試或競賽的時候做到超水準的發揮！有了這樣心理的力量，你何愁不能如願以償？！

第四章　人格 —— 主要是心態的表現

人格的優劣在於心態的不同

人格是一個人的社會形象，說俗一點，就是一個人的「樣子」。人格主要有性格、品德、氣質和風度等要素。健康或良好的人格是做人處世的根本，尤其對進行人際社交、發展人際關係具有決定性的意義和作用。然而，我們越是承認人格的重要，就越應當肯定心態的決定作用，因為一個人的人格正是由其心理態度所造成的。

有的人可能會從偏狹的意義上理解成功心理，他們可能會想：我並不想出風頭，不想去創建什麼豐功偉績，我只想生活得平和愉快、知足常樂，何必還要勞神操心發展積極心態，樹立成功心理呢？這種對生活的選擇並不

錯，做個普通人，保持平常心，這也是一種瀟灑自如。我們不必勸告這種人非要去做一番大事業不可，可是普通人，平常心，平和愉快的生活，這些要求並不算很低，仍然需要具有健全的良好的人格，如果心態不良，不平衡，你能經常感覺到平和愉快嗎？如果人格不佳，沒有良好的社交和人際關係，你會感覺到生活是美好的嗎？可見，重視和提高自己的人格，對任何人來說都是至關重要的。真正的普通人必須要有良好的人格；真正的平常心也就意味著心態是積極的。人格與心態這種必然的連繫不僅表現在創業立功的努力拚搏中，也貫穿在習以為常的凡人小事中。

在一輛乘客擁擠的公共汽車上，有位婦女帶著的孩子不知為什麼哭鬧起來，使人不得安寧。假如你就站在旁邊看到那位婦女無法制止孩子的哭鬧，你會有什麼樣的神態呢？這就取決於你當時的心理反應了。假如你心裡感到厭煩，就會嫌棄這個哭鬧的孩子和孩子的媽媽；假如你由此想到撫養孩子真不容易，那就會對這母子倆表露出理解同情的神態，甚至會盡力幫忙。

同樣還是在公共汽車上，擁擠當中有人被踩了一腳，又被擠得站不穩了，那麼這個人很可能會責怪一聲：「擠什麼呀！也不看著點……」假如你就是那個被責怪的人，你會怎麼反應呢？一種是說聲「對不起」，表示歉意；另一種則相反，採取挑釁譏諷的態度：「怎麼？嫌擠？嫌擠你打『的』去呀！……」

你的表情、神態、言談、舉止……就是你的人格，你的形象，而這一切或優或劣，不正是由你的心理反應也就是心理態度所決定的嗎？一個人的人格就是如此隨時隨地、具體細微的表現出來。

自古至今，有許多關於理想人格的論述和標準。如儒家的理想人格是要求「智、仁、勇」的「三達德」。「好學近乎智，力行近乎仁，知恥近乎勇」，既智，又仁，且勇，就是聖賢君子的人格了。與此相反，就是見利忘義、卑

鄙粗俗的小人了。這個強調仁義道德、修身養性的傳統至今仍有值得繼承和發揚的價值。但有個問題更值得我們深思：一味的強調宣揚傳統的理想人格規範與標準，人們的人格就會理想了嗎？「物欲橫流，世風日下」的不良傾向就會改變了嗎？這些年的事實已經表明，只講傳統、樹典型是無濟於事的，理想化和教條化的做法是不會收到實效的。所謂「人格完善」、「大公無私」只是就傾向而言，而不應當理解為人格標準越理想越好。我們所生活的社會環境，我們所從事的一切活動，包括我們所交往的一切人，都不可能是純粹的、理想的、完美的，我們總是要求人格理想化，有什麼切實可行的意義呢？

教條化的做法主要指宣講傳統美德，英雄品德如何高尚偉大，以為這樣的德育課程、新聞導向就可以優化人格，建設精神文明。

凡是脫離實際的東西，不論有多麼正確，也只是教條。脫離實際表現在就人格講人格，就品德講品德，而不注重研究實際情況，不注重啟發人們改變心態。人格原本是由心態所決定的，是心態的表現。心態不積極，哪裡會有人格的提高？

尋求「心理平衡」也成了一個詞，人們有意識的尋求心理平衡，這是一大進步，一件大好事。

可是，需要想一想：我們的心理怎麼會不平衡？又該怎麼樣去尋求心理的平衡呢？

人們對於「鐵飯碗」的弊端看得越來越清楚了，如果要問「鐵飯碗」、平均主義好不好？沒有幾個人會舉手贊成。但是，「鐵飯碗」給許多人所造成的心理上的平均主義，卻是導致人格缺陷的重要根源。因為心理上的平均主義實質上是一種不平衡的心理，而一個人的心理總是不平衡，或是只有透過實現平均主義才能達到平衡，怎能會有良好的人格呢？

換句話說，在現實生活中，往往是習以為常的心理上的平均主義導致了種種人格的缺陷。不改變心態，怎麼能改善和提高自己的人格呢？

心理上的平均主義如此尋求平衡

「鐵飯碗」所造成的心理上的平均主義，必然使人產生一種不平衡的心理。因為現實生活、外界刺激不可能是凡事大家都一樣，沒有差別的。所以，習慣於心理上的平均主義的人見到別人占了什麼便宜，自己也要占點便宜；如果是自己吃了虧呢？也就可能期望別人也吃虧。如公園裡的長椅上，有一根尖銳的釘子露出來。

某君來到這裡沒注意，悠然的坐上去，難免要被刺傷，於是感到自己吃了虧，心理上失去了平衡。隨後又有一個人來一坐，挨了一刺，齜牙咧嘴，罵上兩句，也只好自認晦氣，一瘸一拐的走了。作為旁觀者的某君看在眼裡，已不再悻悻然，他似乎從「我挨刺你也挨刺」、「我吃虧你也吃虧」的感覺中獲得了一種心理平衡。

這種心理現象具有一定的普遍性。伊索寓言中，狐狸吃不到葡萄就說葡萄酸，阿Q的精神勝利法，這些都是以自欺欺人和胡亂嘲弄的方式尋求心理平衡。然而這正是不平衡心理的一種表現，是一種心態不良的表現。換個心態良好的人，他並不注意被刺，不需要非要看別人吃了同樣的虧，心理才能平衡，而是面對現實，積極解決問題，忍痛拔掉那個可惡的釘子，避免別人再受傷害，這樣他的心裡才踏實。

有一年電視演出喜劇小品，反映了耐人尋味的心理平衡問題。某甲先來到一家小餐館，要了一碗餛飩吃起來。他取出自帶的一瓶胡椒粉，用完放在自己碗邊。後到的某乙也來吃餛飩，他以為放在甲的碗邊的那瓶胡椒粉是店裡預備的，便很不客氣的拿過來往自己碗裡撒。後見甲又把瓶子拿過去用，

第一單元　人生沉浮，究竟取決於什麼

乙覺得他占了便宜，心理上頗不平衡，於是再次一把奪過來撒得更多，直到餛飩辣得無法下咽。甲一氣之下收起瓶子一走了之，乙看到甲占了個大便宜，心理更不平衡。他喊了幾聲服務員見沒人管，索性把店裡的一個碗放進包包裡帶走了。這種行為看起來低下而可笑，然而這種心理卻實在是現實生活中的常見病、多發病，真可謂屢見不鮮，司空見慣，並不令人感到驚奇。這是什麼毛病呢？佛教有偈語云：「不是風動樹動，而是你的心動。」對乙這種人來說，不是真的需要心理平衡，而是他的心理不平衡。

其實，現實生活中常見的比較之風、搶購之風、平均主義、一刀切、嫉妒心、紅眼病、不拿白不拿、不吃白不吃、升官找門路、發財找捷徑以至於行賄受賄、貪汙腐化等惡劣風氣，正是這種「不平衡的心理」在作怪。對這類問題，人們習慣於用道德素養不良或心術不正、人格低下來解釋。這裡，當然有個人價值觀的問題。有道德良知的人做了有違道德良心的事，心理上不可能平衡；而心術不正、人格低下的人約束自己恪守社會道德，便覺得是受罪吃虧。然而，絕大多數人就主觀願望來說並不是想學壞不學好，並不甘願人格不高。然而，許多人由於心態不良，心理總是不平衡，往往會透過自欺欺人或損人利己的方式來尋求心理平衡，這就必然造成了人格缺陷，嚴重的就會走上經濟犯罪或刑事犯罪的歧路。

「千里之堤，潰於蟻穴」，有些人開始違法犯罪僅僅只是貪圖蠅頭小利，或是發洩憤意怒氣，以尋求心理平衡。但是，利欲一經誘發，惡氣一旦爆發，膽子便越來越大，其心理狀態也就隨之驟變傾斜。他們往往以「別人拿得，我為什麼拿不得」、「世界這麼不公平，我拿這點算什麼」、「既然我投資了，那就要叫他償還，來個收支平衡」等等這類想法和言辭來進行自我辯解。然而正是這種心理傾斜的自我辯解構成了突破良知心理防線的內驅力，強化了自己的違法犯罪心理。

心態不同必然導致不同的人格特徵

事實說明，對於人格缺陷和社會不良現象，不能只看作是道德素養和行為規範的問題，而應當從心理態度方面作深一步探究，才能抓住問題的實質。

如今有些發了財的「有錢人」爭相擺闊炫富。三十萬元一隻狗，有人會買；四十萬元一桌宴，有人敢擺；至於上萬元一雙皮鞋，上千元一條皮帶，更是屢見不鮮。為什麼這些「有錢人」們要如此擺闊炫富呢？根本原因不是錢多了燒得發昏，而是精神上的極度貧窮與物質上的驟然富有，使他們的心理失去了平衡，唯有擺闊炫富才能尋求一點心理平衡。

我們不妨「設身處地」為某些「有錢人」著想一下：文人名士可以透過出書、辦展、主演而名利雙收；領導者可以透過講話、報告、電視上露臉、報紙上占版面表明地位，而「有錢人」們自己總覺得不在花錢上風光風光，豈不埋沒了自己的價值？所以，這種人格缺陷主要不是由於不明事理而是由於精神貧窮、心態不良所導致的。正如一位擺闊的有錢人對指責他的人說的：「荒唐？什麼叫荒唐？不買名犬，我買什麼？！」如此解釋倒也是實情真話。這位擺闊的有錢人因為心態不良不以為自己荒唐，同樣，在心態不良而又沒錢擺闊的人看來也不是什麼荒唐事而是實在令人羨慕不已！

與此相反，像李嘉誠這樣的實業家，其財富數以億計，但他們絕不屑於拿幾十萬元去買名犬，去擺宴，而是拿出鉅款去資助社會的文化教育事業和殘疾人的福利。這種大仁大義、大善大智的人格和舉措，是基於深刻理解社會與人生的心態和文化素養。

顯然，心理態度不同必然導致人格與作為的不同，而且會有天壤之別。不良的心態是形成不良性格與不良人生的主要根源，一般容易造成膽怯、懶散、虛誇、嫉妒、過度的自我批判、過度的自我膨脹、思想狹隘片面、缺乏

第一單元 人生沉浮，究竟取決於什麼

興趣和想像力等人格上的缺陷，在對待別人的態度上會有如下的表現：

1. 對強者或權威一味表示迎合、屈從和依附的態度。這不是那種發自內心的敬佩、信任和服從，而是一種沒有自己頭腦的膽小鬼和奴才式的態度；當面阿諛奉承，背後又挑剔不滿，一旦地位上升，有點權勢和依靠，就像媳婦熬成了婆似的變得神氣活現。

2. 對別人採取挑剔、盤查、貶低的態度。對別人的打算和隱私總有一種不可遏制的興趣，而且總想把打聽到的情況與自己相比較，一天到晚總是窺視別人的一舉一動。對別人的缺點竭力指責，以襯托自己的高明；對別人的優點和成績嫉妒得要命，以此來尋求心理平衡。這種人總是庸俗而愚蠢的發洩對別人的不滿，主要是為了避免感到自己的卑微可憐。

3. 沒有自信心的人容易產生攻擊性和報復性的傾向。因為這種人內心虛弱，在與人發生矛盾衝突的時候，也就必然對別人諷刺挖苦，打擊報復，攻其一點而不及其餘，以此來掩蓋自己的不良素養，他們往往傾向於自卑或自負以及庸俗狹隘的斤斤計較。這種人格缺陷既有害於自我發展，也有害於人際關係。

相反，一個人心態良好，具有真正的自信心而不是虛榮心，他不只是自己有信心，有較高的追求，而且具有充實的文化氣質和堅強的人格力量；同時也會實事求是、寬容大度的認識和對待別人。這樣的人，也許不把功名成就、職務地位看做是最重要的，而是把「真實做人」和「積極生活」這個特徵看做是最重要的。內在的充實感和自信心使他能夠坦誠的正視自己，面對現實，以健康而平衡的心態做人處世。因而，他不必也不會做作的討好別人，引誘別人，依附別人；他不必也不會挑剔別人，欺騙別人和攻擊報復別人。他不需要把自己隱藏在虛情假意的後面，他不需要看到別人吃了虧或是不如

自己才會心安理得，因為他所捨棄的正是自卑、怯懦、庸俗、自負、狂妄、懶散、嫉妒等不真實、不美好的自我形象，而自覺的追求和表現真實做人、積極生活、瀟灑自如的自我形象。

第五章　口才與交際，關鍵在心態

口才不行，主要是什麼問題

　　人的外部素養是儀表、體態、口才、風度等表現能力與社交能力，也可以概括為口才與交際。它對於我們駕馭生活、改善人生的重要性怎樣估計都不過度。做人處世，有誰不需要和別人打交道，和別人進行有效的交流呢？而且它是最為經濟簡便、廣泛直接的資訊交流的手段與方式，尤其對於擔負組織主管、經營管理、宣傳教育、公關文祕、貿易外交、調查採訪、推銷服務等工作職務的人們來說，更是一種特別重要的修養與能力。如今重視口才與社交能力的人越來越多了，但許多人只重視如何掌握方法與技巧，而不是著重於改變心態，這就沒有抓住問題的關鍵。卡內基早就強調「語言的突破」是突破心理障礙，發展積極心態。我們應當認準這條規律，口才的問題從敢說到會說，再到妙語連珠的巧說，都是由心理態度所決定的。

　　一位代表本公司參加演講比賽的年輕女孩，一站到講台上，臉就漲得通紅，兩腿微微顫抖，說話的聲音變調兒，呼吸也顯得急促起來⋯⋯突然，她剛講了幾句就忘詞了。她越發感到恐懼，好像所有人的目光都像利箭一樣射向她。她想盡快躲避，但又不甘心臨陣脫逃。她不能當眾出醜，給本公司丟臉，可是她唯一能感覺到的是心跳加快，越來越快，而腦子裡一片空白，早已背熟的詞句全都飛得無影無蹤、她像落入了迴旋加速器，頭暈目眩喪氣的跑回到自己的座位坐下⋯⋯直到演講會結束，她也沒敢把頭抬起來⋯⋯

第一單元　人生沉浮，究竟取決於什麼

　　一位即將畢業的研究生，作為實習教師第一次登上講台，當學生起立，師生互致問候時，他想好的開場白不知跑到哪裡去了。

　　驚慌中，他用顫抖的聲音說了句：「同學們，再見！」同學們莫名其妙，面面相覷，見老師滿臉通紅，不知所措，不由得哄堂大笑。

　　他一陣冷場，但換來的不是鎮靜，而是腦門上涔涔的汗珠。當他下意識的掏出「手帕」擦汗時，台下又是一陣哄堂大笑。這是為什麼？經一位學生暗示，他才發現自己手裡拿的不是手帕，而是一只襪子 —— 啊？！真該死！大概是昨晚洗腳時，不知怎麼把襪子裝進衣袋了。他想避開幾十雙眼睛的目光，抓起板擦擦黑板，可是他竟用其反面胡亂的擦起來。這下子，同學們的哄笑聲更大了，整個課堂鬧翻天了。他窘得無法自控，無地自容，只好跑下了講台，慌亂中一抬腳又踢翻了講桌旁的熱水瓶……

　　他們的失敗在於自卑心理與消極心態引起的膽怯病。膽怯病大體有兩種情況，一種是精神失常的病態，一種是個性上的自卑心理。對大多數人來說不是生理上有什麼毛病，而是害怕緊張的心理引起了臉紅、心跳、胃痙攣和出汗等生理上的變化。恐懼心理和緊張情緒必然會刺激交感神經系統，使之開始分泌出過多的腎上腺素，使身體處於警覺和緊急狀態。於是，人體內就發生了異常的變化：心臟收縮的速度加快，隨即出現心跳過快的現象。皮膚和脾的血管時而收縮，時而擴張，臉上就會隨之變得蒼白，又變得通紅，並增高皮膚的溫度，造成出汗的現象……一般來說，這是心理問題，並不是天生如此，而是包括家庭在內的各種因循守舊的精神文化潛移默化影響的結果。

　　這種當眾表現、與人交際方面產生的膽怯恐懼心理卻比世界上任何事物更能擊垮一個人。這不是心理病態，而是心態消極。這說明解決口才與交際的問題，改變消極心態也是一個極為重要的課題。

這是一道社會性的難題

在演講交際中出現的過度羞怯和緊張的情緒，從表面上看，好像是一個人害怕當眾表現，或是缺乏臨場的經驗。實際上並不是處境造成的壓力，而是一種害怕自我形象受到某種威脅和損害的消極心態。

俗話說：樹要皮，人要臉。所謂「要臉」，就是特別關注自我形象在別人心目中是個什麼樣。每個人都有一種理想的自我形象，總是希望別人都以讚許的目光看待自己；每個人還都有一種社會的自我形象，總是希望在群體中和社交中大家都能喜歡自己；每個人也都有一種性別上、年齡上、職業上、家庭上，以及經濟上的自我形象，總是希望自己在各個方面都能得到愛護和發展。這種關注和維護自我形象的意識，對於剛剛踏入社會、經驗很少的年輕人來說，更是十分自然而強烈的。年輕人總有一些從未體驗過的欲求和不便公諸於眾的弱點和心願。於是，自信與自卑、開朗與煩惱、大膽與怯懦、立志和消沉等互相矛盾的心理在他們身上往往混合存在，交替出現，因而他們也就特別關心自我形象在別人心目中會是什麼樣子，對周圍的一切也就特別敏感。當某個人與陌生人接觸，與異性交往、與權威人士交談，或是當眾講話，以及參加某種比賽活動的時候，他就會不由自主的意識到自我形象面臨著某種威脅和危險，總是擔心自己說話不當、舉止失措或是什麼地方不如別人而當眾出醜，貽笑大方；既害怕別人罵自己是「笨蛋」、「蠢貨」、「沒水準」，又不願聽別人議論自己是「愛出風頭」、「好表現」。總之，由於害怕丟臉，怕被人說三道四，所以才膽怯、靦腆、驚慌和恐懼。

有一年，世界盃比賽，一位男選手奪取了全能冠軍，記者當場採訪他，出人意料的是這位世界冠軍面對記者的發問，竟張口結舌，不知所措，除了斷斷續續的說了十多個「這個」、「這個」和重複了幾遍「我很激動」之外，一句像樣的有實際意義的話也沒吐出來，實在令人遺憾。

第一單元　人生沉浮，究竟取決於什麼

一個年輕的部隊幹部經人介紹和一個相當漂亮的女護士相識。女孩對他的個頭、模樣也還稱心，倆人就談上了。女孩到外地出差去了，倆人就靠鴻雁傳情，好在小夥子肚子裡有墨水，他在寫信上下功夫，征服了女孩的心。女孩回來後，正趕上一個好友要調走，她便約小夥子一起參加聚會，為好友餞行，並且不無得意的給大家做了介紹，還有意讓小夥子代表她倆發表祝酒辭，給他一個當眾表現的機會。這下子小夥子懵了。平時他在公司就是個老實巴交（形容人規規矩矩，謹慎膽小的樣子）的「悶葫蘆」，不講又怕女孩掃興，只好結結巴巴、語無倫次的說了幾句，自己都不知道說了些什麼，女孩更是感到丟臉，表情一臉尷尬。第二天，小夥子就收到了女孩寄來的聲明，倆人就這樣分手了。

這種膽怯心理，不是少數人的問題，而是大多數人都程度不同的存在，其比例數字相當高：在青少年中大約占百分之八十以上，而在已經工作多年有一定閱歷的人當中差不多也占百分之五十以上。這不能不說是一道社會性的難題。

即使是在日常生活中的聚會交際，許多人也往往是金口難開，過於拘謹。在你推我讓之中，小夥子變成了忸怩靦腆的大女孩；而大女孩更是「猶抱琵琶半遮面，千呼萬喚始出來」。有些人甚至把不善言談與交際當作為人老實正派的一大優點來標榜。如介紹對象時就常說：「我女兒很老實，真的，連話都不太會說！」不會說話有什麼好呢？

我們的學校教育和社會教育儘管有所發展，學科很多，唯獨最廣泛實用又最能促進人的發展的口才與交際的學問被忽視或輕視了，幾乎是一塊空白，一片荒野，這不能不說是極大的缺憾。不要說一般的院校沒有開設這門課，就是專門培養教育、宣傳、文祕、法律和經營管理人才的院校也沒有開設這門課。這種重知識輕能力，重理科、輕文科，而在文科中又重寫輕說的

傾向，很不利於提高人的素養，很不適應現代化建設的需要。

　　每個人都有一張嘴，一是用來吃飯，二是用來說話。能吃，而且能吃到美味佳餚、山珍海鮮，可謂有口福；善說，而且能說得妙語如珠，深入人心，可謂有口才。隨著生活的改善，口福不淺的人是越來越多了，可是口才上乘者卻寥寥無幾，百裡挑一。人類文明的顯著標誌正在於語言能力和心態，我們如果只重口福而輕口才交際，那真有些對不起造化，而只能退化了。

　　長期以來，有一種習慣的看法，就是不把口才與社交能力看做是真才實學，也就更不會看做是人生的基本功和必修課了。有些人甚至認為能說會道、善於交際算什麼？不過是耍嘴皮子、見面就熟。其實，這是一種偏見和誤解。至於「禍從口出」、「言多必失」和「少說為佳」的一類老話，更是一種自我束縛、自我壓抑的消極心態。在實際生活中，確有一些人整天說空話、吹牛皮，很少講真話、踏實，但這些人的毛病不在於「耍嘴皮子」，喜歡交際，而在於不學無術，言行不一，華而不實。這種表現與我們所說的口才與交際藝術不僅不同，而且是根本對立的。至於緘口藏舌、怯於交際，這並不是人的本性和欲望，而是封建傳統觀念所造成的無形繩索對人性的束縛，是對人際關係的扭曲。口才與交際藝術的本義正是博學多才、勇於進取、性格開朗和情趣高雅的人才能具備的素養和能力。人人都有一張嘴，為什麼有的人說話空洞無物、枯燥乏味，不能傳播真善美，而只能令人生厭呢？究其實質恰恰是心態不良、淺薄無知、沒有真才實學的庸俗表現。所以說口才主要不是「口上之才」，而是一個人素養較高的顯著標誌；喜歡交際並不等於言談隨便、舉止輕浮，而是一個人自由平等、灑脫自如的生活方式。我們學習掌握口才與交際藝術不僅是增加了一種實用的知識和技能，而且是獲取了開發潛能、提高素養的無價寶，構建起做人處世、走向成功的康莊大道。關鍵就在於觀念更新、心態開放。

發展積極心態不僅是為了敢說能說

口才與社交能力的關鍵在心態，不僅是指克服膽怯與恐懼的心理障礙，而且在提高口才與社交能力的方面，依然需要積極心態、成功心理的主導作用。

毫無疑問，高超的口才與社交能力當然需要具備豐富的學識，掌握語言的藝術，而且要有靈活巧妙的即興構思和表達方式。然而，人們在日常說話、當眾演講和與人交際的時候，不是直接依靠你所學到的各種知識和方法去表達或交流，而是憑藉你的觀念、意識和情感去進行感應。如果觀念不更新、心態不開放，你怎麼可能做到語言有魅力、交流有成效呢？

就說演講吧，本該用自己的語言表達自己的思想感情，但你的個性與自我意識淡薄，不會用自己的語言表達自己的思想感情，而是摘抄報刊上的文章，去講別人說過的話。這樣做，即使你的辭句相當精美，也只不過徒有一種書卷氣，而不會有鮮明的特色和生動的力量。而個性與自我意識的強弱就是心態問題，顯然，心態不開放的人，其口才也不會出色。

再說幽默感吧，這是現代人應該重視和具備的一種修養和能力。有些青年朋友很喜歡幽默，經常學一點幽默小品或是摘抄一些富有情趣的箴言妙語，這是很好的學習和愛好。但是如果我們只把幽默看做是一種語言的藝術或遊戲，那就很難幽默起來。因為現實生活中總會發生一些叫人不順心、不如意的事情，因為任何人的自我形象和所處的境遇都不可能是無可挑剔、十分理想的。

如果你心境不佳，你還會發現生活中的美好之處嗎？如果你斤斤計較別人給你的刺激，你還能隨機應變、自如的輕鬆自如的運用語言的藝術嗎？假如你已經禿頭了，腦袋光光的，容易引起別人的嘲笑，你氣量狹小、生性多疑，必然會惱火憋氣，不是躲避別人，就是和別人惡語相向。這還談什麼幽

默呢？與此相反，你豁然大度，心態開放，既能放棄完美，熱愛不完善的自我，又能選擇控制自己的情感，具有吸引意識，那麼遇到有人嘲笑你的光頭，你就會談笑風生：

「怎麼，我這腦袋像燈泡嗎？謝謝諸位的讚美。」

「讚美？」對方一時還摸不著頭緒。

「是啊！沒聽說嗎？跑馬的大街不長草，聰明的腦袋不長毛嘛！」

「哈哈哈……」

一句話引起了一場歡笑。顯然唯有心態開放、胸懷坦蕩的人才能具有幽默的法寶，掌握高超的口才與交際藝術。

我們很重視自己的身體健康、生存能力，也很關注自己的學業成績、智商開發；我們要掌握一定的職業或專業技能，也想修練正直、高尚而又豁達的人格，具備揮灑自如的口才與社交能力……這一切都是做人處世、爭取成功的重要因素和必備條件。然而，決定這一切的神明不是無法預測的命運，而是我們自己可以改變的心理態度。所以，我們要樹立成功心理，開創美好未來！

第一單元　人生沉浮，究竟取決於什麼

第二單元
心態之謎，什麼是成功心理

第一章　素養、心理和瀟灑的內涵

先搞清楚幾個概念

人生的成敗究竟取決於什麼？透過第一單元的分析得出的結論是取決於心理態度，也就是心態決定命運。為了深入理解這個命題，我們不妨換個說法：人生的成敗取決個人的自身素養和人際關係，而人際關係主要是靠個人的努力去建立和發展的，若兩條合為一條，也可以說取決於自身素養。

人的素養是指人具有的生理、心理和外部形態等各方面比較穩定的特點。從人的素養學角度來講，它可以分為個體素養和群體素養兩大類別。本書所講的是個體素養，它包括身體素養、心態、文化素養、外在素養、專業素養與技能，還有習慣素養等六個方面。這六個方面當然是各有作用，相互連繫而不能相互代替的，但在其中起靈魂、統帥作用的卻是心態。這一點，

第二單元　心態之謎，什麼是成功心理

在第一單元裡大體說清楚了。現在，我們從「心理」這個詞的本意上也可以得到印證。

在科學文獻中，心理學這一術語早在十世紀就已出現了，但是，由德國哲學家契斯坦・伍爾夫正式採用並使其成為人類知識的一個獨立的分支，則是十八世紀中葉以後的事。自遠古以來，人們就試圖了解人類自身的精神現象。第一個對心理現象加以系統說明的人是亞里斯多德這位古希臘大哲學家。亞氏概括了那個時代所累積的關於人類的精神生活的知識。他把他的論文命名為《靈魂論》。又過了許多時候，約在西元一百三十至兩百年，羅馬醫生和博物學家克勞迪烏斯・格林試圖以動物的實驗證實腦是感覺和思維的器官。他認為精神過程是透過神經循環把感覺從感覺器官傳達到腦，由腦發出給運動器官的「命令」。

當然，科學意義上的靈魂並不存在。心理學是一門研究人的心理活動規律的科學。它包括心理過程、心理狀態和個性特徵，即人格特質三類心理現象。但靈魂這個名稱不僅不必改變它的來源，而且能說明心理的統帥和支配的作用，所謂心理也就是人的大腦反映客觀現實的機能，而且具有能動性和個性化的特點。人的言行之所以是能動的，從最基礎的心理機制來說，就是因為人具有在自身高級神經系統基礎上的「回饋裝置」的機能。人感應任何資訊，從事任何活動，都要經由心理機制的控制、選擇、調節，而這種控制、選擇、調節，又必然帶有個性的特點。因此我們說人的一切表現和各方面素養的開發是直接建立在心理機制的基礎之上。就是說人的素養如何主要取決於心態如何。

心態是指人在心理形態方面比較穩定的特點。它包括動能心素、智商心素和複合心素。動能心素是由需求、情感、動機、注意這四種素養構成；智商心素是由認識能力、運籌與決策能力、行為能力及其他能力構成；複合心

素則包括了意志、氣質、審美、社交、道德等諸種素養。簡明的說，心態就是人在感知、思維、注意、想像、觀念、情感、意志、興趣等諸種心態上的修養和能力。從心態所包括的內容來看，也足以說明它對人的整體素養及一切方面都有直接影響和支配性的作用。

「心態」自然是「心理態度」的簡稱，「心理態度」和「心態」這兩個概念有什麼不同呢？心態是一個綜合性和全面性的概念，是指一切心理因素與心態的總體的修養和能力，其中也包括了智商因素。而心理態度不包括全部的心理因素，主要是指動能心素與複合心素所包括的諸種心態的修養和能力。

換句話說，心理態度就是人的意識、觀念、動機、情感、氣質、意志和興趣等心理狀態的意向。它是人的心理對各種資訊刺激做出反應的趨向。人的這種心理反應趨向不論是認識性的、感情性的，還是行為性的、評價性的都對人的思維、選擇、言談和行為具有導向和支配的作用。所以，我們有充分的理由認定，人生的成敗儘管有許多因素的影響，但起決定作用的就是心理態度。

尋求瀟灑的內涵

「瀟灑走一回」的歌聲早已唱遍四方，流傳各地。有些人們尋找瀟灑的感覺，尤其是年輕人很希望自己的交際風度乃至整個的生活方式都變得瀟灑起來。

何謂瀟灑？有人說瀟灑是腰纏萬貫，一擲千金；有人說瀟灑是身居高位，一呼百應；有人說瀟灑是衣裝時髦，勁歌狂舞；有人說瀟灑是天生有福，特別幸運……對這些，我都沒什麼體驗，不敢輕易否定。但有一點可以肯定，瀟灑是一種感受，一種意境，是一種積極心態和進取精神。也就是說瀟灑就是在人生之路上奮然前行，走向成功！如果不思進取，虛度人生，哪還有什

第二單元　心態之謎，什麼是成功心理

麼瀟灑可言呢？

「瀟灑」的本意是用來形容自然大方的言談舉止，把它引用到對人生的選擇和態度上，人們就會有各自不同的理解。為了揭示瀟灑的內涵，我們還是用具體事實來說話。國際模特兒大賽冠軍 —— 彭莉小姐可算是活得瀟灑了。

彭莉高中畢業後去飯店應考服務員，她沒想到報名的人很多，競爭激烈，要經過筆試、面試英語等好幾道關。彭莉擔心自己筆試可能不行，會被淘汰，便壯著膽子直接去找老外總經理，用英語向總經理作了自我介紹。總經理聽了她的話，眉頭一皺說：「你只會這麼一點英語吧？」

彭莉也把眉頭一皺說：「您的中文不也是只會這麼一點嗎？您可以在這裡做總經理，我也可以當個服務員吧？」

總經理語塞，大笑，當即拍板錄用了她。

良好的心態和有點不凡的言談交際使彭莉獲得了成功。

一個女孩子能在這樣的飯店工作，已經相當不錯，令人羨慕。但彭莉卻不滿足於工作環境的舒適和報酬的優厚，而是渴望從事有所創造、富有魅力的工作。不久機會來了，城市時裝表演隊招聘模特兒，要從千餘名應聘者中挑選十幾名。彭莉悄悄的，毫不膽怯的去報名了，她帶著柔美的微笑，俊逸的風韻又一次在眾多的競爭者中脫穎而出。

「一九八八年國際今日模特兒大賽」於八月二十六日在義大利美麗的海濱都市拿坡里舉行，從二十六個國家的兩千多名模特兒中選出五十一名最出色的模特兒登上Ｔ型表演台，在彩燈輝映下各展風采。經過四輪激烈角逐，十九歲的彭莉一舉奪魁。

事後，記者在採訪中問彭莉：「你奪取冠軍後，為什麼謝絕義大利的高薪聘請？」

她說：「這次參加比賽是廣告公司時裝模特兒表演隊派我去的，是不是答

應留在義大利工作，當然應該由公司決定。」

「如果完全由你決定，你會留在義大利嗎？」

彭莉笑了笑，揚了揚一頭秀髮，不無慧黠的反詰道：「你幫我出出主意，是留下好呢？還是回來好？」

彭莉為什麼會獲取巨大成功，表現得如此瀟灑？其主要因素並不在於她的身材和長相出眾，也不在於她選擇了時裝模特兒的職業，因為具備這些條件的女孩有許多，並不是個個都出類拔萃、瀟灑自如。而彭莉之所以高出一籌，別具一格，關鍵在於她心態積極，特別自信，僅從她的口才和風度上就可以看出這個鮮明的特點。這正是我們要探究的課題。

當代人的「瀟灑」，其內涵究竟是什麼呢？健康、漂亮、有思想、會說話、能創造……這些都是構成瀟灑形象的必要因素，但瀟灑的內涵既不限於儀表風度的美化，也不能等同於全面發展和完美無缺，而是作為個人的主體對人格魅力和人生價值的有意識的追求和表現，也是一種真實而美好的精神風貌和生活方式。有人強調，瀟灑是一種富有時代特色的文化氣質，但作為個人對人格魅力和人生價值的追求和表現來說，最重要的是「有意識」這三個字。所謂「有意識」，就是要有彭莉那樣的心態積極、特別自信的主體意識。

什麼是意識

意識屬於高度完善、高度有組織的特殊物質 —— 人腦的機能。

就哲學意義上講，意識和思維是同一類型、同一意義的概念，但意識所指的範圍較廣，包括認識的感性階段和理性階段，而思維基本上限於認識的理性階段。從心理學意義上講，意識是指自覺的心理活動，即對客觀現實的自覺的反映，也就是有意識的自覺認識和表現。這種自覺反映是與人的行動

和語言發展過程一起發生和發展的。人只有透過語言和行動才能實現主觀的反映。為了探索心理態度的奧祕而引出了意識的問題，我們所說的意識就是自覺的心理活動或叫做自覺的心理反映。這種自覺的心理活動對人的語言和行動具有能動作用和導向作用。人做任何事情都會有一種特定的心理反應和敏感，說簡單一點，人做什麼，就會注意什麼，想什麼，談論什麼。這就是人的自覺的心理反映 —— 主體意識。它表現在職業上就是職業意識。

　　人們的職業、責任、處境、愛好、追求不同，就會有各不相同的意識和敏感。如行銷人員有推銷意識，司機有安全意識，足球運動員有射門意識，偵察破案人員有取證意識，藝術家有審美意識……人們之所以在各自的職業上和興趣愛好上有所擅長，有所發展，當然是由於學習了某些專業知識，但更主要的是由於在實踐中培養了某種意識，正是專業或職業意識的能動作用和導向作用，才使一個人累積掌握了許多有關的知識和經驗，並使之融會貫通，成為一種真才實學。我們在前面談到心理態度對智商開發和人格形成具有決定性的作用，主要就是意識 —— 自覺的心理活動的作用。至此我們就可以一語破的的揭示出什麼是成功心理了。

第二章　成功心理就是自信主動意識

自信，成功者共同的祕訣

　　常言說得好：世上無難事，只怕有心人。這個「心」就是自信心，就是以自信主動意識為根本特徵的積極心理態度。

　　自信就是力量，奮鬥就會成功！古今，凡是智商上有所發展、事業上有所成的人，都有一條成功的祕訣：自信。這些人儘管各自的出身、經歷、思想、性格、興趣、處境等有所不同，但他們都有一個共同點就是對自己的

才智、事業和追求充滿必勝的信心。自信的意識、自信的力量，足以使一個人瀟灑自如的面對人生，以艱苦卓絕的奮鬥改變自己的命運或是實現自己的人生價值。古有司馬遷宮刑而作《史記》，孫臏刖足而修兵法；近代有又聾又瞎的海倫・凱勒給全世界以新的啟示。試觀寰宇，多少人傑高擎自信的旗幟，懷著巨大的希望生活，從逆厄中奮起，在困挫中挺進，披荊斬棘，一路豪歌，而終於衝上了人生的巔峰，向世界證實了人的偉大。

　　維克多・格林尼亞年輕時是英國瑟兒堡地區很有名的一個浪蕩公子。有一次，在一個盛大的宴會上，他像往常一樣傲氣十足的邀請一位年輕美麗的小姐跳舞，那位女孩覺得受到了極大的侮辱，怒不可遏的說：「算了，請你站遠一點。我最討厭像你這樣的花花公子擋住我的視線。」這句話刺痛了格林尼亞的心。他在震驚、痛苦之後，猛然醒悟，對自己的過去無比悔恨，決心離開瑟兒堡，去闖一條新路。他在留給家人的紙條上說：「請不要探問我的下落，容我刻苦努力學習。我相信自己將來會創造出一番成就來的！」結果，經過八年的刻苦奮鬥，他終於發明了以他的名字命名的「格式試劑」，並榮獲諾貝爾獎，成為著名的化學家。

　　人並非天生偉大，成功者也不是天生之才，而且也不一定在少年或青年時代就是出類拔萃的人才。而是自信主動意識決定了一個人走向成功！像維克多・格林尼亞這樣的「浪子回頭金不換」，不就是這個道理嗎？

自信是任何人都可以掌握的法寶

　　成功始於覺醒。這個覺醒就是樹立自信主動意識，即認識到自己有成功的必要。明確了成功的具體目標，相信自己有堅持奮鬥、獲得成功的能力，也就是有不斷追求成功的信念和勇氣。這樣的心願幾乎人人都有，只是許多人的自信心不夠強烈，不夠明確，不夠堅定。如果你能透徹了解究竟什麼是

第二單元　心態之謎，什麼是成功心理

成功心理，自覺的強化自信主動意識，你就完全能夠掌握這個成功的法寶，走向成功之路！

　　賈明芳是一個遠在郊區的農民子弟。哥哥從小喜歡拉二胡，他也跟著湊熱鬧，學著拉。經過多年的勤學苦練，兄弟倆拉得都不錯。他們長大後，哥哥安於做個業餘琴手，從未想過自己會在音樂上有所發展和造就。而弟弟賈明芳卻不安於現狀，他後來到大城市去拜師求藝。雖然碰過不少釘子，吃過許多苦，但他始終相信自己可以辦得到，不斷的刻苦追求。一九七七年，他同時考取了音樂學院民樂系和民族樂團。到民族樂團工作後，他進步很快，短短幾年就當了二胡首席，成為樂團的台柱。廣播電台多次播放他演奏的樂曲，他後來又成為音樂家協會會員。這個普通的農家子弟終於如願以償，出名成家了。

　　王先生負責某廠的總工承接的「漢字校對排版輸出機」專案的統籌管理。在一次論證會上，他憑著多日的鑽研，充滿自信和熱情的提出了自己的設計方案。他的方案徹底否定了他人的「幻燈式鍵盤」方案。王先生有了自信意念，迎接挑戰，主動請纓，要求主管把這個「漢字校對排版輸出機輸入鍵盤」的專案交給他完成。

　　主管被說服了。一接過擔子，他才知道事情比想像的要困難得多。放眼望去，前人已經在這一領域踩下了許多腳印，但沒有哪一行腳印能為他指點迷津。採用電報碼嗎？每一個字都要死記、硬背，誰有那麼大的本事？採用大鍵盤嗎？一個字就是一個鍵，上萬個字要有多大的鍵盤？找起來又多麼麻煩？採用拼音法嗎？漢字的音節複雜繁難，加上方言土語，口音各異，這條路也是死路。王先生拜師求教，翻查多種字典、詞典，把每一字都拿來解析登錄，僅此一項工作，抄寫的卡片就有十二萬張。為了摸索規律，他含辛茹苦，經過四年奮戰，以擁有多種學科知識的綜合優勢，對漢字的字源和構字

規律做了浩繁而透徹的分析研究，終於有了驚人的發現：現代漢語常用的一萬兩千多字，原來只用奏百多字根便可組成！

茅塞頓開！王先生找到了入門的鑰匙，然後和助手一起又用一年時間，把六百多個字根精簡並組合擺放在。最後形成一個只用一百多字根，排列井然有序，編碼方法構思巧妙，輸入效率高的漢字輸入法，使千百年來龐雜無羈的漢字，第一次被納入科學的軌道，就範於現代文明。一九八三年八月，在上百家同行的競爭中，這個輸入速度首次突破每分鐘百字大關。

自信使人隨時隨地都能「瀟灑走一回」

一九九二年初，美國大西洋城傳出了這樣一條電訊：年輕的電影演員趙越豔壓群芳，戰勝各路佳麗，以絕對優勢奪得了「世界亞裔小姐」和「最上鏡小姐」雙項桂冠。這是自信意識幫了她的大忙，使她瀟灑的摘取了桂冠。

一九九一年認識了當時正在組織首屆世界亞裔小姐選美大會的凌亞娜。寒暄之後，凌亞娜邀請她參加這次比賽。她當機立斷，一口答應。可見是自信意識讓她抓住了這次偶然的機會。

趙越提前兩天來到大西洋城，住進飯店後就投入了緊張的排練。兩天下來，她對對手們有了一些了解。從那以後，她就一直認為不會落在她們後面。

選美比賽分四個階段進行；先是身著運動服上場，以展示青春活力；接著足穿泳裝表演，以顯示各自的綽約風姿；再次足著晚禮服上台，以突出各自的個性風度；最後是即席問答，由司儀抽籤提問，以測試參賽者的智慧和口才。

「今晚參賽的佳麗很多，你對她們有何勸告？」這是趙越抽到的題目，其難度中等偏上。自信而機敏的趙越似乎未加思索，答案就脫口而出：「我希望

第二單元　心態之謎，什麼是成功心理

她們都能充滿自信，因為自信可能幫助她們發揮出最佳水準。當選與否，並不重要，重要的是參與。如能獲勝，那當然更好，榮譽有利於個人的前途，也可以激勵別人。」

言簡意賅，而且還頗有點奧林匹克精神。話音未落，掌聲四起。據有關人士透露：這一回答至少使趙越比其他小姐多拿了十多分，為最後奪冠奠定了基礎。

自信意識由三個部分組成，就是一個人對自己的能力、價值和缺點的積極的感覺和認識，也就是自尊、自愛與自強的總和。它反映了一個人對於追求和表現人格魅力的人生價值的能力的判斷，是人生槓桿最可靠的支點，也是自我價值感的最堅實的基石。

具有高度自信心的人對生活充滿了信心和勇氣，具有積極適應環境而又追求自我實現的精神活力。自信心低下的人對生活境遇難以適應，對於個人與周圍世界的關係，有一種乖謬感。許多人的心態是在這兩種生活態度之間波動搖擺，並表現出相互矛盾、交替混雜的狀態 —— 有時自信，有時自卑；有時振奮，有時消沉；有時清醒，有時困惑；有時充實，有時空虛；有時愉快，有時煩惱；有時進取，有時逃避……所謂發展積極的心理態度，其關鍵就是要讓自信主動意識占據主導地位，而且水不讓位。這才是具備了自信意識。

總之，堅信自己有能力、有價值，也有缺點，並堅信自己選擇的目標，經過努力奮鬥和爭取支持一定能夠實現的積極心態，就是成功心理。簡言之，自信主動意識就是成功心理。

第三章　為什麼自信主動才會成功

自信主動，才會重視人的能動性

心態決定命運，自信走向成功！儘管成功心理的學說奠基於科學研究的成果，但由於人生委實不易，事情難以如願，許多人還是不得不相信老祖宗流傳下來的「命裡注定」的說法，而對成功心理是否能決定人生的價值心存懷疑。即使在現實生活中，依然存在著幾種廣泛為人們所接受的決定論學說。它們或單獨或聯合解釋著人的本性和人的命運。主要有這樣三種決定論：

A. 遺傳決定論：你這個人怎麼樣先天已定，是遺傳基因進入了你的去氧核糖核酸，造就了你這個人的性格、智商和運氣。

B. 教育決定論：家庭、學校和社會的教育造就了你的性格、觀念和追求，尤其是家庭的影響和小時候的經歷，決定了你現在的價值觀念和目標追求以及做人處世的方式。

C. 環境決定論：造成你現在這種情況的根本原因是你的處境、條件和各種社會關係。如你的經濟狀況、社會背景，你的主管、公司、家庭、親友等。總之，你的一切取決於你的境遇。

這三種決定論都有一定的道理，但其實質都屬於「命裡注定」的陳舊的思維模式，與我們所主張的心態決定論相比，都不是實事求是的正確觀點。遺傳決定論，容易反駁，因為人的性格、智商和追求主要是甚至幾乎全部是後天的，是環境、教育的影響和自我選擇的結果。就身體素養和相貌特徵而言，遺傳基因的作用是應當承認的，但也不是完全由先天決定，而後天一點也不能改變。至於一個人的心態、性格、智商、才能、興趣、追求等幾乎完全是由後天的各種因素所決定的。古今哪有一個是科學意義上的天生之才？你會說某人小時候就特別聰明，智慧超凡。

第二單元　心態之謎，什麼是成功心理

這種事例當然有，但這個「小時候」已經是接受了家庭教育和社會環境的潛移默化的影響。你能舉出哪個人一生下來就與世隔絕卻竟是神童的事實嗎？

教育決定論和環境決定論卻不大容易駁倒了，因為我們無法否認也不應該否認教育和環境對人的影響與造就確實有很大的作用，但這個作用並不是決定性的。我們不妨先來分析一下一個人的整體素養是怎麼形成和造就的，它是由諸多因素影響和造就的。

一般歸納為八個方面：

A. 天然因素如遺傳、性別、年齡；

B. 生活方式如飲食起居、體育衛生、興趣愛好等；

C. 地理區域環境；

D. 傳統習俗；

E. 社會制度；

F. 時代風尚；

G. 家庭影響，學校、職業和社會的文化教育及其人際關係；

H. 自身的努力程度、追求目標。

這八個方面儘管都有影響，但主要起作用的還是由文化教育與人際關係所構成的社會環境和自身的努力與追求，也就是客觀和主觀兩大方面。然而，這兩大方面的主要因素，都是透過各種資訊的，刺激交流而形成的心理狀態和個性品格而起作用的。也就是說，一個人感知和吸收什麼樣的資訊刺激，而又做出怎樣的反應，進行怎樣的交流，就會形成和造就什麼樣的素養。而這種長期反覆進行感應與交流的總樞紐、總運控器就是人的心理機制、心理態度。

以自信主動意識為核心的積極心理態度，即成功心理機制能使刺激與反

應之間的資訊交流數量多、素養高、有成效；相反，以自卑消極心態去進行感應與交流資訊必然是數量少、素養低、成效差。由此可見，個體素養的決定因素不正是心理態度，有無自信主動意識，或是自信主動意識的強弱嗎？其實，這個問題我們在第一單元裡已經從幾個方面分析過了，這裡只是從總體上再加以說明而已。

如果說教育與環境的作用能決定一個人的素養，那必須有一定的前提條件才能成立。一種情況是對於尚未獨立自主的兒童來說是可以達到決定性作用的，因為兒童還不能選擇和駕馭自己與周圍世界的資訊交流，他們的心理態度往往是不自覺的，其自我意識具有極大的可塑性。因而，人在兒童時期的素養、性格主要依賴於所受的教育引導和環境影響。但是孩子長大成人，自身的主體性和能動性已經逐步形成了，在自己與周圍世界的刺激與反應之間已經能夠獨立自主的選擇和控制了。這就不能說某人的命運是由教育與環境所決定的。但事實上並不是所有心智正常的人都能自己主宰自己的命運。對於那些缺乏自信主動意識的人來說，由於他們相信「命裡注定」，甘願「聽天由命」，所以他們的人生成敗、有無發展就是由教育和環境決定的。

人的偉大就在於具有主體性和能動性，就在於可以樹立自信主動意識，就在於能夠自覺的生活，創造性的勞動。這種偉大是任何動物都不具備的，因為只有人才成為萬物之靈，只有人才能夠改造生存環境，創造各種財富和文明。

動物吃飽了肚子就不再做什麼了。長頸鹿只要看到獅子的腹部下垂，就不會害怕獅子，因為牠知道獅子已經吃飽了，不會再捕食。於是牠就敢待在獅子旁邊，不用逃跑。然而，人是不會滿足於有吃有穿，僅僅能夠活著的，也不會滿足於已經獲取的條件與成就。人的欲望和需要總是不斷提高，不斷更新，而且人還要自我實現 —— 達到自己理想的目標，成為自己期望成為

的那種人，這就是人的主體性和能動性。成功心理正是基於人的主體性和能動性而構建起來的人生科學，又是為了充分開發人的主體性和能動性，使更多的人變得更加美好和偉大。如果我們聽信遺傳、教育、環境三種決定論的「決定」，那豈不等於承認「命裡注定」是真理，只能聽天由命了嗎？

前面提到的賈氏兄弟，可以說在遺傳、教育、環境三大方面是完全一樣的。但兄弟倆的發展前途為什麼大不相同呢？事情很明顯，哥哥接受了遺傳、教育和環境的「決定」，聽天由命；則弟弟賈明芳卻有自信主動意識，堅持走自己的路，終於獲得了成功。這不是說，哥哥甘願留在家鄉就一定沒有出路，沒有發展，而是說一個人若沒有自信主動意識，不重視不發揮自己的能動性，哪裡會有積極進取，爭取成功的行動？按說，在拉二胡這個專長上，哥哥還曾是弟弟的老師呢，但由於兄弟倆的意識和選擇不同，其發展前途也就大相徑庭。說到這裡，也許有人會想：賈明芳後來之所以出名成家還不是得到了更好的教育和環境嗎？是這樣的，但這有利於他成長發展的更好的教育和環境，不是從天上掉下來的，而是憑藉他的自信主動意識而積極爭取來的。

這不恰好說明是心態決定命運，而不是遺傳、教育和環境決定命運嗎？

自信主動，才會使人發揮能動性

在相同的環境裡成長、生活、學習、工作，從同一條水平線上起步走上人生的旅程，為什麼有的人做出一番事業，而有的人卻終生平庸無為？即使是從同一個窮鄉僻壤的環境裡長大的年輕人也會有不同的命運；即使是同一個國立大學畢業的大學生或研究生也會有不同的前途；即使是同一個家庭的雙生兄弟或孿生姐妹也會有不同的性格和作為……凡此種種不同的人生之路是從哪裡產生區別、開始「分歧」的呢？細說起來因素眾多，但決定

性的因素就在於一個人的意識是否覺醒，精神是否解放，也就是有無自信主動意識。

世界著名指揮家小澤征爾在一次歐洲指揮大賽的決賽中，按照評委會給他的樂譜指揮樂隊演奏的時候，發覺有不和諧的地方。

起初他以為可能是樂隊演奏錯了，就停下來重新演奏，但仍然有個地方不和諧，不如意。小澤向評委們提出樂譜有問題。但在場的作曲家和評委會權威人士都鄭重說明樂譜沒有問題，而是小澤的錯覺，請他找出原因，把樂曲演奏好。當時小澤還不是世界級的指揮家，而只是一個參賽者。但他稍加考慮，面對一批音樂大師和權威人士大吼一聲：「不，一定是樂譜錯了！」話音剛落，評判台上立刻抱以熱烈的掌聲。

原來這是評委們精心設計的圈套，以此來檢驗參賽的指揮家們在發現樂譜有錯誤並遭到權威人士的「否定」的情況下，能否堅持自己的正確判斷。前兩位參賽者雖然也發現了問題，終因趨附權威而遭淘汰。小澤征爾卻自信堅定，因而摘取了這次世界音樂指揮家大賽的桂冠。

類似的現象在現實生活中並不鮮見。有些人在做出選擇和決定後，一遇到主管、專家甚至是同事、朋友提出不同意見，就發生動搖，懷疑自己的主意不對，遂放棄原來的選擇與追求，甚至明明發現權威的指示與實際不符，也不敢堅持自己的觀點，以致將錯就錯，隨風搖擺。

當然，自信不是主觀武斷，是以真才實學為基礎的。但對許多人來說，最難的不是學習掌握某種專業或職業的學識，而是強化自信主動意識，發揮自己的主體性和能動性，即發揮人的最偉大之處。

讓我們放開眼界來看看國際上的先進與落後的變化有什麼奧祕吧。有人說：「技術和管理是推動經濟發展的兩個輪子。」但這「兩個輪子」又是由什麼力量推動的呢？在現代社會，先進的技術和管理一般並不保密，四處傳

第二單元　心態之謎，什麼是成功心理

播，誰都可以學習和掌握。為什麼有些國家用得好，有些國家不行呢？即使是同樣社會制度的國家，如歐美的資本主義國家之間，為什麼也有很大的差距呢？從近代到今天的發展輪廓來看：十八世紀是英國的奇蹟，稱霸全球；十九世紀是德國的奇蹟，突飛猛進；二十世紀主要是美國的奇蹟，最為富強，還有「二戰」後的日本的經濟起飛。為什麼有些國家不行？難道這些國家不知道採用先進的技術和管理來推動經濟的發展嗎？

而且，即使採用了同樣的技術和管理的方法，如全面品質管理，為什麼在不同的地方、不同的人手裡，其效果也大不一樣呢？這就如同人們讀同一本書，體會不會一樣；聽同一個講座，收穫也會不同；進行同樣的變革，效果也會有明顯差別。這就是因為人的心態、意識，尤其是欲望與動機有所不同。正是意識的不同決定了能否發揮人的能動性和創造性。

「工欲善其事，必先利其器」。方法和工具自然是重要的，正如同專業知識和職業技能對每個人來說都是重要的一樣。但這些東西是供人掌握和使用的。它能否發揮作用，發揮到什麼程度，卻是由人的意識決定的。一把削鐵如泥的寶劍，在文弱書生手裡，未必能發揮作用。上好的宣紙狼毫對不愛好書法的人來說，又有多少用途呢？等於是廢物。家長買了高級的鋼琴未必能培養孩子成為鋼琴家；學了許多經營管理知識的廠長或經理不一定會成為優秀的企業家……推動技術和管理這兩個輪子向前發展的驅動力是什麼呢？有關學者將不同時期、不同國家的歷史文獻和文學作品表現的人們發憤圖強、求取成就的意識與同時期、同國家的經濟成長率相對照，結果發現，經濟成長的多少快慢總是以人們的成就動機的強弱為先兆，成正比的。

經濟發達國家創造奇蹟的時期，都是他們的成就動機和創業精神最旺盛的時期。相反，任何國家缺乏拚搏進取的精神就會發展緩慢，甚至停滯不前，處於落後的狀態。

印度，作為世界第二的人口大國，在第十一屆亞運會上僅僅在南亞傳統的卡巴迪專案上取得一枚金牌，此外沒有任何建樹。一個大國的體育怎麼會如此差勁呢？印度體育代表團的團長說明了原因：「我們國家之所以受挫，是因為我們的運動員缺乏立功取勝的願望。我們不得不強迫運動員去做最基本的訓練。因為我們的選手只有一個目標——得到一份工作。而一旦他們得到了，他們就不想再做別的了。……所以在比賽之前，我們就已經輸了。」

確實如此，大至一個民族、國家，小至一個人、一件事，如果在心理態度上輸了，那就是輸定了。因為任何個人和任何民族的偉大之處——能動性，不僅應當承認和重視，而且需要意識的覺醒和精神的解放才能得以發揮。這就是說人只有處在自信主動的狀態中，才是聰明、能幹、大有作為的。現在，經濟發達國家最擔心的正是他們賴以發展的驅動力——拚搏進取、積極創業的精神衰落，擔心年輕一代成為外表光滑、內心空虛的綠辣椒。這一點，不是很值得我們青年記取、警覺嗎？

第四章　自覺的生活

什麼是自覺的生活和不自覺的生活

徐福在工作上的想法是：不求有功，但求無過。主管叫他做什麼他就做什麼，自己不求變創新。他不希望遇到挑戰，以免帶來風險，使人傷腦筋。可是當他一旦出了差錯，被主管批評指責，他就竭力為自己辯解，感到受到了莫大的打擊……

羅軍應聘來到徐福所在的公司工作。這項工作是他自己選擇和感興趣的，他決定盡一切努力來學習掌握需要具備的知識和能力，並且注意搜集累積有關的資訊，力求不斷提高工作成效。必要時，他還要動腦筋提出自己的

第二單元　心態之謎，什麼是成功心理

設想和建議，爭取主管的了解和支持。他的特點是努力做好，讓人知曉，希望遇到並勇於接受新的挑戰，即使冒風險，也要有所作為和創新。因而他的工作成績顯著，獲得了重視和提升。於是他的自信心和創造力越發增強。

這兩種行為模式，前一種是不自覺的，後一種是自覺的。

自覺的生活是發展積極心態、樹立成功心理的基礎，也是其成果，與消極心態所導致的不自覺的生活相比有許多截然不同的特徵。自覺的生活的主要特徵是：

1. 面臨難題，認真思考，做出自己的選擇；而不是不動腦筋，安於現狀。

2. 遇到挑戰，從實際出發，求變創新；而不是渾渾噩噩，迴避矛盾。

3. 選取目標，計畫事情，具體而明確；而不是籠而統之，模糊不清。

4. 正視現實，負起責任，不管是愉快還是痛苦；而不是否認、逃避現實，沉溺在幻想中。

5. 尊重事物規律，考慮客觀可能；而不是拒絕真理，不顧實際，只憑主觀願望做事。

6. 獨立自主，積極行動；而不是依賴別人，消極等待情況變化。

7. 勇於冒險，不怕失敗；而不是躲避風險，貪圖安逸。

8. 堅信自己的價值和能力，堅持靠自己；而不是自我貶低，就怕別人看不起。

9. 有了錯誤，願意承認並糾正；而不是文過飾非，虛榮自負。

10. 冷靜從容，能夠選擇控制自己的情感；而不是急躁任性，感情用事。

從這些不同特徵的對照中可以看出，所謂自覺的生活就是以積極的自我意識、明確的價值觀念和良好的自我狀態去面對現實、生活、工作；相反，則是不自覺的生活。很顯然，自覺的生活是成功心理的基礎，又是心態積極

的成果。一個人只有發展積極心態、樹立成功心理才能更加自覺的生活。這就是人生的覺醒和新生。

覺醒與不覺醒的根本區別

自覺的生活與不自覺的生活儘管在心態、行為、習慣與性格上表現出許多截然不同、效果相反的特徵，但其中最根本、最重要的一點是：能否自信主動，自強不息。

從表面上看，一個自覺的生活的人未必在一切方面都比不自覺的生活的人好多少，在某個階段和某個方面甚至還要比別人艱難一些。但在實質上，也就是在生活態度和生活品質上，自覺的生活的人與不自覺的生活的人，即覺醒者與半醒者卻有天壤之別。

如果自覺的生活的人又是聰明能幹、反應敏銳的人，那就更是如此。

為什麼兩者的差別會如此之大？因為自覺的生活的人總是保持心理上的積極態勢，精神上的獨立自主，行動上的自強不息。一個覺醒的人不可能透過另外一個人的腦子去思考。人與人之間可以互相學習，需要彼此幫助，但真正的知識和能力意味著自己對事物的理解和對生活的選擇，而不僅是俯首聽命和重複模仿。我們不運用自己的頭腦，就會把責任推給別人。所以說成功的真正的法寶就是自己的頭腦。

自覺的生活意味著正視現實，尊重事實，無論目標多麼遠大，都能在生活中腳踏實地的負起責任，也就是自己對自己的選擇負責。這當然不是說我們一定要喜歡周圍的一切，安於現實的處境。

但自覺的生活意味著我們要承認現實，從實際出發，積極適應環境，並在框架的限制中尋求自由發展和成功之路。這是唯一可行的路，任何否認、恐懼和逃避都不能改變事實，而只能使自己無能為力、走投無路。所謂不自

第二單元　心態之謎，什麼是成功心理

覺的生活就是不覺醒或只是半覺醒，不能積極的適應環境，不能在框架的限制中尋求自由發展。

能否自信主動，能否獨立自主這是覺醒與不覺醒的根本差別。

換句話說，覺醒與不覺醒就在於有沒有成功心理。如果沒有成功心理，不能覺醒，不能自覺的生活，那麼一個人不管有什麼口才，處在什麼環境，也不管有什麼機會，都將是毫無意義的。一個連對自己都不相信的人，一個不能對自己的生活掌握主動權，發揮能動性，並承擔責任的人怎麼可能去追求、去改進、去奮鬥創造、去獲得成功呢？所以我們可以把自覺的生活即成功意識的覺醒看做是人生的根本轉捩點，看做是一個人真正的新生。

覺醒就是新生 —— 有意識的創造自己

法國物理學家德布羅意生於西元一八七五年四月二十七日，然而他自己確定的生日卻是二十歲那一年。這一年，他真正發現了自己，做出了新的選擇，從專修歷史學和法律突然轉其鋒芒猛攻物理學。不久，他便提出了物質波的大膽假說並加以驗證，從而震驚物理學界，榮獲諾貝爾獎。

偉大的科學家愛因斯坦生於西元一八七九年三月十四日，但他認為自己真正的生日卻是西元一八九一年。當時，由於「三角形的三個高交於一點」這一平面幾何的斷言，使他領悟到自己是「為力求從思想上掌握外部世界結構而到世界上來走一遭的。」這就是他自覺的生活，有意識的創造自己，獲得新生的開始之日。

樹立成功心理，有意識的創造自己，不僅會使人在事業上不斷進取達到預期的目標，而且能使人在性格上重塑自我，增添人格的魅力去爭取並獲得友誼與愛情的幸福。

在文學名著《簡愛》中，財大氣粗、性情怪癖的莊園主羅徹斯特怎麼會

愛上出身寒微、地位低下而又其貌不揚的家庭教師簡愛了呢？而且愛得十分深摯，銘心刻骨，這是為什麼？因為簡愛自信自尊，富有人格的魅力。當羅徹斯特向她吼叫「我有權蔑視你」的時候，歷經磨難而又一直處境低微的簡愛毅然亮出了自信和自尊的旗幟：「你以為我窮，不好看，就沒有自尊嗎？我們在精神上是平等的！正像你和我最終將透過墳墓同樣站在上帝的面前。」於是，這種自信的氣質使她獲得了羅徹斯特由衷的敬佩和深摯的愛戀。簡愛這個藝術形象之所以能夠震撼和感染一代又一代各國讀者的心靈，正是主人公以覺醒的自我意識為人生支點的人格魅力使然。這也是有意識的創造自己。

　　一個覺醒者之所以與眾不同，就在於他能在複雜的處境之中和勝負未知之前，就具有積極的自我意識、明確的價值觀念和良好的自我狀態，就在於他能有意識的追求和表現人格的魅力和人生的價值，並能以認真的思考和辛勤的勞動去謀取自己的瀟灑與成功。當你第一次真正意識到自己活在這個星球上的價值，果斷的選擇一條適合自己心願的道路，從此你靈有所寄，魂有所託，學有所用，做有所成。這無疑是一個新的自我誕生之日了。所以說自覺的生活，有意識的創造自己，就是你的覺醒和新生！

第二單元　心態之謎，什麼是成功心理

第三單元
認識自我，你就是一座金礦

第一章　我們缺乏的不是機遇，而是「自知之明」

為什麼許多人不喜歡勤奮的工作

　　究竟是什麼能使一個人成功？可能許多人都會說，他們的人生不取決於自己的心態，而是被自己不能選擇也不能控制的處境和力量所影響。這種人最喜歡的口頭禪是：沒辦法，命不好，沒有背景和關係，沒有找到一個好公司或好工作等等。他們總認為「關鍵的關鍵不在於自己的心態和能力，而在於你碰到的是什麼人，有沒有人賞識你，提拔你……」其意思是只要有了可依靠的社會背景和家族關係，那就能踏上成功之路了。沒有「靠山」，自己能有多大本事呢？心態積極能有多大作用呢？這種習以為常的自卑心理本身就揭示了這種人不能自覺的生活，無法走向成功之路的根本原因。這就是說，當一個人否認自己應該為自己的人生動向和生活態度負責的時候，他確實是

「命裡注定」的失敗了，但實際上還是心態決定的。

我們不否認人際關係的價值。相反，我們認為人際關係、處世技巧至關重要，從客觀方面來講，人際關係是人生成敗的決定因素。人的發展所能依靠的不就是自身素養和人際關係嗎？所謂「機遇」——這個成功的必不可少的因素，也就存在於人際關係之中。正因為如此，成功的心理與交際是緊密相關，連結在一起的。

但是，社會背景和家族關係是生而有之的偶然因素。如果鼓勵人們都去尋求這種偶然因素，那有可能得到嗎？即使能找到，這種人生哲理豈不是回到腐朽黑暗的封建社會去了嗎？其實，即使在封建社會裡，有些傑出人物的奮鬥和成功也不是依靠什麼特殊背景和家族關係。至於希望得到位居要職的人的賞識和重視是十分必要的。但「伯樂」的作用仍可包括在良好的人際關係的範圍，而良好的人際關係不是偶然得來的，而是靠自己「努力做好，讓人知曉」的結果，說到底還是靠心態積極，自信主動。

最為不肯覺醒的人的藉口往往是機遇的問題，也就是運氣如何。我們也相信機遇，但不把運氣視如賭博的輪盤和擲骰子一類的意思，而是把運氣理解為時機——一個自覺的生活的人可以尋找、能夠創造的時機。因為他相信機遇可以發現和創造，所以心態積極的人總是努力學習，辛勤工作，並捧著一顆真誠的心去和人們交往，相互理解和溝通。

懶惰並不是人的本性。許多人為什麼不肯努力學習、辛勤工作呢？當然原因有許多，但最主要的原因是這些人不喜歡自己的工作，也不積極想辦法調換工作或重新尋求工作，另一種情況是有少數人不喜歡辛勤的工作。

機遇究竟從何而來

有人說成功要有實力，不能空想。這話很對。實力是什麼？勤奮加上機

遇就是實力。機遇到底在哪裡？它究竟從何而來？實際上，不論是勤奮還是機遇，都是以自信意識為核心的積極心態、成功心理帶來的。

英國大作家、社會活動家蕭伯納說得好：「人們總是把自己的處境歸咎於命運。我不相信命運。出人頭地的人都是主動尋找自己所企求的命運；如果找不到，他們就去創造運氣和機會。」

事實確實如此。我們在前面提到的農民子弟賈明芳、等人，他們都是透過尋求機遇而改變命運的。

喬‧巴普從小熱愛戲劇，總是渴望看一場百老匯的表演，但買不起門票。後來他幾經周折，當上了電視台的舞台監督，但他的目標仍是要做戲劇演出，他要讓買不起門票的人們看上戲。後來，他終於辦了一個劇團，先是在教堂的地下室排練，後又租露天劇場演出，雖然很受歡迎，但沒有劇評家來看，沒有宣傳，也沒有捐助，處境仍很困難。

有一天，他主動去找戲劇評論家艾金生。艾的助手吉爾布說艾正在倫敦。他說：「我就在這裡等艾金生先生回來。」吉爾布見他這樣堅決，便聽他詳談來意，結果大為感動。吉爾布便同意那天晚上去看他的戲。這天晚上在一個露天劇場演出，演一半突然下起了滂沱大雨。吉爾布不得不跑開避雨。喬‧巴普找到他說：「我知道劇評家平常是不會評論半場演出的，不過我懇求你無論如何破個例。」那天夜裡，吉爾布回去趕寫了一篇簡短介紹，第二天刊登在報紙上，有個讀者給劇團送來一張七百五十美元的支票。當時這點資助還是幫了大忙。兩個月後，艾金生回來了，他聽了助手的建議去看了喬的劇團的演出，在他的專欄文章裡大加讚揚這個劇團。很快，喬‧巴普及其劇團就名聲傳揚，到處演出，他終於取得了成功。

機遇是怎樣錯過的

有句話人們大概常聽到：機會是為有準備的人準備的。所謂「準備」，就是平常自覺的生活，能不斷抓住一些不起眼的小機會，等到關鍵時機來臨的時候，你就有所準備了。如果平時消極被動並已成習慣那必然總會錯過機會。

小時候別的孩子們爬上高大的樹木，你可能總是羨慕的抬頭看，自己卻從來不敢試一下，或許你認為那是淘氣惹禍，你學會了安分守己。

上中學時，在物理或化學的實驗課上，老師讓同學們自己操作，告訴同學們小心不要弄壞了儀器。你想萬一弄壞了儀器怎麼辦？所以總是躲在一邊呆看；學校裡演文藝節目，你不敢上台，怕出醜丟人；體育比賽，你又覺得爭奪不上名次有什麼意思？

上了大學或進入職場，你喜歡文學，很愛看書並希望當眾演講。可是你從來不敢想自己登台講一番話，能使眾多的人為之振奮……假如你反覆投稿，終於發表了一篇文章；假如你苦練演講，終於贏得了聽眾的掌聲……那麼你會心中一動：原來如此！我也行！我也有我的才能、作為和人生價值！所謂「機會」，也就是這樣來的。而當初爬樹、做實驗、演文藝節目、參加體育比賽等等許多機會，你為什麼會一而再、再而三的錯過呢？如果你後來和文學「拜拜」，或是演講失敗就灰心喪氣，又會怎樣呢？你還會有什麼機遇可言？生活告訴我們：成功的機遇就是這樣飛來又失去，失去又飛來的。我們所缺乏的不是機遇和成功，而是自信的勇氣！

第二章　誰也無法避免自己是天生的普通人

不要跪倒在地去仰視那些名人

每一個普通人都具有不斷進取、改變命運的力量，都有求得發展、爭取成功的本領。因為成功心理作為一門實用的新學科，不僅是許多成功者的奧祕的結晶，也是每一個普通人能夠掌握的人生哲學。不幸的是我們當中有許多人缺乏「自知之明」。這裡所說的「人要有自知之明」，是指我們不大知道自己具有巨大的潛能，當然也就不知道怎樣開發自己的能動性和創造力的巨大寶藏。本來，我們對於自己的未來都曾有過美好的憧憬。但是，隨著年齡的成長和閱歷的複雜，我們又常常用那些傳統的世俗的道理來說服自己安分守己，放棄夢想，並說服自己就這樣也能過得去。在這些說服自己放棄夢想的「道理」中，有一條似乎很有說服力：自己太普通了，太渺小了，這個世界不屬於自己呀！那麼屬於誰呢？

在許多人看來，這個世界屬於名人、強者、富人；屬於有權力、有地位、有背景的人；屬於幸運的人、漂亮的人、特殊的人。對於女人來說，屬於男人；對於中老年人來說，屬於年輕人；對於年輕人來說，屬於有資歷、有經驗的人；對於出身貧寒、上學不多的人來說，屬於出身尊貴、學歷很高的人……總之，這個世界屬於名人和別人，而不屬於自己這樣平凡的人。而我們這些平凡的人還沒有行動起來，心中的希望、原有的夢想便慘遭沉重打擊，默默的消逝了。於是，我們經常感到自卑、渺小、孤單、苦惱，我們只有低眉順眼，沉默寡言，躲避出頭露面，暗自唉聲嘆氣……

難道普通人就沒有出路嗎？就只能安於現狀嗎？就不能出人頭地嗎？難道這個世界果真屬於那些名人、強者和富人，而不屬於我們普通人嗎？不！事情不是這樣的！你的卑微之感，並非真實自然，而僅僅在於你還沒有

第三單元　認識自我，你就是一座金礦

覺醒，還缺乏「自知之明」。因為覺醒的內涵、自知的精髓就在於你可以主宰自己的命運，在於發現自己本來是一塊成功料，這個世界本來也屬於你。你只要抹去身上的灰塵，你的巨大潛能就會像原子反應爐裡的原子那樣充分發揮出來，就一定會有所作為，創造奇蹟！我們為什麼要自我貶低、埋沒自己呢？

開創了一番偉業的美國的著名成人教育家戴爾‧卡內基原本就是一個很普通的人，而且曾經很自卑，但他後來終於覺醒了，依靠自己的奮鬥改變了自己的命運。

卡內基出生於一個貧苦農民的家庭，從小就要幫助家裡趕牛、擠牛奶、做雜務；還一度為別的人家割草、揀草莓，一小時賺五美分。全家人過的日子相當貧困。

如果說，卡內基的童年與一般農家子弟有什麼不同的話，那就是他受過母親給他的具有文化氣息的影響。他母親信教，婚前曾當過教員，所以母親鼓勵他一定要上學讀書，希望他將來做一名教員或是傳教士。家境的貧窮促使少年時代的卡內基必須以艱苦奮鬥的精神去讀書求學。一九〇四年，他高中畢業考入了華倫斯堡的州立師範學院。每天放學回家，他還要幫助父母擠牛奶、伐木、餵豬；到了夜晚已經很累了，他就在煤油燈下刻苦讀書，頗有點古訓所標榜的頭懸梁、錐刺股的精神。為了賺取必不可少的學費書費，他還要經常幫人家工作。但他不肯向現實屈服，總想尋求改變命運、出人頭地的途徑。他發現學校裡的同學中有兩種人最受重視，一種是體育出色的人，如棒球隊的球員；再一種就是口才出眾的人，那些在論辯和演講比賽中的獲勝者。他知道自己的身體不夠強壯，缺乏體育運動的才能，就決心在口才演講方面下功夫，爭取在比賽中獲勝。他花了幾個月的時間苦練演講，但在比賽中一次又一次失敗了。失望和灰心使他痛苦不堪，甚至使他想到自殺。然

而他終究不肯認輸，又繼續努力，他從第二年開始獲勝了。這個突破為他以後的志向和事業埋下了思想的種子。一個教導人們如何演講與交際的大師，想當初卻在演講比賽中屢遭失敗，這個巨大的反差對於我們深刻領會卡內基課程的思想內涵具有很重要的啟示。

　　畢業後卡內基當過推銷員，學過表演。推銷工作使他賺到了錢，也鍛鍊了他的口才，但這種工作不是他的理想。他在大學裡就夢想當一名作家或演說家，成就一番偉業。他認為只能賺錢謀生而不能實現理想的生活不是有意義的生活。於是，他決心白天讀書寫作，晚間去夜校教書，他很想教公開演講課。因為他認識到口才與演講對一個人走向成功極為重要，而他在這方面下過功夫，有所經驗。正是口才與演講上的訓練和經驗，掃除了他以往的怯懦和自卑心理，使他有勇氣和信心跟各種人打交道，成長了做人處世的才能。他要把他的親身體會告訴給人們，他要從事口才、演講與交際藝術的研究和教育。於是，他說服了紐約的一個基督教青年會的會長，同意他晚間借用一間房子為商業界人士開設一個實用演講培訓班。從此，他開始了為之嘔心瀝血、奮鬥終生的成人教育事業。

　　對於那些名人明星、出人頭地的人，似乎言者高深莫測，聞者肅然起敬。於是所謂名流者個個頭頂光環，神氣十足，臉放異彩，而我等凡夫俗子卻只有仰視膜拜的份。其實，這不是真實的心理反應，而是一種錯覺。

　　你有沒有過這樣的體會：社會上某某人出了名，發了財，成就了一番事業，如果你不認識人家，那就不會對你有什麼強烈的刺激，如果這個人曾經是你的同學，或是同事，或是街坊鄰居，或是曾經交往過的相當熟悉的朋友，那麼此人的成功就會對你有一種強烈的刺激。因為這後一種情況，你了解他的底和本事。原本是和你差不多，甚至還不如你的人，他怎麼會取得了成功？會不會是另一個人，而不過是同姓同名而已？總之，你會發現某個出

第三單元　認識自我，你就是一座金礦

人頭地的成功者、幸運兒，原來竟是和你差不多一樣的普通人，一樣的凡夫俗子。其實事情本來如此，這沒什麼可奇怪的。

人們為什麼只會感覺到「名人圈」與「普通人」之間的距離很大，差別很大呢？我們不否認名人之中有相當一部分人確實是刻苦奮鬥、勇攀高峰，在某一領域取得了突出成就的，是值得人們尊敬和學習的。然而更主要的原因是歷史記載、資訊傳播、各種媒介的宣揚，把許多名人抬得很高，使人們產生了一種錯覺，以為那些名人就是天才，就是了不起，就是「陽春白雪」。因為社會的資訊傳播總是向名人傾斜，總是偏心眼和不公平的。這種傾斜尤其對某些歌星和影視明星的宣揚總是誇大其辭。某人一旦出了名，頓時身價倍增，至於大紅大紫者，更有「巨星」、「天王」、「超級明星」等等嚇人的頭銜，說不定今後還會搞出什麼駭人聽聞的「宇宙」之類的稱號。於是便有了「追星族」的痴迷歡呼，鮮花的簇擁，便有了舉著攝影機、照相機的記者們的趨之若鶩。這就如同舊社會小報的「捧角色」一樣，把演員爆炒得身價百倍，日進斗金。於是，名人明星們的一言一行、瑣事私情全都成了報導的熱點。彷彿他們從娘胎裡出來的第一聲啼哭就蘊含著天才的成分，奇蹟的預兆；彷彿他們一旦在報刊上和螢幕螢幕上出頭露面就流溢著美麗、智慧和才華的奇光異彩，成了神妖精怪。

其實，這些「星」們假如都隱匿不出，還會不會有節目精彩、引人入勝的文藝聯歡晚會呢？肯定會有！而且還會有許多新奇的創造、絕妙的表演！電視節目不就表明幾乎人人都有風采可以展示嗎？假如這些「星」們作為特邀佳賓和普通觀眾一起搶答提問，進行智商競賽，是不是特邀佳賓一定會比「下里巴人」更加聰明機智，廣見博聞呢？恐怕未必，而且與「下里巴人」的智慧相比，「星」們的答案越發顯得「牛頭不對馬嘴」！多少次電視節目裡的比試不就證明這是千真萬確的事實嗎？總之，所有的名人、明星和高官，誰

都無法避免自己本來就是普通人。「十年寒窗無人問，一舉成名天下知」，他們在「一舉成名」之前和之後，都是和你我一樣的普通人，其中有不少「星」在暗處的表演還常令我等「非追星族」生出些不恭來：且不說某些「星」那歪七扭八的簽名和庸俗乏味的調侃，也不說他們的文化知識如何淺薄，就說某些「星」的平日所為，不但與其螢幕形象迥異，恐怕連你我等輩守法公民也不如！我們何必要跪倒在地，仰視他們？即使是面對著真正的名家明星，我們也要站起來，昂首挺胸的站起來！要知道，世界上最偉大的職業就是做人，難道我們沒有權利和能力做一個像樣的人嗎？

你本來也是一塊成功的料

世界上的一切偉業奇蹟都是人創造，而且都是凡人創造的，卻又總覺得那些創造了某一項偉業奇蹟的人都有某種天才，不是和自己一樣的平凡之人。其實要說那些創建了偉業奇蹟的人真有什麼不同凡響、不同尋常之處，那就是他們都有自信意識、成功心理。如果把一個人比作一塊土地，那麼自信意識、成功心理就是成功的種子。有了種子不等於就有豐碩的果實，還要精耕細作，也就是刻苦學習，扎實奮鬥，但如果沒有種子是絕無可能生長出果實來的。一個人不相信自己是一塊有能力、有價值的、可以成功的料，哪裡還會自覺的強化自信意識、樹立成功心理呢？我們每一個普通的人，平凡的人是不是一塊成功的料呢？

智慧、才能、機遇、條件並不是已經取得成功的人的專利，而是人人都有、時時都有的一種資源。就我所知，平時依靠剪報和筆記累積而終於成就了一番事業的人就有好幾個。他們原本都是極其普通的人，其中有的人還上學不多，處境不利，但他們就是靠持之以恆的剪報、筆記而成為報刊專欄的評述者、足球評論家。

語言文字專家、公關企劃專家、文史研究的人才、藝術欣賞的行家、文摘補白的能手等等，從而，實現了自己的人生價值。

你我他，一個普通人是不是一塊成功的料呢？對這個問題，任何一個成功者都會做出肯定的回答。而我們自己為什麼反倒不敢肯定這一點呢？

所有成功者都是從凡人小事上起步的，成功者不僅原來都是普通人，而且有些人原本並不是普通人之中的較為出類拔萃的人。世界上的事情往往是這樣：某些似乎條件很好、相當出色的人，結果卻沒有做成什麼事情；而某些看來有很多缺點和條件不利的人，卻能成就一番事業。這種情況更使我們有理由重新認識自我，擁有新的「自知之明」。在我們列舉的事實中有許多這樣的例證。創業自己做除了需要勇氣，更重要的是要對自己的潛力做出正確估價，要對自己的奮鬥目標做出恰當的選擇。這如同在海中游泳，本來套著救生圈，可是你嫌它礙事甩掉了它，但能不能游到岸上，就需要對自己的本領做出判斷，不可瞎撞亂碰。厲害的人知道自己，看準目標拼死游去，岸邊是無人喝彩的，當他終於趴在沙灘上，精疲力竭回首張望的時候，岸上忽然出現了叫好聲……他的難能可貴就在於榮辱不驚，我行我素，他不抱怨什麼，什麼處境都是一副自由自在的神情，這就是成功心理。

對我們每個人來說，本來就是一塊成功的料，最重要的就是你能否認識自我，認定自己就是一座金礦，從而自信主動，解放自己。

第三章　人人都有巨大的潛能

一道至高無上的思考題

有人說：「自信來源於成功的暗示；自卑來源於失敗的暗示。」

這話是有道理的。假如你現在嘗試某種新事物，一開始就失敗了，那你

還能不能保持自信呢？

顯然，我們要牢固樹立自信意識、成功心理，僅僅出於良好的願望是靠不住的。僅僅指望某件事情成功也是靠不住的。最可靠的基礎是認識自我，為自信找到物質基礎和科學依據。

在以往的幾十年裡，尤其是出現了以人為中心的時代新潮流以後，科學文化的發展趨勢發生了重大而深刻的變化：人們注意力的焦點已從物理科學、尖端事業、電腦技術等迅速發展的領域轉移向生命科學、人生素養等新領域。於是，科學文化越來越趨向對於人的自身如何改善和發展的研究。一九三〇年代以來，人們在致力於深入認識人類進化規律的同時，又完成了對進化論與遺傳學的新的綜合研究，並把這種研究擴大到對人類本性的理解，對人的潛能的認識。到了一九六〇年代，人類的進化已被看做是生物進化與文化進化相互作用的結果，而且文化進化的作用越來越顯示使人上升的新潮與前景。「認識自我」這句鑴刻在古希臘德爾斐城那座神廟裡的唯一的碑銘、先哲的格言，猶如一支千年不熄的火炬，表達了人類與生俱來的內在要求和至高無上的思考命題。

偉大的思想家盧梭曾說，這句名言「比倫理學家們的一切巨著都更為重要，更為深奧。」而如今，人類對自我的認識，已進入了一個突破性的嶄新的發展階段 —— 即經營管理上的「以人為中心」和文化教育上的「人之上升」的新階段。這就意味著開闢一條以認識自我到自我實現的大道，這就是現代文明；提高人生素養，升起人的太陽，這就是二十一世紀的時代背景。

我們談論積極心態、自信意識，為什麼總要強調人之上升的時代潮流和認識自我的偉大意義呢？因為認識自我，就會認識並開發自身的潛能；而人之上升的趨勢，正是提高素養、自我實現的社會環境。這兩個方面的結合構成了真正的自知之明，構成了屬於我們自己的頭腦，這就是我們賴以自信、

第三單元 認識自我，你就是一座金礦

勇於自主的基礎。從「認識自我」這個命題上講，一個人明白不明白自己就是一座金礦，知道不知道自身就有巨大的潛能可以開發，這是自信意識和自卑心理的根本區別。

無數事實和許多專家的研究成果告訴我們：每個人身上都有巨大的潛能還沒有開發出來。美國學者詹姆斯據其研究成果說：「普通人只發展了他蘊藏能力的十分之一。與應當取得的成就相比較，我們不過是半醒著。我們只利用了我們身心資源的很小的一部分……」美國心理學家馬斯洛指出：「實際上絕大多數人，一定有可能比現實中的自己更偉大些，只是缺乏一種不懈努力的自信。」

馬克思說：「搬運夫和哲學家之間的原始差別，要比家犬和獵犬之間的差別小得多。」確實如此，名人偉人本來就是普通人，所以他們與普通人並無多大差別。只是由於歷史記載、資訊傳播的作用向他們傾斜，才使一般人仰視他們，感到可望而不可及，誤以為家庭出身、職業和地位的不同，決定了人與人之間有天壤之別。難道說唯有那些職業如意、地位稱心的人才有巨大的潛能，而處境低微的人就是不可雕的朽木爛石嗎？絕非如此！

要論職業和地位，英國的戴維成為皇家學院的著名教授和科學家的時候，法拉第不過是個整天以裝訂書籍謀生糊口的工人。但後來，法拉第不僅成為戴維的得力助手，而且取得了比戴維更加卓著的科學成就。

梭羅是美國十九世紀的哲學家和文學家，頗有名望，而愛默生當年不過是梭羅雇用的一個園丁，整天為主人種花養草，打掃庭院。這主僕二人的職業和地位可謂差別極大、不可相比。但若干年後，愛默生在哲學和文學上的成就和名望與梭羅相提並論，同等重要，甚至還有所超過。事情為什麼會這樣？因為一個普通園丁同樣具有成為偉大人物的巨大潛能。你要認為自己能行，那就能行！所以愛默生有一句名言：「自信是英雄的本質！」這就是

說，同是一樣的人，為什麼有的人會出類拔萃？就因為他堅信並開發自身的潛能。

　　要論遭受挫折和失敗，有誰能和林肯相比？他失業過，他競選州議員失敗，他辦企業不到一年就倒閉，所欠的債務償還了十七年，真是歷盡磨難……未婚妻不幸去世使他一病不起；三年後，他恢復了元氣，決定競選州議會議長，又失敗了；再一次競選，他好不容易成功；任期滿了，他爭取連任，又是失敗；為了謀生，他申請擔任某部門的官員，但人家認為他不具備擔任這個職務的資歷和才能，遭受挫折；幾年後，他參加國會議員的競選，結果又是失敗……總之，在他大半生的重大的奮鬥進取中，九次失敗，只有兩次成功，而第二次成功就是當選為美國的第十六屆總統。事實證明，他有當總統的才能，而且是出色的總統。那屢次失敗並不能使他的自信心動搖，而只是達到了開發潛能的作用。

　　要論命運的好壞和身體條件，有誰能和往日的海倫‧凱勒相比？海倫‧凱勒又聾又瞎，但她的心理態度比誰都積極，她的精神支柱比誰都強健！美國有個叫金蒙特的女孩，本是個準備在奧運會上拿金牌的滑雪運動員。

　　可是她在一次訓練中意外摔傷，而且傷勢慘重，結果雙肩以下的身體永久性癱瘓。她失去了獲得奧運會金牌的機會，但她沒有失去自信心，後來就在教課講學上獲取了金牌。

　　要論學歷和智商的高低，事實上，學歷和智商都較高的人庸庸碌碌、無所作為的大有人在；而學歷、智商都很低的人卻有不少出類拔萃、有所成就的成功者。加拿大有個窮孩子瓊尼，因為智商低，學校的功課總是跟不上，學校只好勸他退學。為了安慰他，學校請了一位心理學家和他談了一次話。心理學家告訴他：工程師可能不識樂譜，醫生不一定會繪畫，你被勸退學了，但不等於沒出息。這番話對他產生了影響。後來，他長年給人家整建園圃，

修剪花草。二十年後，他成為聞名各地、受人尊敬的風景園藝家。

職業和地位如何，遭受挫折和失敗多少，處境的好壞和身體條件，學歷和智商的高低等等都不能決定人的命運和人生的價值，唯有真正認識自我，發展積極的心理態度，才是決定性的因素。所以說，處境和位置並不是最重要的，對境遇的心理反應和對未來的選擇才是最重要的。

人的潛在能力有多大

人的潛能主要是指心理能量、大腦潛力，但為了說明人的潛能確實存在，我們不妨先從身體的潛能說起。

人在絕境或遇險的時候，往往會發揮出不尋常的能力。人沒有退路，就會產生一股「爆發強力」。

有一次，一位飛行員由於故障迫降在北極附近的冰雪地帶。他正在檢查起落架時，忽然覺得好像有人把手搭在他的肩膀上。他轉頭一看大吃一驚，原來是只白熊將前掌搭在他的肩膀上。他猛一跳，竟一下子跳上了離地面兩公尺多高的舷窗上。沒有助跑一跳這麼高，這是世界跳高紀錄。

在一次火災中，一位上了年紀的婦女竟然把一個大橡木櫃子從三樓搬到樓下。火災後，三個強壯的男人費了九牛二虎之力才勉強把那個大橡木櫃子抬回到三樓原先的位置。這時，再讓這位婦女重來一次，她卻一步也搬不動了。

一對夫婦開車外出，途中車出故障。丈夫鑽到車底下去檢查修理。不料千斤頂突然滑落，丈夫被壓在車下動彈不得。在這緊急時刻，一時又呼救不來救援者，嬌小柔弱的妻子怎麼辦呢？她竟能鼓足力氣抬起車身，將丈夫救了出來。

事情常常如此，人們在某種緊張情緒的驅使下，能使自己的體力和耐

力達到正常情況下絕不能達到的程度。一個神經錯亂的人，當他發狂時，為什麼會有正常情況下所不可能有的體力呢？就是因為人的身體具有潛在的能量。

在某年抗洪救災的報導中，有一則新聞令人驚異：一位里長只顧救護鄉親們，竟然一連三天沒有睡過覺。儘管這位好里長最後回到家一倒下去就長眠不醒了，但熬了三天，可見人的身體潛在能量相當大。

人的身體潛能畢竟是有極限的，而人的心理潛力即大腦能量卻是巨大得不可想像，甚至可以用「無限」二字來形容也不算過度。

那麼人的潛能表現在哪些方面，大到什麼程度呢？

首先人的感覺能力很強。你也許還記得童年的經歷。當你走出家門，到公園或郊野去遊玩，空氣是何等的新鮮，萬物的顏色是何等的多彩！你也許常有這樣的體會：當父母回到家裡，一言未發，然而你已經預感到他們將要說什麼，有什麼事情將會發生。

人在童年時，對於父母所作的種種暗示很容易心領神會。

這種感覺能力包括各種非語言的暗示。一個人來到辦公室，在椅子上坐下來，雖然他還沒講一句話，但作為一個訓練有素的心理學家已經對他有所了解了。與別人交談時，我們同時也感覺到了周圍的嘈雜聲音。視覺方面也是如此。我們平時所注意到的資訊，只是我們可以感覺到的無數資訊的很小一部分。

美國心理學家奧托講到：還記得波士頓那場椰林公寓的火災嗎？那場火災使許多人喪生。哈佛大學的一位精神病理學家對這場火災進行了研究。他發現火災之前有十來個人走進室內，旋即又走了出來。原因是他們感到「不舒服」。到底哪裡不舒服，他們也說不清，只是感覺異常，似乎有某種因素催促他們趕緊離開。這些人感到不舒服的時間，從火災前一小時到十五分鐘不

等。這些人的嗅覺覺察不到有煙火在某處燜燒。但是，他們的意識或者說是他們的大腦電腦很快發出報警信號，促使他們採取行動。從這類事情上我們得出結論：可以重視和相信你的直覺，並照此做事。

在未開化的部落中，也有許多感覺敏銳的例證。如印第安人透過地上的鹿蹄印就能做出判斷：此鹿離開已有多長時間，它有多高，有多重等等。在某個農村，一個老農民也許會指著萬里無雲、豔陽高照的天空對一位過路的人說：「用不了一個鐘頭，準有一場暴風雨。」人的感覺能力十分敏銳，但對於自然氣象，我們都市裡的人們由於長期生活在一氧化碳和有毒的工業廢氣汙染的環境之中，已經大大喪失了這種感覺。

關於靈學，即超感知覺，人們一直看法不一，爭論不休。我們也說不清楚究竟是怎麼回事。但是在獨聯體國家有二十多個研究所從事這方面的研究。他們稱這種特殊的心靈感應現象為「腦電波傳感」。就是說，他們相信人的大腦可以像廣播電台那樣傳遞資訊。這種看法或許可以參考。不管怎麼說，超感覺也是人的潛能的一種表現。

人的腦力活動是個偉大的奇蹟

大腦接受、儲存和整合各種資訊的潛能是極其巨大的。在這個領域，美國和前蘇聯的許多心理學家進行了大量的研究和試驗，其成果對於人們重新認識自我很有啟示。

人的大腦是由成百上千億的零件組成的，具有極大的儲存量，可以在每秒鐘接受十來個資訊。一個資訊公司叫做一比特 (Bit)，人腦的容量有一百萬億個比特，這還是較為保守的估計。這一百萬億個比特，究竟有多大呢？它可以裝下全世界所有圖書館的藏書內容。一個人若把自己一生耳聞目睹的全部資訊，各種事情，一寫下來，即使一天寫二十四小時，大約要寫二〇〇〇

年之久，還不一定能寫完。何況人類還有潛意識，有許多難以用語言表達的微妙感覺和印象。實際上，普通一個人能夠表達出的資訊量只是巨大的冰山露出海面的一角。現代科學研究表明，像愛因斯坦那樣偉大的科學家，只用了自己大腦的百分之三十的功能，而一般人則連百分之十都不到，絕大部分腦細胞仍處於「待業」狀態。而且人腦不同於機器，使用久了會有磨損，而是越用越好用，就像有人學外語，一旦掌握了一兩門外語，再學第三門和第四門就會容易許多。

前蘇聯的報刊上發表的有關文章說：「人類學、心理學、邏輯學、社會學和生理學的一系列最新研究成果證明人類的潛在能力是巨大的。當代科學使我們懂得人的大腦結構和工作情況，大腦所儲存的能力使我們目瞪口呆。在正常情況下工作的人，一般只使用了其思維能力的很小一部分。如果能迫使自己的大腦達到其一半的工作能力，我們就可以輕而易舉的學會四十多種語言，記下蘇聯大百科全書的全部內容，還能夠學完數十所大學的課程。」

人的大腦可以看成是電腦，因為人腦和電腦一樣，在它活著的時候，能夠吸收、儲存和運控大量的資訊，但人腦的功能卻比現在任何最先進的電腦強大得多。美國加州的大腦智商研究所的一些專家認為人的大腦功能實際上是無限的。那麼是什麼因素阻礙著我們充分利用大腦如此巨大的潛能呢？關鍵就是我們還沒有學會給自己編排解決一系列問題的程式，也就是我們迫切需要發展積極的心理態度。如果我們把大腦的構造比作電腦或智慧型手機，那麼心態和意識就是安裝的應用程式。

人的潛能另一種表現是精神力量

人們在選擇控制自己的情和與人交流思想感情方面也有巨大的潛能可以開發利用。這種潛能可以從人們對自律神經系統的新的理解中顯示出來。

第三單元　認識自我，你就是一座金礦

因為人的言談舉止、交際水準和心律、血壓、消化器官運動以及腦電波都可以受到精神力量的控制和影響比如有的人不幸患了不治之症，身離黃泉路不遠，但一旦心態積極和精神振作，決心與病魔鬥爭，該做什麼就專心致志的做什麼，最後竟會創造了奇蹟。正因為這類事例世界各國都有，並有案可查，科學家們正在預言：終有一天，我們會發現人體有能力使自身再生。這不是指醫學手段的新發展，在人體內更換各種零件，而是指精神力量的巨大作用。

關於選擇控制自己的情感和開發社交潛能，後面我們將要專門談到。在精神潛力方面，我們著重講一講：「生命在於腦運動」和「摩西老母效應」。

「生命在於運動」這是眾所周知的至理名言。然而現代科學研究的新發展認為「生命在於腦運動」，因為人的身體衰老首先是從大腦開始的。

研究表明，每個人長到十歲以後，每十年大約有百分之十控制高級思維的神經細胞萎縮、死亡。資訊的傳遞速度也隨年齡的成長而以百分之十到百分之二十的速度減慢。但這不要緊，如果堅持腦運動和腦營養的適當，則每天又都有新的細胞產生，而且新生的細胞比死亡的細胞還要多。

日本科學家曾經對兩百名二十歲到八十歲的健康人進行追蹤調查。他們發現經常用腦的人到六十歲時，思維能力仍然像三十歲那樣敏捷，而那些三四十歲不願動腦的人，腦力便加速退化。

美國科學家做了另一項實驗，把七十三位平均年齡在八十一歲以上的老人分成三組；自覺勤於思考組、思維遲鈍組、受人監督組。實驗結果是：自覺勤於思考組的血壓、記憶力和壽命都達到最佳指標。三年以後，勤於思考組的老人都還健在；思維遲鈍組死亡百分之十二點五；而受人監督組有百分之三十七點五的人已經死亡。

由此可見，勤於思考、追求事業是人們健康長壽的奧祕所在。

　　這一點有許多事實可以說明，如：英國劇作家、社會活動家蕭伯納享年九十四歲，晚年仍有劇作問世；偉大的發明家愛迪生堅持用腦到八十四歲，發明成果一千一百多項；法國的一位女鋼琴家一百零四歲還能登台演奏；著名黑人作家杜波依斯八十七歲寫作《黑色的火焰》，**轟**動世界。

　　另外許多人到了垂暮之年，忽然發現和表現出這樣或那樣的才能。這些人和那些徒有這種潛能而不得其用最後只能抱恨終生的人相比，要強得多。美國著名的藝術家摩西老母在她的晚年才發現自己有驚人的藝術才能。所以人們往往把她當作範例來解釋這類現象。這就是叫「摩西老母效應」。

　　一個人只有相信並開發自己的巨大潛能，就會具有超凡的智慧、才華和強大的精神力量。

　　既然人人都有巨大的潛能，為什麼實際生活中人與人相比卻有千差萬別呢？這當然是由於心理態度與努力程度不同所決定的，也和所受的教育和所處的境遇不同有關係。但除此之外還有一個重要原因阻礙人們認識和開發自身的潛能，那就是人總是各有所長、各有所短，但許多人卻習慣於用一個統一的標準去看待別人和衡量自己。如考查學生看考試成績；評價幹部聽會上發言；看待成就大小只講知名度高低等等。用一元化的標準去衡量多元化的人，這顯然不實事求是，必然會否認許多人的潛能，埋沒許多人才。

　　長頸鹿因為能吃到幾米高的樹葉而沾沾自喜；而小山羊則因能從籬笆裡鑽進去吃草而感到驕傲。不論何種動物，都有自己的長短。我們人類更是如此。凡是名人都是才能很高，而你自己就是平庸無能嗎？實際上並非如此。我們曾經說過：人人都可以說是無知、愚笨的，只不過表現在不同的事情上而已；人人都有自己的潛能和優勢，只不過各有所長和需要自我發現、自我開發而已。

　　十九歲的英國青年史蒂芬・威爾特希爾患有孤獨症，是個性格內向、沉

默寡言的弱智青年。但他具有兩種突出的天賦：莫札特式的音樂才能，能很迅速而準確的作畫。他能把音樂記在腦子裡，然後從頭至尾背著演唱出來，而且音調絕對準確無誤。聽過他音樂課的有關專家都稱他為怪才。另外，他只要對某個建築物瞧一眼，就能立刻非常準確的用透視畫法將它畫下來。他已出版了三本畫冊。

孤獨症的特點是社交、語言和傳播能力很差。但有些患者卻具有特殊才能，但其才能往往只限某個方面，被稱之為「低能特才」。而威爾特希爾卻同時具有兩種特才，實屬罕見。但這件事仍有助於說明：人人都有巨大的潛能，我們這些「非低能」的正常人至少具有一兩種特長和才能吧！

因為人的才能是多元化的，而不是一元化，所以我們就不能以社會刻板印象來看待自己和別人的高低強弱。常常有這樣的情況，一個人在原先的工作或專業上做了多年沒什麼起色，一旦改變一下工作，承擔一項新的任務卻有可能突飛猛進，令人刮目相看。這就說明所謂平庸者或是弱者也具有巨大的潛能，只是由於心態消極或選擇不當而沒有得以開發。

如今，企業轉換經營機制，搞優化組合，必然要「下」一部分人。事實說明，弱者和能者是相對而言，而不是一成不變的。改變現狀不是偶然現象，而是事物的規律，只要心態積極，找到用武之地，任何人都會有所作為，實現其自身的價值。

美國心理學家霍華德·加德納經過長期研究提出了「多元化智商論」。所謂「多元」就是指在某些方面欠缺或較弱的人，可能在另外的不為人們注意的方面具有驚人的潛力。他把各種不同的智商大體概括為七種：

1. 語言能力；
2. 邏輯—數學能力；
3. 音樂能力；

4.　身體活動能力；

5.　人際關係能力；

6.　空間感知能力；

探索心靈能力；

當然，這只是極為粗略的劃分，具體到某個人的能力還要再細分。具備全部七項智商的人極為罕見。我們對自己或對自己的孩子，無論哪個方面有才能都應該為之高興，盡力開發，絕不要因為缺乏其他的才能而難過和自卑。人的成功就是要發揮自己所長，而不是用其所短。從這一點上也可看出心態積極、自信主動的極端重要性，因為只有具備積極的自我意識，一個人才會知道自己是個什麼樣的人，並知道能夠成為什麼樣的人。

第四章　開發潛能就是文化進化

智商的本質是知識力和資訊量

我們談到人人都有巨大的潛能可以開發，一般人只使用了潛在能力的十分之一，甚至還不到十分之一。也許有人會說：「才用了十分之一？

我已經做得很多了，何必再給自己施加壓力呢？」

沒有壓力哪來的動力？人類的進化已經被看做是生物進化與文化進化相互作用的結果，而且文化進化的作用越來越顯示出使人自信主動、開發潛能的趨勢和前景。文化進化當然是個很大的概念，說簡單點就是要多用腦，多吸收儲存各種知識和資訊，並使其綜合、雜交、融會貫通。多用腦，既是健康長壽的關鍵，也是開發智商的關鍵。大腦越用越好用，越聰明；生活越求變創新越有意義，越美好。難道你要拒絕文化進化，潛能開發嗎？你不想在人生的旅途中進行令人激動的探險覽勝嗎？可曾記得在你的生活中有這樣一

第三單元　認識自我，你就是一座金礦

天：你學到了一些新的知識或是出色的完成了一項工作任務，或是對你所關注的事物有了新的發現，腦海裡閃現出靈感的火花、奇妙的設想……這一天你一定會感到非常愉快和幸福，心中彷彿有一支動聽的歌在歡快的跳蕩……我們每個人或多或少都有過這樣的經歷。這樣的時日為什麼會那麼令人稱心如意？因為這是比平常更多的用腦而帶來的樂趣，當然做到這一步會有壓力和困難，可是不改變現狀、不付出辛勞的事情還有什麼樂趣可言？當我們意識到自己在成長和進步的時候，我們的自信心、喜悅情和價值感實質上就是一種由於擁有一定的文化知識和創造才能而產生的活力。

詩人莫渝整理了一部世界兒童詩選《鞋子的故事》，其中選了兩首大陸兒童的作品：《一朵彩雲》和上面的那首《種太陽》。

兩首詩是同一個作者：李冰雪，一個偏僻山村的農家女孩。令人驚喜的是，她的身邊還有兩個會寫詩的夥伴：哥哥李夢飛，姐姐李戈楊，而在他們前邊引路的則是他們的父親、農民詩人李維祿。

在這個普通農家炕頭的山牆上，豎著爸爸用紙剪成的一棵大樹。大樹伸出五個枝杈，父母和兄妹三人各占一枝。誰在地區報刊上發表一首詩，誰的枝頭就生出一片綠葉；誰在縣市報刊上發表一首詩，誰的枝頭就綻開一朵小花；誰在國家級報刊上發表一首詩，誰的枝頭就結出一個果實。

十多年來，炕頭上那棵詩樹早已葉茂、花繁、果實累累，不堪重負。兄妹三人每人都發表了兩百多首詩，全家獲得的證書，從地區到國家級的，足足有六十多個……

李冰雪小小年紀就顯露才華，有所成就，真是令人驚喜、激動。這不是什麼天生之才，更不是什麼特異功能，而是用文化知識哺育出的絢麗花朵。如今的家長大都望子成龍，要求孩子認真學習、早日成才已不是什麼新鮮事。但許多人死死盯著的目標是考高分，上國立，拿文憑，而這樣的效果未

必就是培養人才，開發智商。關於高分低能、死讀書的弊病難道我們見到得還少嗎？

李冰雪家裡的「詩樹」顯示出一些不同尋常的特點，證明了一條重要的規律：只要有恰當的條件，任何人都可以成才成功。這些不同尋常的特點和恰當的條件是什麼呢？首先，培養興趣和信心。包括李冰雪在內的所有智商超凡人物的成長，大都經歷了這樣的「三部曲」：一是出於興趣隨便玩玩或喜歡嘗試的階段，透過起步階段，愛上了今後的事業；二是自信主動，努力學習和進取的階段，在這一階段中，為了應付挑戰和競爭，致力於不斷累積知識，訓練技能，提高水準，並取得初步成功；三是走向「自由王國」的階段，這時候，個人的智商有機會得到充分的發揮，攀登上事業的高峰。從這「三部曲」中，可以看出，所謂「恰當的條件」，其首要的起決定作用的就是興趣和信心。也就是心態積極，相信自身有巨大潛能，透過學習掌握文化知識可以得到開發。李冰雪家裡的「詩樹」和愛書人家中的「書山」可以看出這種以積極心態追求文化知識的特點。而這種興趣和信心引路的特點往往是那些死盯著考高分、上國立、拿文憑的人容易忽視的。

其二，學識雜交，廣學精用。愛書人的藏書和讀書之多說明愛書人所吸收的知識相當廣博，多種多樣的學識雜交很有利於潛能的開發和在某一方面的突破。這樣要比提早的死讀一門專業好得多，因為各種事物是相互連繫的，沒有雜家的基礎怎能結出豐碩的果實？李冰雪看起來只是作詩，但她並不只是學詩，依樣畫葫蘆，而是把父親的傳授、學校的學習、農村的生活和課外的閱讀等幾方面的東西結合起來的，仍然是集中了多束的光線而產生的聚焦效應。所謂「功夫在詩外」正是這個道理。

其三，良好的環境和精神文化的氛圍。這兩個女孩子的家庭儘管是很普通的工農家庭，還不富裕，但難能可貴的是父母與孩子之間有共同的追求，

是自由平等的關係，這就形成了一種精神文化的氛圍，而不是單純的學知識，寫東西。這種家庭環境對於孩子的成長非常重要，對於成年人的精神生活也是一種提高和昇華。正是有這個特點和條件才使人的文化進化能夠持之以恆，情趣漸濃。

試作以上分析多少可以說明應當如何培養孩子成才，但其意義並不限於孩子的成長，而是可以看出開發潛能的途徑就是文化進化。其中很值得探討的一個問題是智商的內在本質究竟是什麼？

如果把人的智商的本質比作「足」，那麼以往常用的一些概念，如天賦、智商、知識等等沒有一個是適合它的「履」。開發智商顯然不是「削足適履」，那就必須給它另做新「鞋」。這新「鞋」就是在上面所說的恰當條件，和基本特點的基礎上而形成的知識力和資訊量。

知識力不同於自然力，它是有豐富的知識和資訊灌注其中、滲透其內的力，是由知識累積、資訊組合，還為新的知識和資訊所刺激改造並定向發展的力。知識力和資訊流改變了身體的本質和功能、運動方式和生活習性，使人的四肢、各種器官和感官，尤其是大腦由笨拙變靈巧，由粗陋變精細，由世俗變神奇。無論哪一種智商，其內在的根本的東西都不是自然力，而是知識力和資訊量。高智商的奧妙就在於知識力的強大和資訊量的充實。而這個奧妙是任何受過一定教育的人都是有可能做到的。因為大腦的巨大潛能真可謂「天高任鳥飛，海闊憑魚躍」。這就足以說明一個人能否開發潛能，發展聰明才智就全在自己的努力了。

資訊的系統組合產生智慧的火花

說到開發智商的問題，我要向青年朋友提一條「嚇人」的建議：不論你擔負什麼工作任務，最好能像間諜、特務一樣的生活！

為什麼要學做間諜、特務？這是因為許多間諜、特務在執行任務的時候有一個很值得我們學習的長處，就是處處留心，事事用腦。

他們總是盡一切可能注意搜集有關的各種資訊，並迅速的進行加工整理，使其系統的組合，從而形成準確的判斷和高明的設想，有時甚至可以創造奇蹟。「哈式急智」的故事就是一個很好的例證。

瑪塔‧哈麗是世界諜史上最出色的女諜，人稱「諜海女王」。哈麗最突出的特點是能準確有效的運用「急智」。

在第一次世界大戰中，德軍情報部得知有一份英國IV型坦克設計圖藏在法軍統帥部高級機要官莫爾根家的絕密金庫中。這是法軍特意向友軍要來準備研發的。德軍情報部急令哈麗盡快獲取此圖。

哈麗利用社交場合認識了莫爾根，並想盡辦法透過談情說愛而又不露痕跡的套取開啟他家密庫的訣竅。然而，她意外的發現這老頭雖已墜落情網，但仍然守口如瓶，滴水不漏。她費盡心機，卻毫無所獲。她後來才得知，法軍統帥部正是鑑於莫氏幾十年來小心謹慎，忠於職守，完成任務絲毫不差才把這份事關重大的超級密件交給他保存的。

哈麗絕不甘心也不相信自己這回真的碰壁了。她得知莫氏的夫人已經去世多年，便請求到他家居住，大大方方的擔當了非正式的家庭主婦的角色。她藉收拾房間的機會，在書房的一巨幅名畫的後面發現了密庫。庫門上有零到九的數字，這顯然是密碼鎖。她藉整理將軍衣物的機會，仔細翻查提示密碼的蛛絲馬跡，但均告失敗。而柏林卻急電告她：該庫密碼為六位數，務必二十四小時內送出底片，不得有誤。

哈麗深知任務的分量和自己的處境，她決定當夜行動。她與莫氏共進夜餐時，悄悄把大量安眠藥倒入莫氏酒杯。莫氏沒有覺察，一杯下肚，倒頭就睡。

第三單元　認識自我，你就是一座金礦

　　哈麗來到書房，試施她事先猜想過的一些密碼，但一失敗。

　　接著她又不斷隨手撥上六個數字試，越撥越快，不到五秒就撥完一次。撥了兩個小時，她的手指早已麻木，臂膀痠痛不堪，汗流浹背，精疲力竭。她一屁股坐下，再也不想動了。她想起行動前她曾打電話給一位熟知的數學博士，詢問一道類似這次開鎖的智商測驗題：如憑亂猜會有多少答案？博士說有九十九萬九千九百九十九次，即一百萬少一次。這麼瞎碰，她要開到何時？這使她倒吸了一口寒氣。歇了幾分鐘，她繼續試撥，可是結果仍是一連串的失望。「這樣下去，恐怕一個月都打不開。」她心中悲嘆，一下子倒在沙發上，雙手抱頭，絕望得簡直想痛哭一場。

　　突然，她隱隱約約的聽到了女僕房間裡有響動 —— 顯然，女僕已經起身了，按慣例過一會就要來打掃書房。哈麗不能讓女僕發現，可是她剛站起來又想：「不，我不能這樣自甘慘敗！再想想看，還有沒有竅門。」突然她想到莫氏曾隨便說過的一句話：「唉，老了，這幾年記性真是越來越差了。」她確信莫氏講的並非假話，她想起有幾件事可以證明他有些健忘。「既然如此，那麼不規則的六位數他也可能記不住。這樣，他就不大可能將密碼記在本子上，因為本子很可能遺失或忘了放哪裡，而且有可能被人注意和發現，所以從他的記錄本上查不到數位。由此推測，最大的可能是將密碼巧妙自然的安置在金庫四周，以便開鎖時隨時可見。」想到這裡，哈麗一陣興奮，仔細環視周圍，視線在牆上的老式掛鐘上停住了：鐘……時間，不是與數字密碼相聯嗎？黎明將近，鐘為什麼卻停在九時三十五分十五秒？喔，想起來了，莫氏說過：這是壞掉的鐘，叫鐘錶匠修過幾次，都沒修好。哈麗記起當時莫氏說這話的神情不大自然，很可能是假話。她再次審視鐘所停的鐘點，九三五一五！這不正是數字嗎？可是她忽然又沮喪了：只有五位數，還少一位數呢。時間正在一分一秒的過去，聽動靜女僕已經在收拾隔壁房間

了。哈麗死死盯住掛鐘，苦苦思索。猛然她想到莫氏愛在夜晚獨自在書房反鎖上門讀書看報，他也很可能大多在這時存取密件。九點不是二十一點嗎？六位數出來了！她顧不得興奮，快速行動，用緊張得有些顫抖的手撥了二一三五一五，「喀嚓」一聲，鎖開了！等她拍下密件，關上庫門與電燈，快速出門，女僕正從旁門進入書房，她靠在牆上稍稍喘口氣，這才感到自己的心跳特別厲害！她終於在最後半分鐘創造了奇蹟！

由於平時處處留心儲存資訊，到必要時就可以搜索記憶，彙集資訊，按照問題的需要組合加工，連繫思考……於是，難題能夠突破，不可能做到的事竟然也可以做到。由此可見，人腦的潛能極大，只有如此多用腦才能得以開發。不要以為只有間諜特務在緊急的時刻不得不如此苦思冥想，其實許多科學研究、發明創造和文學藝術創造的構思也是這樣的規律。所謂「長期累積，偶而得之」就是精闢的揭示了聰明才智的奧祕。

十多年前，著名科學家蔣築英剛步入中年，就被病魔奪去了生命。中年知識分子由於長年超負荷運轉而英年早逝的悲劇深深的震動了當時年僅二十五歲的張力的心靈。從那時起，他就有一個夢想：發明一種方法和器具可以簡便的健身治病，延年益壽。這是最早的資訊刺激和儲存。

張力為了實現夢想，一直苦苦尋找一個支點。有一次，一家報紙披露一位海內外知名的老先生九十四歲高齡卻耳不聾，眼不花，身體十分結實。他的保健祕訣是每天早晨浴後讓按摩師沿經絡方向按摩兩百次。這篇報導激發了張力的靈感，使他終於找到了這個支點。於是他開始研究古今各種有關按摩方面的資料……

在研究中，張力了解到清代養生大師曹庭棟關於「太平車」的論述。這又是一條重要的資訊。但是，他按資料上提供的結構做出模型後，感到不夠完善，不便實用，一是力度不夠，二是面積不夠。有一次他出差，乘車走在

山路上，一輛多輪載重拖車在前面跑，他注意到多輪拖車的輪組結構時忽然想到：如果把太平車由一組輪改為像拖車多組輪的形式，效率不是更高，面積不是更大嗎？不就可以形成複合多經絡大面積同時按摩嗎？張力處處留心才有這偶而得之。

張力還常到醫院推拿科觀察按摩師為患者按摩，發現按摩次數最高的是肩、背、腰、臂及四肢部位……根據這個啟發，一個十六輪的輪式按摩器的雛形便形成了。但問題是人體是柱狀、球狀、板狀的組合體，不可能像馬路一樣平坦，怎樣使每個輪都能有效的接觸到人體表面呢？他受萬向軸結構的啟發，又來了一次中西結合，為輪式按摩器裝上了萬向軸，並由此取名叫月球車，然後又在每個輪上設計了許多狼牙狀凸牙，既增強力度，又可在身上隨形就勢，大面積流動按摩。

為了進一步增強治療效果，張力又根據中醫針灸學理論，系統研究了針灸治療的機理、經絡……他從中發現針灸五大類中的磁提針很有效。於是，經大量磁療生物學資料分析和試驗研究，他終於找出了最佳磁療強度段和脈衝磁頻率段，設計出了一種全新的月球車脈衝磁療按摩器，終於將中醫傳統文化再現光芒……

由此可見智商的開發和創造性的勞動就是依從一定的選擇，大量累積資訊並進行系統的組合。而一個人心態積極就可以做到處處留心多動腦，使自己的智商有所發展和提高。

思考就是財富，但必須重視人際交流

靈感是彙集組合各種資訊進行創造性思維的昇華狀態。其產生的機制首先是資訊的大量儲存，並按一定結構長期累積，同時又不斷的吸收新的資訊刺激，讓新的資訊對原先儲存的資訊結構達到補充、貫通和點化的作用，從

而使之發生質的飛躍，別開生面，導致大腦皮質的極度興奮。許多智慧的火花、奇妙的設想都是由此而生。

這個開發智商，進行創造性思維的機制啟示我們學習掌握文化知識。累積彙集各種資訊的過程不僅是讀書求知、研究資料的功夫，而且是人際社交、廣泛交流活動的開展過程。有不少埋頭幹事業的人輕視和忽視人際交流的作用，這是片面、狹隘的想法，很不利於智商的開發。古人所說的「讀萬卷書，行萬里路」就是把讀書與交際兩個方面結合起來，現代人更應該懂得人際交流的重要意義。不要以為只有從事經營管理、公關推銷、宣傳教育等工作的人應該重視人際社交，而埋頭做學問的人可以「兩耳不聞窗外事」。如果你深居簡出，閉目塞聽，怎麼能讓你的學識雜交、資訊靈通？儘管現代社會的各種傳播媒介日益發達，使人很容易獲得各種資訊，但人際的資訊交流卻永遠不可忽視、不可削弱，更不可代替。因為人際資訊交流所特有的對象特定、內容具體真實、方式新穎微妙以及機密等功能和特點是傳播媒介的資訊傳播很少具備和不可能具備的。另外，人際社交的重要性不僅在於可以獲得新鮮而具體的資訊，而且在於能夠尋找和創造機遇，改善自己的處境和條件。人們正是透過人際社交直接交流，從而發現了自己，從而得到了別人的理解、支持和配合。而這些必不可少的有利因素不可能只靠埋頭讀書去獲取。試想，前面談到的李冰雪如果沒有那樣良好的家庭環境、人際關係，不可能小小年紀就才華出眾。儘管對成年人來說，教育和環境的影響不是決定因素，但其作用之大，這是每個人都深有體會的。我們重視精神文化，發展積極心態，從某種意義上說，正是為了有效的開展社交，進行人際交流。這是開發潛能、文化進化的很重要的方面和途徑。一個叫孫瓊的女孩子在報上發表了一篇題為《妹子的文學夢》就足以說明人際交流與文化進化是緊密連繫、相輔相成的。她自述道：

第三單元　認識自我，你就是一座金礦

我是妹子，從小就喜歡文學，可是命運不濟，國中還沒上到頭就退學了，就憑這點墨水還想走文學？別做夢了。當不上文學家，當個小保姆總沒有問題吧。

真沒想到，第一次進都市當保姆就碰上了一個好人家。不光學會了好些生活技能。而且還學會了國語，續上了我的文學夢……我做家事的那家有三口人：叔叔、阿姨和姐姐。叔叔是教授，而且還是個挺有名的作家。他聽說我喜歡文學特別高興，常鼓勵我把握時間多讀書、多練筆。

沒事的時候我就鑽到房間裡去瀏覽群書，去「舞文弄墨」。可有時候，我也時不時的對著書櫃發呆，這麼多書，不知從哪裡看起，摸著這本又惦著那本。叔叔阿姨便熱心的為我「指路」，讓我先從《簡愛》、《紅樓夢》等名著一本一本的看起，每看完一本，都要聽我談讀後感；姐姐呢，不光告訴我看書竅門兒，還給我講《紅樓夢》裡的人物刻畫特點和運用語言的藝術，並慷慨的送我一本「作家日記」，笑著鼓勵我：「小瓊，寫滿它，你就成作家了！」

一天晚上，姐姐的男朋友也來了，全家人圍坐在一起看電視。

我拿著自己的「處女作」走進來，不好意思的說：「對不起，請看下一個節目——《改文章》好嗎？」見他們都笑著點了頭，我才大方的關了電視，擰亮大燈，興奮的念了起來。叔叔阿姨聽後，耐心的談了各自的看法；姐姐哥哥也熱心的指出了小文的不足。啊！

我同時擁有四個輔導老師！您說，我能不感到幸福嗎？

那天夜裡，我又做起了文學夢。

這個妹子和李冰雪不能相比，但她確實很幸運，一頭撞進了一個充滿文化氛圍的好人家裡當小保姆。從她這篇自述體文章來看，她的語言樸實、簡潔，很富有生活氣息和幽默情調，而且透露出一股自信自愛、積極進取的心態和氣質。這個愛做文學夢的妹子將來很可能會成為一個女作家或女記者，

實現自己的夢想。

　　話又說回來，如果這個妹子沒有現在的幸運機遇，又會怎麼樣呢？如果她能懂得自己有巨大潛能可以開發，而開發潛能就是以精神文化為主導的文化進化過程，並且她又能懂得智商的本質、靈感和機制之中包含著人際的資訊交流，那麼，她就會在當小保姆的同時去主動追求精神文化的營養，不僅會找書報來讀，還會想方設法拜師求藝，這樣，她照樣會走向成功之路！

第三單元　認識自我，你就是一座金礦

第四單元
重視個性，增強自我意識

第一章　主要的阻礙是內在危險

人生在世絕不能失去自我

在這個世界上，唯一可以依靠的一個人就是自己！靠自己就要知道「我是誰」，就要自我肯定，自信自愛，就要充分認識自己具有巨大的潛能，堅信自己是一個美好而偉大的人。這種積極的自我意識是每個人樹立成功心理、開創美好未來不可缺少和不可動搖的基石。

任何一個已經成長起來、自我肯定的人，自然早已擺脫了孩童時代那種幼稚無知的狀態，但卻總像孩子一樣對什麼都有興趣，總像孩子一樣喜歡多問幾個為什麼，喜歡不斷求知、獨立探索、嘗試新事物，並有所創造，因而才逐步走向成功，自我實現。我們許多人本來也是這樣的孩子，但在成長的過程中，在接受基礎知識和行為規範的教育過程中，傳統觀念和世俗偏見總

第四單元　重視個性，增強自我意識

是反覆告誡我們你是渺小的，是微不足道的，你一定要聽別人的話，千萬不可自以為是。於是你就覺得自己是渺小的，微不足道的，只能聽從別人的擺布和控制。

然而，在無限宇宙的永恆歲月中，你是你的一切感覺和行為的主體，你是你所感知到的一切關係的中心。既然如此，你究竟是渺小還是偉大，那就首先取決於你的心理態度和人生選擇了，也可以說是首先取決於你的個性和自我意識的強弱了。因而你要追求和表現人生之美 —— 人格的魅力與人生的價值，那就絕不能失去自我。可是，在實際生活中，許多人都不知不覺的失去了自我。

青年女工劉潔上班工作六年來，年年都被評為優良工作者。然而，漸漸的一種孤獨感和失落感時常折磨著她。她在學生時代，本來是個活潑好動、愛唱愛笑的女孩子，經常打扮得像個時裝模特兒。

可是現在呢？她自己給報刊寫信說：「……以前的我不見了。每天只是一心想著做好工作，爭當『模範勞工』，保持『優秀』，衣服也不敢穿太鮮豔的，怕主管責怪。工餘時間從不唱歌、跳舞，怕主管說我輕浮，不能給大家做個好榜樣。可是我越來越覺得精神上空虛，活得很累，我要找回從前的我。我該怎麼辦？」

這是幾年前的事，如今在怎樣看待喜歡穿衣打扮、唱歌跳舞的問題上，認為這是思想不正、精神汙染的人已經很少了，說不定劉潔的主管現在也改變看法了。但是問題的實質依然沒有過時，只是表現在更深的層次上而已。

一個人當然應該做好工作，世界上沒有白吃的午餐，享受生活首先要奉獻。但我們勞動、奮鬥的目的和樂趣是什麼？不正是為了自己也為了別人的物質生活和精神生活的享受嗎？不正是為了追求人生的美好嗎？如果身為萬物之靈的人成了只知嗡嗡工作的蜜蜂和來去匆匆的螞蟻，這就是人性的扭曲

和心理的盲點，這也就失去了自我。

值得注意的是人性的扭曲和心理的盲點原來並不是出於個人的本性，而是由於自己總是顧慮別人會怎麼看、怎麼說，接受外界扭曲的資訊影響的結果。衣著漂亮與工作懈怠，愛唱愛笑與輕佻本沒有必然的連繫。但長期以來傳統觀念、教條主義將人的秉性和素養單一化、模式化，把人的個性和生活加以扭曲，似乎「優秀」、「模範」就該永遠一身素服，整日一本正經，似乎「老實」、「勤奮」就該成為勞動機器。如果人生果真如此，該是多麼可笑而又可悲，那還有什麼人生之美可言呢？

人生美就是人的活動所顯現的人類向上和社會進步的要求，並引起人的美好情感的人生現象。它大體包括四方面的內容：人的外在美、人的內在美、人生的勞動創造美、人生的社會生活美。

人生美就是人對真善美的追求和表現，也就是合情合理、瀟灑自如的生活。這當中自然包括積極工作，有所創造，但工作上的先進不需要也不應該犧牲人生美的其他方面。而有些人就是不懂得什麼是人生美，他們的心靈早已被扭曲成了榆木疙瘩死不開竅，卻又以這種僵化的觀念去扭曲別人。在這種情況下，如果一個人像劉潔那樣總是顧慮「我這樣說、這樣做會不會讓別人看著不順眼，不滿意呢？」總是害怕主管責怪，被人誤解，那麼這種貌似合乎情理而又不能自主的想法本身就是一種精神牢籠，就是一種自我囚禁的心態。

所以說，人生在世，如果你想活得瀟灑，走向成功，如果你想過自己想過的生活，成為自己想成為的那種人，那就絕不能失去自我。

失去自我，有什麼不好

失去自我，就是個性扭曲、自我意識弱化，就是心理貧血、精神缺鈣，

只能做心理盲點的奴隸和囚犯。一句話，失去自我的人只會越活越蠢。這樣的人不僅在事業上不會成功，而且在生活上也糊裡糊塗。《家庭》雜誌上有一篇文章——「談談社會輿論對家庭的影響」就說明了這個觀點。文中寫道：

　　我們來到這個世界上，本來是非常獨特的。每個人都有與眾不同的夢想、感受和經歷，每個人都找到一個萬人之中一眼可見的伴侶，組成一個門牌號碼不同的家庭，再生育唯我家才有的子女。我們的獨特，且不管獨好還是獨糟，本來就是我們賴以生存的根本。從眾現象雖然是戲說社會輿論對人們的影響，但這種缺乏個性，失去自我，只顧趕浪頭、從眾的社會心理和生活態度確實普遍存在，表現在各個領域和許多方面。強調知識就是力量的那幾年，不管什麼人，也不管實際情況如何，更不管是真是假，大家紛紛去考證書，拿學歷。興起經商熱潮的那幾年，不管什麼行業和公司，也不管社會需要不需要，更不管消費者的利益，幾乎是人人都在開公司，做行銷，鬧得許多大學生、研究生也無心讀書了……而那些好不容易把文憑混到手的人又趕緊去做買賣，結果還要掏「學費」、擔風險，「摸著石頭過河」，早知如此，何必當初……誤了學業的也好，賠了錢的也罷，這些無法擺脫的循環究竟是怎麼造成的呢？到底該怪誰呢？

征服內在危險，才有選擇的自由

　　人生本來不易，成功主要靠自己的奮鬥。然而墨守成規，從眾流俗，必然會弱化個性，失去自我，從而也就壓抑了心態的開放、智慧的閃光，失去了求實聚焦、應變創新的能力和契機。這「種自我壓抑的消極心態，總是分散平時的注意力，耗費大量的時間，隨時隨地都要謹小慎微，看別人的眼色行事……這還怎麼可能選擇自己的目標，專心致志的工作和勞動去爭取成功呢？所以，對人的發展來說，較難覺察、不易改變而又起主要限制和阻礙作

用的並不是境遇如何，而是主觀世界的阻力、心理狀態的盲點。一句話，阻礙人的發展的主要是內在危險。我們強調要重視個性，增強自我意識，就是為了征服內在危險，選擇自己的人生！

有關專家進行了幾百次試驗，給動物以各種各樣的食物，發現各種動物普遍具備選擇有益於己的食物的天生能力。動物的這種智慧在不正常的條件下，一般也能保留下來。例如切除了腎上腺的動物能夠透過重新自我調整選擇的食物來保持自己的活力；懷崽的母獸也會很好的調整牠們的食物以適應胎兒成長的需要。

顯然，一切有機體都能夠自我管理、自我調節，比我們以往所想的強得多。然而，實際生活讓我們懂得它們的選擇能力各有差異。比如有的小雞擇食能力很強，牠們長得強壯，因為牠們得到了最好的東西。如果擇食能力差的能向牠們學習，那麼也會變得比過去健康、強壯。

如果把這個原理連繫到人的自身，那麼就會發現只有自信主動、心態積極，也就是具有積極的個性與自我意識的選擇、感受和判斷才能從長遠來說明什麼是對人類有益的。就人的價值觀念來說，這種善於選擇的智慧和能力是使大多數享樂主義者的價值觀念翻船沉沒的暗礁。

當然，任何道理和準則都不能不考慮實際情況，區別本質的差異，不僅對動物如此，而且在我們人類身上也是如此。這就是說，某些價值對所有人都是共同的，而另一些價值則不是共同的，而是只有某類型或具有某種特殊性的個體才有的。對於所有人的共同需要，美國心理學家馬斯洛稱之為人的基本需要，把不同的需要稱之為特異需要。但值得注意的是，特異需要產生特異價值。

個體的體質差異導致有關自我意識、文化心理和世界觀念等各方面的差別與偏愛，也就是導致不同的價值觀。許多事實和研究成果表明，生命堅持

第四單元　重視個性，增強自我意識

表現自身即堅持活動，或者說體質健康、心理正常的人傾向於自我實現。身強體壯、肌肉發達的人喜歡運用他們的四肢和肌肉來表現自我，這也是心理健康的重要的一個方面。有智商的人必然運用他們的智商，有視力的人必然運用他們的眼睛，有性愛能力的人自然有性愛的衝動和要求。這樣，人們才能感到自己是健康的、正常的。體力、能力、個性、意識等都在吵吵嚷嚷的要求使用它們，發揮它們的作用，只有當它們被充分使用之時，它們的吵嚷才會善罷甘休。這就是說智商就是需要，個性就是需要，而需要產生價值，人的個性與智商不同其價值觀也必然因之相異。

馬斯洛創立的需要層次論這個概念使我們看清了人們的終極價值，一個人人都追求的遙遠目標就是自我實現或叫做自我現實化、自我的潛能現實化。其特點就是個性化，實現自主性和創造力。但實際上許多人自己並不了解這一點。就某個人自身來說，他在某個階段可能是特別渴望愛情。他往往會想如果自己獲得了愛情，他就會永遠快樂和滿足。但他並不清楚，在這個滿足得到的前後，他還有別的追求的目標，比如說求職成功和發財致富。他不清楚一個層次的需要得到滿足，就會出現另一個更高層次的占主導地位的需要。因此，這些台階式的需要和價值，既然可以看做目的，又可以看做是達到終極目標 ── 自我實現的手段。所以，人生的選擇是一個有層次的、不斷發展的、相互綜合連繫起來的價值體系。

幾乎所有的人都傾向於自我實現，而且絕大多數人都有能力自我實現，至少從理論上是可以這樣講的。這就意味著某個人是個什麼樣的人和他能成為什麼樣的人，從心理態度的意義上來看，二者是同時存在的。這就解決了存在和形成之間的二難推理。潛能不僅是「將要是」或者「可能是」的東西，而且它現在就存在一著。自我實現的價值作為目標存在著，而且也是真實的存在，儘管還沒有現實化。於是我們可以得出結論：一個人既是他正在是的

那種人，同時又是他想成為的那種人。

從以上繞了一大圈的分析中，我們突然發現人的個性與自我意識對於人的存在和發展是多麼重要。一顆樹籽可以說「迫切要求」成長為一棵大樹，一隻小老虎可以看成在向大老虎的樣子「推進」，那麼，成功的人生也就是走向自我實現的過程。

人的成長和發展就是自身與周圍世界交流資訊的結果，人的個性和自我意識也就是在這種不斷的交流中形成和發展的，但是一個真正的人最終不是被教育澆鑄成人和被環境塑造成人的。教育和環境的正常作用只是幫助一個人認識周圍的世界，並使自己的潛能現實化。環境並不賦予人以潛能和智商；是人本身具有潛能的萌芽或胚胎。一個教師、一種文化不能創造一個人的主體性、能動性、創造性，而是以容許、促進、鼓勵和幫助的方法把原先以胚胎形態存在的東西變成實際的可用的東西。同一個母親、同一個學校，或同一種文化以完全相同的方式對待一隻小貓或小狗，不可能把牠們塑造成人，即使是對待不同的人，也不可能把他們塑造成同樣的人。因為文化教育是陽光、食物和水，但它不是種子。種子是人的本性、個性和自我意識。人要自我實現，要極力完成自己的本性和心願，成為他自己；要選擇自己的目標，忠於自己的職守，要成為自覺的、真正的和正直表現的人，在他自己深刻的內部本性中，其活動的根源就是他的個性和自我意識。

說到這裡，道理已經很明顯了。人的個性與自我意識只能強化、優化，而不能弱化、劣化。這就如同種莊稼，種子的優劣決定一切，因而，個性與自我意識的弱化，乃至失去了自我，豈不正是阻礙人的發展的最主要的內在危險嗎？我們不征服這種內在危險，不重視不強化自己的個性與自我意識，怎麼會有選擇的自由？怎麼會有自我實現的目標和動力？

在世界與個人的刺激和反應之間，人本該擁有選擇的自由，擁有思維、

想像和創造的能力，擁有良心、情感、獨立意志和與眾不同的追求。人可以保持也可以改變自己的選擇，可以接受也可以不接受教育和環境的影響，也就是可以改變社會為我們編制的程式，而為自己編寫新的程式。這就是為什麼動物的能力有限，而人的才能可以無限發展的奧祕所在。

第二章　個性弱化必然心態消極

野草與花朵

美國十九世紀的文學家、思想家愛默生說：「什麼是野草？就是一種人們還沒有發現其價值的植物。」作為教育者沒有發現孩子的價值，尤其是沒有發現有執著追求的孩子的價值，把花朵看成了野草，把美好的個性與自我意識看成是「不聽話」、「不學好」的邪惡表現，這不是「踐踏」又是什麼？這不是「精神虐待」又是什麼？

一位朋友讀國中時喜歡寫詩。有一次，她拿了自己寫的一首詩，請當時的語文老師指導。過了幾天，她戰戰兢兢的去問老師。老師板著臉孔訓斥道：「這算什麼詩！以後再不要亂寫了！」從此，她再也沒有寫過詩。她的詩的生命就這樣被踐踏了。

有一個學生成績很差，各種考試都在六十分以下，各科老師都認為他是個「低能兒」，沒有出息。一次數學考試，他做不出來，竟在試卷上寫了幾句「零分，我的好朋友」一類的話。數學老師看到這份沒有答題的答卷，看到答卷上寫的沒有標點，錯別字連篇，字跡還歪歪扭扭的幾行字，「理所當然」的氣憤之極，把這個學生嚴厲訓斥一頓之後交班導處理。看起來，這位數學老師的做法也不算過度。但是，這位數學老師沒有從「野草」式的字句中發現「花朵」的價值。

　　班導看了則不同，先是訂正了錯別字，加上標點，整理成一首小詩，然後找這個學生談心，讓他念念自己的小詩：

　　零分，我的朋友，

　　你又在慢慢的向我靠近。

　　零分，你對我如此多情，

　　難道你也把我當成一個無用的人？

　　不，我不是一個無用的人，

　　我是人！

　　我也有一顆自尊心。

　　再見吧，零分！

　　班導在批評他之後鼓勵了他的上進心，並稱讚他善於寫詩，有文學才能，這個「低能兒」的臉上露出了笑容。後來，他堅定信心，努力學習，兩年後考取了第二志願的高中，後來又上了國立大學……

　　生活中常常有一言喪才和一言興才的事，反差為什麼會如此之大？因為對孩子來說，每一個重要的資訊刺激交流都在影響一個孩子形成什麼樣的自我意識。

　　若在幼兒園或小學調查，往往會發現，每班總有幾個孩子自稱是壞孩子。天真的兒童怎麼會這麼早就給自己貼上「壞」字的標記？這種悲劇的產生主要是由於某些家長和老師把「壞孩子」、「笨死了」、「你一輩子也不會有出息」等等咒言惡語不加思考的拋向孩子，儘管這些家長和老師大多是出於「恨鐵不成鋼」的好意。

　　孩子的自我認識水準很低，自我意識的可塑性很強，他們主要是依據大人，尤其是自己的父母和老師的評價來認識自己。因而，「權威」性的壞評價必然會給孩子造成不良的自我意識。所以家長和老師對孩子一定要「口下留

情」，一定要獨具慧眼，即使在孩子表現不好的時候，也要善於發現孩子身上的特質，鼓勵孩子積極向前。有人說父母的天才就在於對孩子天才的發現。這是由許多事實所證實的真理。

當年的詹姆斯‧瓦特 —— 蒸汽機的發明者年僅六歲時有一位客人去瓦特家訪問，見瓦特手拿彩色粉筆，蹲在火爐邊不知做什麼。客人對瓦特的父母說，你必須把孩子送進學校，整天在家裡玩沒什麼好處。瓦特的父親說，請您看看他在忙些什麼？客人仔細一看，火爐邊上滿是瓦特畫的線和圈，還有一些計算出的數字和標記的文字……瓦特的父母就是這樣發現並鼓勵孩子的個性和興趣。要不然，當年的水蒸氣怎麼會觸發了瓦特的靈感！

愛因斯坦小時候被校長稱為「做什麼都不會有出息」的人，別人也覺得這孩子有問題。母親帶他去郊遊的時候，親友們看到其他孩子都奔跑嬉戲，唯獨愛因斯坦一人獨坐樹下，長久凝視湖面，於是有人擔心的詢問他的母親他為什麼經常發呆，莫非神經有毛病？愛因斯坦的母親滿懷信心的說：「不，他沒毛病，那是他在沉思。我的孩子將來一定會成為有名的教授。」

作為父母和教師，在孩子表現為「野草」或是被人誤解為「野草」的時候，能夠發現和肯定其可貴的價值，做出催其上進的評價，這就為孩子將來的成長和成功播下了生機勃勃的良種 —— 良好而獨特的個性與自我意識。

個性弱化：教育的主要弊端和缺憾

在人生的起初十幾年裡，家庭和學校就是孩子的世界。孩子長大成人後的個性與自我意識，即心理態度如何主要就靠父母和老師給孩子以什麼樣的資訊刺激，教孩子怎樣認識和評價自己和怎樣看待這個世界。而這一切又取決於大人們自己的心態與觀念了。

今天，傳統思想文化中仍有許多寶貴和精華的東西是我們的思想營養和

精神財富。然而，另一方面，長期的封建專制和經濟落後所形成的傳統觀念和習俗，至今不僅沒有徹底消亡，而且還依然根深蒂固的存在於人們的文化心理深處，影響著人們的觀念意識和思維方式，當然也在兒童教育乃至整個教育領域中表現出來，具有壓抑個性與自我意識的消極作用。

以往父母大多數依然採取的是「嚴父慈母」的傳統模式和張口就訓、抬手就打的教育方法。父母對子女在物質上盡力滿足，但在精神上依然存在少部分「虐待」現象。所謂「虐待」倒不一定就是打罵，而主要是指教育思想的簡單粗暴。

不論是行為上的，還是思想上的簡單粗暴誰都不喜歡，也不會造就孩子有較高的素養，為什麼許多父母，還有不少老師卻要簡單粗暴呢？說到底還是舊觀念作怪。他們總認為孩子誰都不怕，孩子不乖不聽話，今後還怎麼管教？為什麼要讓孩子怕呢？為什麼要把聽話、服從大人看得比什麼都重要呢？這正是封建家長制的舊觀念的表現。存在這種舊意識的人往往不把孩子看做是獨立的人，而是只看作撫養和管教的對象，從而也就產生了帶有普遍性的傾向，其主要特點是四多四少：教育孩子老實聽話多，鼓勵孩子獨立思考少；要求孩子墨守成規多，引導孩子勇於探索少；用紀律和規範約束孩子多，以啟發感染與孩子溝通少；迫使孩子遵從大人期望多，尊重孩子自己的興趣愛好少。這「四多四少」的相當普遍的傾向，可以概括為一句話：個性弱化。例如：小學的語文課本中，有一道看圖說話的練習題，題中有四幅圖畫：第三幅是雞媽媽領著一群小雞覓食，其中一隻小雞獨自行動了；第二幅是離群的小雞遇到了凶猛的大花貓；第三幅是危急關頭，雞媽媽趕來打跑了大花貓；第四幅是得救的小雞羞愧的向媽媽認錯，媽媽教育它以後不要單獨行動了。

孩子不聽大人的話獨自行動，是有可能遇到某種危險的，這樣的教育不

是沒道理。但這只單獨行動的小雞是不是還有值得鼓勵的一面呢？我們如果只會用這類恐怖故事來教育孩子，那麼孩子正在萌發的獨立意識、交際欲望和冒險精神又怎麼能成為具有自信主動意識，勇於迎接挑戰的高素養的人才呢？

有些幼兒園的老師在領孩子外出活動時，總要孩子排成隊，拉著繩子；有些小學老師上課時，總要孩子雙手背在身後。這樣，管起來可能是方便了，形式上似乎是整齊了，但卻把孩子管成了呆板的小大人，束縛了他們活潑的天性。從人體語言的基本規律來，看，牽繩子，雙手背在身後等身體姿態是很不利於聽課、觀察和思考的。我們不妨設身處地想一想，大人如果拉著繩子走路，背著雙手坐半天，心理也會感到壓抑，何況是天真活潑的孩子！

記得十多年前，一位朋友告訴我，他的孩子和同學們到兒童藝術劇院的演出。孩子回家後，父母問在中南海看見了什麼？孩子回答，什麼也沒看見，只看到了前面小朋友的後腦勺。怎麼會這樣？因為老師叫孩子排隊前進，不要左顧右盼，不要東張西望。多可悲呀！也許如今孩子們就可以多看幾眼了，但在許多問題上依然是壓制活潑的天性，扼殺探索的精神。

為什麼要讓孩子老實巴交、一味順從？因為許多大人只知道從傳統習俗和自己的意志出發，而從來不考慮孩子的個性與自我意識該怎樣發展。以自由平等的觀念對待孩子並不是放棄教育，縱容不管，則是該嚴格的就嚴格，該寬容的就寬容，尤其是在孩子違抗大人意志時，更應了解孩子的心理，做出實事求是的分析，而不是要求孩子一味順從。

我們從小就被大人反覆告誡：你是渺小的，微不足道的。在家裡父母是重要的；在學校老師是重要的；在工作公司，在社會生活中，唯有主管、權威和群眾才是重要的。總之，你不重要，別人重要，老規矩重要，你必須謹

小慎微，注意影響。你覺得自己能行，就是自私和驕傲；你要表現自己的個性，就是不懂事，不聽話；你不循規蹈矩、安分守己就不是一個好孩子……如果遇到麻煩事，如果沒有權力支配別人，我們最愛說的一句話就是「算了，算了」，「一忍天下無難事」。為什麼要算了？為什麼要委曲求全？連自己也不明白，似乎又很明白，一般是為了避免矛盾，少惹是非，少出頭露面，別爭強好勝。所謂「出頭的椽子先爛」，「棒打出頭鳥」，「不前不後中間走，不左不右從眾」成了他們的警世之言。

既然別人重要，自己不重要，那麼除了依賴別人，坐等好運，還會有什麼出路呢？

這種傳統的個性弱化的教育必然造成自卑觀念、消極心態。

強化個性，培養積極心態

孩子的未來就是國家未來，著力培養孩子適應跨世紀的整體素養已經刻不容緩。但我以為此事若想取得成效，還需要指明兩點：一、孩子的弱點原本不是孩子本身的問題，而是我們大人的整體素養缺陷在孩子身上的表現；因而問題的實質不僅是改進對孩子的教育，而主要是改變我們成年人自己。二、缺陷的主要表現確實是突出的表現在生存意識、實踐能力和意志品格等方面，但其根本問題還在於培養獨立自主的個性與自我意識。

生存需要智慧，壓抑個性與自我意識就是壓抑生存的智慧和發展的能力。自卑意識可以說是人類心理封閉的「溫室」，我們同樣也可以把依賴心看做是窒息人類生存能力的「溫室」。生存的活力全在於主體獨立性即個體與自我意識的充分發揮，人們一旦背負起依賴的桎梏，生存也就不再具有活力和魅力了。

當代青少年最大的弱點之一，便是對長輩溫室的依賴。經濟上的依賴是

第四單元　重視個性，增強自我意識

天經地義的，因為孩子尚無獨立的經濟來源，但生活上的依賴為什麼卻習以為常呢？如今不是連大學生也有週末把髒衣服帶回家由父母代勞的嗎？這種依賴性導致許多青少年無法勇敢的去闖蕩世界，有的人甚至恐懼單獨外出、搭車、購物。要他獨立去辦一件事往往是戰戰兢兢，手足無措。至於在人際社交中的這種弱點就更加普遍。同伴間發生摩擦糾紛，習慣於「矛盾上交」，求助於哭喪著臉「告狀」。如果沒有「權威」的干涉裁決，他們簡直難以判斷是非，化解衝突；如果沒有師長的同意和指點，他們簡直無法選擇，無所適從。我們說「生存需要智慧」，而任何再高明的父母師長，也不可能把自己在艱難時世中練就的頑強生存能力，透過生物基因遺傳給自己的兒女，除了讓孩子到生活的熔爐、社會的海洋裡去磨練，別無他路。

對這個問題，應當說如今人們已經有所認識和關注了。但人們常常要求青少年們不要依賴長輩，而不注意長輩們以至整個社會教育領域的教育思想需要有個根本性的變革。再一點不足就是人們偏重於物質生活的依賴與否，而大多忽視了精神上的依賴問題。實際上正是許多父母師長而不是子女和學生不能走出依賴的「溫室」。換句話說，正是許多負有教育責任的人不是宣導而是壓抑青少年的個性與自我意識，因而迫使雙方都處於一種自我封閉的狀態而又無法解脫。請看這個悲慘的故事是怎麼發生的：哲的父母是一所理科大學研究生院的同學。他們的理想是若干年後能夠雙雙走上諾貝爾物理學獎的領獎台。共同的追求儘管未能完全實現，卻使他們有了攜手進洞房的緣分，並有了自己的兒子 —— 哲。

對唯一的兒子，他們的教育和要求極為嚴格，一切都要按既定程序進行。孩子作息時間的計算不是按小時而按多少分鐘。先天的優生加上後天的「優育」，使他們的兒子早熟了，出類拔萃了。

哲被保送到某市師資最強、設備最好的一所知名中學。上進心和高智商

使哲再度成為這個群體中的佼佼者。

「今晚七點整，請你在玫瑰園西餐廳八號桌等我，不見不散。」

一天，被同學們譽為校花的麗在操場上輕聲對哲說，不容他再問，麗已經走了……晚上，哲赴約了。

對於孩子的第一次晚歸，母親當然察覺了。對此，她跟丈夫商量的結果是——抽查兒子的日記。於是，他們驚恐的發現，兒子的「魂」讓一個女孩給勾走了，這將妨礙他們的夢想在兒子身上變為現實。他們無意讓兒子終身不娶，但至少現在必須六根清淨。怎麼辦呢？他們決定在不傷害兒子自尊心的前提下，和那個「魔鬼般的女孩」將此事私了。

他們背起了照相機，祕密跟蹤；他們悄悄的複製了兒子抽屜的鑰匙；他們偷偷影印了兒子日記本中所有「有問題」的章節，也影印了那個「壞」女孩給兒子的情書；他們跟蹤偷拍了兒子與那個壞女孩來往、幽會的大量照片。經過這麼一番調查取證，他們該找那個女孩子嚴肅的談一談了。

他們請麗來到一家餐廳。「麗同學，我們只有一個要求，請你學會自重——你明白了嗎？」隨即，他們擺出了全部證據。等麗弄清了他們的意圖後，原本紅潤的臉孔變得煞白，她覺得自己的尊嚴和情感都受到了莫大的傷害……這次談話最終不歡而散。

第二天，哲回到家中態度反常，他情緒激動，大吵大鬧，要求父母向麗賠禮道歉，同時要求父母保證，再也不能偷看日記，跟蹤拍照。但是他從父母那裡得到的除了那些源於愛心的嚴厲訓斥外，沒有得到任何承諾。

哲的父母變本加厲，將全部原始證據重新編輯整理了一番後，以「一個不擇手段，道德敗壞的女孩」為題，向班導、主任報送了相關資料。接著，學校迅速做出決定，麗被除名。幾乎與此同時，麗與哲再次相約來到那家餐廳，共進了最後的晚餐。……哲的父母收到警察局認領屍體的通知。他們狂

第四單元　重視個性，增強自我意識

喊著，奔跑著。……警察局的警車沒有將他們送回家，而是將他們送進了精神病醫院，兒子是誰逼死的？父母是誰逼瘋的？說到底是壓抑個性與自我意識的消極心態所造成的惡果。

我們不妨參照一下美國兒童教育的某些可取之處。有一位女醫生去美國探望留學的女兒，和女兒的導師一家一起吃飯時，導師的小女兒吃了辣味菜，抹了一嘴紅油，嗆得直咳嗽。這位女醫生好心的端起了一杯冷開水給那個女孩子，讓她喝口水沖沖辣味，但這時那位導師卻伸手謝絕說：「她的問題，讓她自己解決！」

自己的問題自己解決，這就是獨立自主的意識。在美國一般情況下，孩子跌倒了，父母不會扶他起來，而是要讓他自己爬起來。另外，不管多有錢的家庭，給孩子的零用錢大多是有限的。比如一週五美元就是五美元，沒有特殊的需要絕不多給。孩子如果想多花錢呢？那也可以，自己賺去。所以美國有許多中小學生放學後幫人家照顧一兩個小時的孩子，或是幫商店送貨，很小的年紀就學會靠自己的勞動賺錢，而且許多孩子都有自己的存摺或帳戶，父母從不過問，也無權過問。歐美發達國家的家庭關係大都崇尚自由平等，那種尊重個性、平等對話、充分自由的做法和氛圍確實有利於孩子的成長和發展。

只是強調生存意識、實踐能力和意志品格是不夠的，根本的問題是心態與觀念不同造成了個性與自我意識的差異。人只能由人來建樹，唯有素養高的人才能造就高素養的人。這就是說，唯有我們成年人重視個性、增強自我意識，才會將孩子培養成具有堅強的個性與自我意識的人！然而，我們傳統教育的主要弊端和缺憾恰恰是輕視並壓抑個性與自我意識。代表傳統的儒家思想原本是世界上最先進的。其先進就在於最早肯定了人。但它卻只停留在肯定人的共性，而不重視人的個性。從儒家的「天人合一」、「和諧共振」到

今天的「團體主義」、「團體高於一切」這類「團體本位」的觀念早已滲透到人格深層結構之中，即滲透在我們的文化心理的深層之中了。因而，許多人往往只知道「我們」，而不知道「我是誰」、「我要成為什麼樣的人」。於是，人一生下來就落入到以「家本位」和「官本位」為核心的人際關係的網路之中，並成為其中的一個一成不變的連結點。這樣一來，許多儘管早已剪斷了的「生理的臍帶」，但在成長的過程中，卻事事離不開父母、師長和權威，即使已經工作多年，成家立業了卻依然割不斷「心理臍帶」。其實，沒有個人的獨立自主的個性與自我意識，哪裡會有較強的生存意識、實踐能力，又哪裡會有團體的和民族的強大力量？正是個性弱化教育所造成的被動依賴心理，使許多人總認為爭取成功是少數人尖兒的事，而自己有生以來只會看別人「唱戲」，只會在意識、能力和意志上從眾。這些人雖然對於碌碌無為的生活心有不甘，但他們卻把一切希望都寄託在上層決策、外部條件和客觀環境的改變上。他們等待發財，主管對他們偏愛，機遇來敲他們的大門，運氣會讓他們中獎，伯樂會請他們出山，困難會忽然讓路，風險會自然消除等等。但是，老天總是不遂人願，他們只好在埋怨、憂慮、失望和牢騷中蹉跎歲月，虛耗時光。

第三章　一定要自我重視，愛你自己

追求自我是人的天性

你可能還沒有寬敞舒適的住房，即使你住的屋子破舊狹小，你也會盡力收拾得整潔清爽；你可能沒有昂貴華麗的名牌時裝，但現有的平常的衣服，你也會盡量洗熨得乾淨像樣，穿著得體；你可能沒有很多的財產和金錢，但你對每月僅有的有限薪資也會妥善保管，恰當使用；你可能沒有引人注目的

第四單元　重視個性，增強自我意識

職務、地位和成就，但你在現有的工作職位或是業餘愛好上，也要盡力追求和展現你的智慧能力和人生價值……這些日常現象說明了一個普遍存在的事實和真理：人的生性本來是重視自己，喜歡自己，並珍愛自己所擁有的一切的！

如果你不惜花費高價為自己買了一身款式新穎的時裝，照鏡子一看確實顯得漂亮，十分得意。但是，當你走出時裝店門口卻看到街上有個行人和你撞衫穿得一模一樣，你會怎麼想？一定會大為掃興……有時，你偶爾發現有人和你同名，你也會有點掃興的。

在你所認識的熟人中，在真實反映生活的文學影視作品之中，你最喜歡什麼樣的人呢？不是那些在出身、學歷、職位、境遇和成就等方面比你突出的人，而是那種個性鮮明、與眾不同、勇於表現真實的自我的人，正是有自己的個性的人才會讓你動心，給你的印象最深。

在現實生活的人際社交中，每個人都希望自己能被別人整個的接受，而不是只接受自己的一部分。全部接受就是尊重和接受你的個性，包括你的優點，也包括你的缺點，包括你的理智明達、熱誠正直、可取可愛之處，也包括有時難免的粗率、愚笨、偏執，甚至是有點怪癖或瘋狂……這就是人際關係中的相互理解和包容。

這一切說明了一個永恆的、普遍的、我們必須承認的真理：你有權成為你自己，你只想成為自己，而不喜歡做自我之外或失去自我的其他人。顯然，人的天性是重視個性、喜歡個性的。

當然，人不只是自然存在物，具有自然屬性，人還是社會存在物，具有社會屬性。所謂「人性」，主要是社會關係的產物，並隨著社會關係的變化而變化。毫無疑問，我們每個人的個性總要受到教育與環境的影響，而且我們每個人也總要適應自己所處的現實環境。但在這裡有共性與個性兩個方面，

有接受影響和自由選擇兩個方面，也就是有他治與自治、社會化與個性化兩個方面。在現實生活中，確實有值得遵從的傳統規範，有引以為戒的先例，其中最主要的就是我們必須遵守的法規和公德。因而，家庭和學校的教育最初使我們懂得要約束自己，修正自己，而不能為所欲為，天馬行空。

因為自由從來不是也不可能是絕對的，我們只能生活在一個需要某種程度的適應力的世界裡，就像我們不能也不想擺脫地球的重力一樣。然而，問題不在於我們不懂得沒有絕對的自由，不在於我們膽大妄為、無視法規、縱容自己，而在於這約束和修正太多，總是以過度的力量擺布我們，用力推著我們團團轉、齊步走，企圖把我們變成同樣的產品，類似螺絲釘那樣的東西。這種公式化和標準化的教育管理，也許是出於好心，或是為了管理方便，但它卻壓抑了我們每個人的不平凡之處，損害了生命中最寶貴的東西——個性與自我意識。因為人的天性是追求個性和自我意識的。在還是嬰兒的時候，分明就有與父母相似而又不同的模樣，分明就有一張獨一無二的臉龐；分明就有一個能給世界帶來新的聲音的嗓門；分明就有一個將對世界做出新的探索和貢獻的腦袋；分明就有一種追求個性與自我意識的吶喊……難道我們懂事和長大成人以後，就不需要追求個性與自我意識了嗎？就只能是個性弱化，自我淡薄了嗎？不！絕不是這樣的！個性和自我意識永遠是我們每個人最大的心理需求，最與眾不同的東西是每個人的標誌和價值所在，甚至是超越我們短暫生命的瑰寶。因而，我們的正確選擇是：一方面約束自己、修正自己，否則我們就無法適應社會環境，與別人交流溝通；另一方面，仍然需要頑強的保持和表現自己的個性與追求，否則我們就沒有自己的標誌與價值，就沒有人生的樂趣和成功！當別人指出我們有獨特的個性，有特殊的素養的時候，我們會感到多麼快樂和自豪！個人的價值就在於「我就是我」、「你就是你」、「他就是他」這個事實。每個人的個性都應當受到尊重，得到發

展，而不是被弱化，遭壓抑。

積極的自我意識意味著自愛

孩子起初認為自己是美麗和重要的，但在成長的過程中，家長和老師會反覆告訴你：大人是重要的，小孩子不算什麼；別人是重要的，你自己是微不足道的。如果你愛自己，認為自己重要，那就是自私和驕傲；如果你不老實聽話，那就不是一個好孩子。儘管這些資訊刺激本身大多是出於好心並非惡意，但它卻束縛了個性意識，使人在不知不覺之中學會了自我輕視，自我埋沒。

有一次，我們觀摩了幼兒口語訓練的表演。在表演中，一個孩子一連說出了二十個「我愛……」，「愛國家、愛人民、愛勞動、愛公物、愛老師、愛父母、愛學習……」等等。可是，在這二十多個「我愛」當中，唯獨缺少一種愛，就是「愛自己」。為什麼不能說「愛自己」？顯然，幼兒園的老師不敢教孩子「愛自己」，認為教孩子「愛自己」無異於教孩子犯錯誤、做壞事，這是絕對不可以的。

難道不應該讓孩子意識到自己是美麗的和重要的嗎？難道一個人不應該意識到自己是可愛和有價值的嗎？難道人間的愛不是從自愛開始的嗎？你不妨想想自己在這個世界上，沒有任何一個人跟你一模一樣，沒人可以取代你的。你是你自己的遺傳基因、肉體、心靈、知識、見聞、空間上的特定位置、時間上的特定階段、興趣、夢想、情感、事業以及其他東西所造就的，包括你已經具備的智慧、能力和有待開發的巨大潛能。你有能力認識、運用、協調控制所有這些構成你的東西，尤其是你有你的個性和自我意識，你有你的追求和作為……一句話，在這個世界上，你確實是一個獨一無二、不可取代的人，你為什麼就不能自我重視，珍愛你自己呢？

如果你連自己都不愛，那麼你怎麼能去真心實意的愛別人？即使你愛別人，你的愛又有多大的價值？別人又何必愛你呢？即使愛你，又有什麼意義呢？其實，人間的愛——無論是給予他人的愛，還是得之於他人的愛——首先要從自愛開始。因為一個人能否給予他人以愛。直接取決於他愛自己的程度如何。真正的自愛也就意味著對他人的友愛。

有一篇〈另一種珍愛〉的文章寫得十分真切，故摘錄幾段在此：

為什麼不學會愛自己呢？

學會愛自己，不是讓我們自我姑息，自我放縱，而是要我們學會勤於律己和矯正自己。這一生總有許多時候沒有人督促我們、指導我們、告誡我們、叮嚀我們，即使是最親愛的父母和最真誠的朋友也不會永遠伴隨我們。我們擁有的關懷和愛撫都有隨時失去的可能。這時候，我們必須學會為自己修枝尋水培肥，使自己不會沉淪為一棵枯榮隨風的草，而成長為一株筆直蔥蘢的樹。

學會愛自己，不是讓我們虐待自己苛求自己，而是讓我們在最痛楚無助、最孤立無援的時候必須獨自穿行黑洞洞的雨夜，在我們獨立支撐著人生的苦難；沒有一個人能為我們分擔的時候，我們要學會自己送自己一枝鮮花，自己給自己畫一道海岸線，自己給自己一個明媚的笑容。然後，懷著美好的預感和吉祥的願望活下去，堅韌的走過一個又一個美好的清晨。

學會愛自己，這不是一種羞恥，而是一種光榮。因為這並非出於一種夜郎自大的無知和狹隘，而是固執於對生命本身的崇尚和珍重。這可以讓我們的生命更為美滿更為健康，也可以讓我們的靈魂更為自由更為強壯，可以讓我們在無房可居的時候，親手去砌磚疊瓦，建造出我們自己的宮殿，成為自己精神家園的主人學會愛自己，才會真正懂得愛這個世界。為什麼你要愛父母、愛老師、愛家鄉……首先因為他們是你的，因為他們和你密切相關。所

以你珍愛自己，才會真正懂得愛別人，愛這個世界。

人究竟為什麼活著

　　這是一個古老的而又新鮮的話題，也是一個淺顯而又奧祕無窮的話題。人為什麼活著？有人說為了別人；有人說為了自己；也有人說主觀上為自己，客觀上為別人；還有人說為了活著而活著吧；而且還有為了愛情或為了事業等各種說法。這個問題以往有一個「唯一正確」的標準答案，如今有人再按這個標準答案來回答。恐怕沒幾個人認為你說的是實在話了。

　　一般來說，對於「人為什麼活著」這個問題，人們最為普遍的回答就是「為了賺錢吃飯」。我們暫且肯定這個普通的答案，就算是「為了賺錢吃飯」吧。那麼，假如我們有條件整天過著優渥的生活，用不著再去辛苦賺錢，我們會有什麼感受呢？如一位大富翁慷慨解囊，給我們這夥人資助幾千萬元，請我們搬到某個海濱別墅常年居住。高級吃住，玩樂設施齊全，醫療也有保障……我們可以天天過好日子，再也不用去辛苦賺錢了……我想，起初的兩三個月，我們每個人都會興高采烈，心花怒放，並感嘆如此生活太美好了……可是用不了多久，我敢說每個人都會精神空虛、心灰意冷，甚至會終日煩惱，感到極度的苦悶。會覺得自己被囚禁在一個孤島上，變成了與世隔絕的行屍走肉，無所事事的酒囊飯袋。儘管一切都應有盡有，但這種生活是多麼令人厭煩和沮喪呀！我們為什麼會厭煩甚至是懼怕這種曾經渴望的伊甸園般的生活呢？因為缺少了一樣最可寶貴的東西，這就是自我價值感。

　　人生在世最基本的欲望是感覺，是了解，是體驗，是透過學習、勞動、工作、創造、有所發現和有所作為來獲得一種自我價值感。這就是說，我們需要的是生活，有生氣、有活力的生活，而不僅僅是安閒快樂。生活就是體驗，生活就是選擇，體驗越豐富，選擇越自由，生活也就越充實。既然要選

擇和體驗，我們會因為自己的好奇和求知，會因為勞動和創造，會因為對真善美的嚮往，會因為對新思想、新事物的熱情追求……而遭受困難、艱險、坎坷、挫折，並付出代價，但是我們心中最基本、最強烈的一定要有所感知、有所作為的欲望是不會泯滅的，也是任何安樂富貴的生活享受所無法彌補，不可代替的。實際上，正是勞動、工作、求知、創造把我們和別人、和社會連繫在一起，把我們引進充實而豐富的生活，使我們經歷新事物，接受新刺激，並展現自我存在的價值，得到物質上和精神上可以享受的報酬。我們常常抱怨讀書辛苦，工作繁重，卻沒有意識到正是艱苦的學習和辛勤的工作才使我們清醒、實在，得到成長和成功，從而感覺到並能提高自身存在的價值。亞里斯多德說得好：「價值不在於得到榮譽，而在於當之無愧。」

原來人活著就是為了獲得一種自我價值感。這就如同父母養育孩子，作家創作作品，科學家破解難題一樣，雖然嘔心瀝血，千辛萬苦，卻因此而得到了人生的樂趣和幸福。而一個人在實際生活中能夠感覺到自己有個性、有能力、有目標、有責任、有價值，這就是積極的自我意識，這就是奮鬥不息的動力，這就是人生的真諦，成功的心理！如此重要、美好和珍貴的東西，我們為什麼不該重視，不該追求，不該強化和發展呢？所以我們一定要自我重視，愛你自己。只有這樣，我們才能自信主動，樹立成功心理。

第四章　重視自我，是提倡個人主義嗎？

自我意識與群體觀點並非對立

個性、自我意識、自信、自愛、自我實現……等等概念似乎都不是好字眼兒，似乎任何事情一沾上「自我」，就有自私自利、驕傲自大之嫌，就是鼓吹個人主義。在許多人的意識中，似乎只有「無私奉獻」、「毫不利己，專門

利人」、「全心全意為人民服務」、「為了團體而犧牲自己」……等等概念才是正確、美好、高尚、偉大的。其實，自我意識與群眾觀念並不是分化與對立的關係。一個人重視自我，自信自愛，並不意味著不尊重他人的權利，不關心社會的利益。相反，我們從探討個人發展與社會進步的關係中，越來越清楚的看到個人的發展為社會的進步提供了最堅實的基礎。這兩者之間的關係是密切相關、相輔相成的。如果我們接受否定個性與自我意識的企圖，如果我們每個人都變得一模一樣，成為標準化的產品，那麼這個世界上就不會再有什麼高尚的美德、偉大的創造了，就不會有什麼奇蹟和歡笑了。因為個性與自我意識正是人類所有的高尚美德和偉大創造的胚胎和根基。從孔子到孫中山，從司馬遷到曹雪芹，從林肯到邱吉爾，從哥白尼到愛因斯坦……古今所有對人類進步做出重大貢獻的偉大人物有哪一個沒有鮮明強烈的個性與自我意識呢？沒有個人的發展，哪裡會有群體的強大和社會的進步呢？

我們不妨試問一下自己：你願意和什麼樣的人同甘共苦，分享這個世界？是那些尊重你的個性與自我意識的人？還是那些讓你一味屈從，把你只當做馴服工具和犧牲品的人？是那些這樣自身就有個性與自我意識的人？還是那些說話千篇一律、墨守成規、死搬教條的人？是那些對自己的存在和選擇承擔責任的人？還是那些試圖把這種責任推卸給你、依賴於你的人？……我們這樣試想之後不難得出一個正確的結論。

自信自愛的人是不是利己呢？

自信自愛，重視自己的個性與自我意識，也包括重視自身的利益。既然如此，那麼強調重視自我，愛你自己，不是會使人變得妄自尊大，個人第一嗎？這種擔憂和顧慮是可以拋開的，因為這是對強化自我意識的一種誤解。

現實生活中，確實有些妄自尊大的人在誇誇其談「個性」和「自由」，但

這人格缺陷、淺薄浮華的表現絕不是由於真正的自信自愛，而恰恰是由於心態消極、缺乏個性與自我意識才會表現出心量狹小、唯我獨尊、挑剔別人、自我誇耀、自私虛偽、一觸即跳等人格的缺陷。這些不良表現恰恰來源於一種根深蒂固的虛榮心和自卑感。自信自愛的積極心態不僅與自卑心理相對立，而且與妄自尊大的自大心理也相對立。

　　認識自我，你就是一座金礦。我們相信自己有能力、有價值、有巨大的潛能，難道我們可以不相信別人有能力、有價值，也有巨大潛能嗎？

　　重視個性，增強自我意識。我們重視自我，愛自己的個性，難道我們不承認別人的個性與自我意識也應當得到尊重嗎？重視自我，自信自愛，當然意味著利己。但這種利己意識主要是意識到自己是美麗的、重要的、有價值、有能力，也有缺點不足的，而且是獨一無二的一種自我意識。這種積極的自我意識決定了我們不僅承認和重視自己的個性價值，而且也承認和尊重別人的個性價值。這種利己是對個人的精神與物質利益正當的關注、追求和表現，是和利他相協調統一的，至少是以不損害不侵犯他人利益為基礎的。因而，它不會使人變得妄自尊大、個人第一，不是那種狹隘偏執的自私自利意識。因為狹隘偏執的自私自利，也就是個人主義，不是依照自己所喜歡所希望的方式而生活，而是要求和迫使別人遵照自己所喜歡所希望的方式而生活。因而，自信自愛的人是能夠積極適應社會環境，是能夠建立和發展良好的人際關係的。說得再明確一點，也只有自信自愛的人才能做到積極適應社會環境，建立和發展良好的人際關係。所以我們可以認定：重視自我、自信自愛的利己，不僅不排斥利他，而且恰恰是主宰自己、改善人生的起點，是人性的一種進步、文明和嶄新的狀態。社會的進步和發展，究其根本就是人的進步和發展。如果我們否定了重視自我、自信自愛的意識，還談什麼人的進步和發展呢？還談什麼人的自身素養的提高和人際關係的改善呢？

第四單元　重視個性，增強自我意識

　　有人也許會想，重視自我、自信自愛固然有其積極的一面，可是，如果沒有「利己」的一面，豈不兩全其美，完全正確了嗎？我們不能否定「利己」，因為「利己」是人的天性和本質的組成部分。

　　人的天性和本質不能以偏概全的歸結為是自私的，這樣概括不合乎事實。事實是人的天性與本質是既利己又利他，具有雙重性。這種天性和本質是不可改變、不可滅絕的，我們怎能不說實話呢？

　　比如我們去旅遊，照了許多合照，現在照片拿給大家看。請問，當你看到照片的時候，你第一個注意看誰？毫無疑問，每個人都會先看自己照得怎麼樣，而絕不會忽視自己的存在，先去看別人。這幾乎是無意識的行為，所以說這是人的天性。

　　再如假設你昨晚在新聞上得知，一某某地方或某某國家發生了大地震，死傷了幾萬人。你當時一定會感嘆，真是太慘了，太可怕了……可是關掉電視機之後，你照樣安然入睡，一般不會失眠，除非你有什麼親友正在地震災區。……然而，你早晨起床後，對鏡洗臉時忽然發現自己的臉上長了一個青春痘。這可不得了！你立刻會想這是怎麼回事，並趕緊去找點什麼藥膏抹一抹，總之你不會漠不關心的。

　　幾十萬人命關天的大事變與臉上的一個青春痘，一個如此重大，令人驚心動魄；一個如此渺小，真是微不足道。而你為什麼更關心臉上的青春痘呢？顯然，我們每個人最關心自己和與自己有關的事。這樣的利己意識不正是人的天性和本質嗎？對於不可改變也無須改變的事實，我們只能給予承認和肯定，何況這也並不是什麼壞事。

怎樣看待利己與利他的關係

　　利己不對嗎？可恥嗎？長期以來，自信自愛、個性、自我、自我意識、

自我實現等等沾上「自我」的概念，為什麼會被許多人看做是值得大驚小怪的邪惡的東西呢？為什麼只有「團體」的、「社會」的、「國家」的、「民族」的目標才值得尊重？才是神聖光榮的事情？答案就在於這些人沒有擺脫一種陳腐的觀念和虛偽的教條。這種老觀念和假說教總是把高尚的美德、偉大的精神和真善美的概念與人的個性和自我意識分離開來，對立起來。

張海迪喜歡留披肩長髮，穿漂亮衣服……這有什麼不好呢？這對她成為青年學習的榜樣有什麼妨礙呢？不但沒有，就連她這種愛美審美的個性與自我意識也是值得人們學習的，也是形成她的崇高精神的重要因素。

徐洪剛見義勇為，精神偉大值得學習，應該宣導。但是，勇於救人者想方設法避免自己的傷亡，就不是英雄嗎？有的人在危急時刻智鬥歹徒，就不值得讚美和宣揚嗎？如果我們能既救助了別人又保護了自己，這有什麼不好呢？

凡此種種，都是老觀念和假說教給人們的心態與觀念上造成的循環。實際上，幾乎所有老祖宗流傳下來的有影響的倫理道德體系，都是在否定個性與自我意識、宣導自我屈從和自我犧牲這個傳統的主題上派生出來，發展起來的。這個傳統主題的邏輯是利他就是高尚的美德，利己就是可恥的邪惡，一概而論，不作具體分析，不讓人們重視自我，自信自愛。在這類體系中，個人總是人性遭到扭曲，被迫表現得「大公無私」、「團體第一」、「捨己為人」、「顧全大局」……甚至是變成了犧牲品以獻身於某些所謂至高無上的東西 —— 從古代的法老、國王、皇帝到後來的家族、宗教、宗派和國家首腦。

一些勞動模範、先進工作者確實是埋頭苦幹，值得尊敬的，但他們大多害怕接受採訪，害怕有人寫文章。因為一旦公開宣揚他們如何「大公無私」、「帶病苦幹」、「不考慮自己」、「高尚」、「偉大」，他們只能更加「自我犧牲」。比如總說他「帶病工作」，他生病的時候怎麼能請假不上班呢？總說他「加

第四單元　重視個性，增強自我意識

班，不計報酬」，他怎麼能像別人一樣到點下班，照顧家庭呢？這些模範人物不僅要竭力維護自己的聲譽，而且要捨生取義竭力維護黨委和省委等各級主管的威信，如果你還有利己之心，或是言行不一，出了什麼問題，這豈不是給各級主管的臉上抹黑嗎？

利己被看做邪惡，利他被看做美德。人們接受了這類道德體系的灌輸，果真是心甘情願的只顧利他嗎？如果是這樣，那麼我們「學好人」已經學了幾十年，除了極少數的「劣種」和「敗類」，大家早就個個都是「好人」了。心態積極走向成功，當然意味著考慮個人利益。比如婦女解放誰都贊成。然而，婦女解放就必然意味著考慮和實現婦女的利益。如果我們要求現代婦女們不要考慮自身的要求和利益，這還談何婦女解放？如果我們要求現代婦女們老實聽話，為了男人自我犧牲，表現出最「崇高」的美德，最「偉大」的風格。試想一下，婦女們會有什麼反應？她們會接受嗎？絕不會的！

自信自愛的人可以光明磊落的承認利己，不損害他人利益的利己有什麼不可？有什麼錯誤和恥辱？如果說每個人追求身體健康，追求智商發展，追求興趣愛好，追求友誼愛情，追求有勞有逸，追求心跳正常，追求不停的呼吸……所有這一切不正是利己嗎？否定了利己，也就否定了自我，否定了生活和生命，否定了人類的生存和發展。

為了生活得更美好，我們需要一種既重視自我，又尊重他人；既承認利己，又宣導利他的實事求是的思想觀念。這種新的思想觀念，將使我們意識到自己是美麗的、重要的和有價值的，也有利於我們清醒的意識到自己與周圍世界的關係是密切連繫、不可分割的。對於自信自愛的開放心態，愚昧、黑暗、腐朽的社會必然否定，而進步的社會必然提倡。我們有權力重視個性，增強自我意識。

第一章　「活得真累」與「人言可畏」

活得真累的「奴隸」和「囚犯」

　　我們現在經常聽到有人感嘆：唉！活得真累！這個「累」主要不是指身體累，主要是指精神之累，做人太難。太過老實吧，難免吃虧，被人輕視；表現出格吧，又引來責怪，遭受壓制；甘願瞎混吧，實在活得沒動力；有所追求吧，每走一步都要加倍小心。家庭之間、同事之間、上下級之間、新老之間、男女之間……天曉得怎麼會生出那麼多是是非非。你這兩天精神不振，有人就會猜測你是不是偷偷兼差？你和新來的女大學生有所接近，有人就會懷疑你居心不良；你到某主管辦公室去了一趟，就會引起這樣或那樣的議論；你說話直言不諱，人家必然感覺你驕傲自滿，目中無人；如果你工作第一，不管其他，人家就會說你不是死心眼，就是有權欲野心……凡此種

第五單元　獨立自主，拋棄「人言可畏」的包袱

種蜚短流長的議論和竊竊私語，可以說是無處不生，無孔不入。如果你的聽覺視覺尚未失靈，再有意無意的捲入某種漩渦，那你的大腦很快就會塞滿亂七八糟的東西，弄得你頭昏眼花，心亂如麻，豈能不累呢？

看來，「活得真累」之病，查找病源不難，若要斷根絕種不大可能。我們若想活得不累，活得痛快、瀟灑，只有一個切實可行的辦法，就是改變自己，主宰自己，不再相信「人言可畏」是一條真理。人類歷史上有過一種暗無天日、毫無指望的社會制度：一個人占有成百上千人的生命和勞動，就像農場主擁有大批牛羊牲口一樣，這就是極端惡劣和悲慘的奴隸制度。回顧歷史，我們慶幸自己生活在現代社會。儘管現代社會還不是理想的社會，但我們畢竟不是任人宰割的奴隸，而是有生存和發展權利的人。然而，有一種黑暗的奴隸形態依然留存在我們的現實生活之中，這就是精神的牢籠，心理的盲點，也是許多人「活得真累」、無能為力的主觀原因。

美國的中學生有一種玩具，叫滑板，人站在上面滑行。這種運動速度很快，相當激烈，掌握不好就會摔倒。一個美國女孩子要想玩滑板，就會踩上去滑。如果摔倒了，哪怕摔得有點狼狽，她會滿不在乎的爬起來說：「咳，我真笨！沒關係，再來！」假如一個女孩子也想玩滑板，但她心裡立刻會想到一連串的問題：摔倒了怎麼辦？被人看見多丟臉！再說，女孩子玩這個，人家可能會說我太瘋了，太野了，算了吧，別讓人家看著不順眼……於是她只好不玩，要求自己安分守己，循規蹈矩。

這類情況在我們的現實生活中十分普遍，可以說是習以為常，司空見慣。然而，正是這種因循守舊的觀念、害怕冒險的心理和隨俗從眾的習慣使許多人在不知不覺中把自己的靈魂交給別人去掌握控制。這種人的精神世界總是被無形的繩索綑綁著，或者說是被無形的牢籠囚禁著，從而成為自己心理上的奴隸和囚犯。這種心理上的奴隸正在做那些他們一直厭煩的工作，生

活在一個自己不喜歡的環境裡，經常說一些自己不想說的話，以及只能或只會聽命於別人的旨意而行事。而這種心理上的奴隸形態，又怎能不讓一個人經常感到「活得真累」呢？

這種心理上的奴隸，往往帶有各種併發症，如恐主管症、恐異性症、恐獨自負責症、恐別人議論症、恐週末星期天無事可做症等等，甚至白白的受了人家的氣，卻不敢有所表示，一味的生悶氣，久而久之影響了身心健康。一位女孩給報社寫信說：「那天我排隊買電影票，在寒風中站了半個多小時，這時有一個男青年到我面前插隊，我對此極為不滿，想說他幾句，可是話到嘴邊又吞了回去。我經常是這樣，不敢得罪人，想想自己總是忍讓也太窩囊。也許是我生性懦弱，也許是我笨嘴拙舌，總之每每遇上這種情況，我就覺得心裡十分煩悶。怎樣才能痛痛快快的說出我的不滿呢？」

話怎麼說不難。如可以有禮貌的提醒插隊者：「您要是沒有急事的話，可否請您到後面排隊，我們在這裡已經排了很長時間了。」這樣說，一般對方是會接受的。問題在於我們要學會恰當得體的表達自己的意願和要求，首先要突破心理障礙，樹立自信意識。如果習慣於做自己心理上的奴隸和囚犯，那就只有「生性懦弱」、「笨嘴拙舌」、「窩囊」、「活得太累」了。我要勸告類似這位女孩的朋友們一定要走出盲點，克服內在的障礙！

單是從愛你自己、承認個性的意義上講。也不能這樣「窩囊」下去了！有句格言叫「輕履者遠行」，也是我們常說的「丟掉包袱，輕裝前進」，就是要解除心理上沉重的負擔，發展自信自愛的心理態度。

人言一定可畏嗎？

人言可畏這是幾乎人人都承認的常理，在黑暗、專制、腐朽的社會裡，確實是人言可畏，至少大體如此。

第五單元　獨立自主，拋棄「人言可畏」的包袱

「一年三百六十日，風刀霜劍嚴相逼」。這是文學巨著《紅樓夢》中林黛玉在葬花詞中的名句。它很形象的描述了在「大觀園」那個封建社會的環境裡，人言是多麼可畏。古今有許多人不僅病在人言中，甚至還死在人言中。看來，人言有時甚至比細菌和病毒還要厲害，令人可畏。然而，在科學技術高度發達的現代社會，細菌病毒已經被人類征服、控制，甚至可以「化腐朽為神奇」的利用，難道人言可畏竟是不可改變的真理嗎？在這新時代裡，人言可畏不可畏，就要看你對人言的心理反應了。

傳統觀念很講求「要面子」，好面子，卻從來不尊重個人的隱私。翻開一早期以前出版的《辭海》，在浩瀚如海的近十萬個詞條裡，居然找不到「隱私」二字。因而長期以來，個人的祕密可以被別人隨意的盤問、洩露、談論，人的尊嚴可以隨時被別人侵犯，並因此而釀成了一幕幕悲劇。這也就難怪，「人言可畏」這句成語對於我們有一種特殊的威懾力量。

一位美麗善良的女孩，一切正常，而且工作表現很好，只是左腳上比別人多長了一隻腳趾。先後有好幾個人被她的容貌迷住，繼而又被她左腳上多長了一隻腳趾嚇跑。她的隱私成了公司裡人們閒聊的八卦。

為了擺脫陰影，尋求自己的幸福，她想方設法從原先所在的 A 廠調到距離較遠的 B 廠，並嚴守著自己的祕密。不久，一位瀟灑的男青年把邱比特之箭射向了她，女孩也暗自慶幸終於找到了意中人。隨著兩個人的情感日趨加深，女孩正準備找一個合適的機會向對方公開自己的祕密。然而有一天，召開會議，A 廠和 B 廠的兩位幹部在會上相識，交談中談到這位女孩的情況……於是，會後一條「特大新聞」傳遍了 B 廠。人們的窺探目光恨不得脫下女孩左腳上的鞋襪……那位男青年聽說後，對女孩堅決要求「驗明正身」，一看果然如此，便無情的折斷了愛神之箭。有苦無處訴的女孩深感絕望，拿起了一瓶「農藥」……

　　溫文爾雅的女孩小倩，一直有寫日記的習慣。婚後，她依然面對自己的一方小天地記下了自己熾熱的情感，也記下了對婚姻的一絲失落，還記下了夫妻性生活那份神祕的感受。平時，她把日記本鎖在辦公室的抽屜裡。一天，她忘了上鎖，日記本不知被誰偷走了……於是，人們津津有味的談論她和丈夫的祕事，傳揚她的夫妻關係如何如何不好……搞得她痛苦不堪，處境艱難……

　　有關記者採訪這樣的真人真事，自然是向人們呼喚應當尊重個人的隱私。這是很必要也是很正確的。但不管我們怎樣提出這種正當的要求，並進行文明意識、社交禮儀的宣傳教育，總會有不少人還是會熱衷於窺探、挑剔、議論、傳播別人的長短。換句話說，流言蜚語、蜚短流長是不會絕跡的，有時候還會突然襲來，甚囂塵上。我們應該怎麼辦呢？

出路在於做人處世要獨立自主

　　我們每個人絕無可能孤立的生活在世界上，幾乎所有的知識和資訊都要來自別人的教育和環境的影響，但你怎樣接受、理解和加工、組合，尤其是屬於你個人的事情，這一切都要獨立自主的去看待，去選擇。不管愛與死、情與病、志與趣、成與敗……都是每個人在世上的傑作或拙作。怎樣做人處世，這是每個人的「內政」和「主權」。凡屬個人的事情，任何外人都無權干涉，不容侵犯，除非你觸犯法律，損害他人。這就是說我們要有一個明確的信念：誰是最高仲裁者？不是別人，而是你自己！這樣想問題才能自信自愛，在心理上無拘無束，才能面對現實，接受挑戰，做到歌德所說的「每個人都應該堅持走為自己開闢的道路，不被流言所嚇倒，不受行時的觀點所牽制。」這就是獨立特行，我行我素。

　　從這個事例中，我們可以得到這樣一個啟示，所謂「人言可畏」，只是你

第五單元　獨立自主，拋棄「人言可畏」的包袱

懼怕別人說三道四；如果你不懼怕，「人言」還有什麼「可畏」之處呢？由此可見，我們所面臨的威脅和危險，看似是別人打來的明槍暗箭，實際上問題就出在我們自己的心理狀態上，是自己威脅自己，自己嚇唬自己，所以我們要克服內在的危險，昂首挺胸，堂堂正正的做個人！

比如那位左腳上多長了一隻腳趾的女孩，如果她的心態是自信自愛、獨立自主的，就不必怕別人說三道四，甚至可以公開講明，坦蕩應變。她可以昂首挺胸的告訴別人：「我的左腳上多長了一個腳趾，不管你們怎麼看和怎麼說，我自己就喜歡。誰想找我求愛嗎？請你自己想明白；如果有人怕別人說三道四，那就請走開！」

一位女孩曾經自殺過，又被救活。她為什麼自殺？其實沒什麼大不了的問題，只是一些司空見慣的人言刺激而已，比如同事間的不同意見，有人在背後議論她，家庭中父母的爭吵，還有戀愛中對方的誤會。由於心態消極，她便採取了孤注一擲的「呼助舉動」。她被救活後又正常的生活和工作了。後來，她又談戀愛了，對方聽說她曾自殺過，嚇得同她吹了。經過這次教訓，她改變了想法，再一次交男朋友的時候，她索性第一次見面，就把那件原先擔心別人議論的事告訴對方，這樣反倒增進了相互之間的了解。

你也許會有這樣的疑問：類似婚戀的個人私事好辦，可以獨立自主；如果是在工作上，你不聽從主管的旨意和要求，那就會被另眼相看，被加入黑名單！首先我們要劃清一條界線。獨立自主是指個人有權作主的事情，而不是泛指一切事情。工作制度、主管決定一般應當遵守服從。你有不同意見可以提出來，如果主管不採納你的意見，還是要遵從組織管理的原則做事。這樣做的實質是對法規的服從，這裡不存在「人言」的問題。你個人有權作主的事情，即使長輩和主管有所議論，加以干涉，那你也可以不聽從。所以說指望別人不說什麼這是不可能的，唯一的出路就是堅持獨立自主，拋棄「人

言可畏」的包袱！只要你認為「人言」不可畏，它還有什麼可畏的呢？

第二章　為什麼應該拋棄「人言可畏」的包袱

說三道四的人並不一定比你高明

　　人生苦短，生命有限。我們不必也不能把自己的許多時間、精力都耗費在如何對付「人言」上。拋棄這個包袱，集中注意力於自己該做的事上這是最積極有效、最聰明的辦法。天天對付人言何時了？這就叫「走自己的路，讓別人去說吧！」用法國前總統戴高樂的話說：「行動起來，批評就會消失！」

　　如此摒棄「別人會怎麼看和怎麼說」的顧慮，不理會別人的說三道四，是不是忽視「群眾輿論」，不「注意影響」呢？會不會被人看做是「清高自傲」、「一意孤行」呢？其實，這樣想問題本身就是沒有拋棄「人言可畏」的包袱。那麼，為什麼可以而且應當拋棄這個包袱呢？我們不妨做點粗略的分析。

　　首先，我們要想一想那些熱衷於窺探別人隱私、喜歡說三道四的人都是些什麼人呢？有的是並無惡意的「好心」人，存心挑剔別人毛病、有意敗壞別人名聲的心術不正之人。但這些人不論是哪種類型，出於什麼動機，都不是先知先覺，都不會比你高明。

　　這類人一般都有更多的問題正等著他們自己去應付呢！他們不值得你重視。

　　比如某一對新婚夫婦，般配和諧，令人羨慕。婚後數月，他們第一次發生了爭吵，鬧得很不愉快。這時他們往往怕別人知道自己連家庭問題都處理不好，害怕所謂「家醜」外揚。可是，當這對夫婦了解到這些「別人」經常發

第五單元 獨立自主，拋棄「人言可畏」的包袱

生無謂的口角爭執，而且有些人表現得比他們更加粗俗時，他們的擔心減輕了許多。早知如此，何必如此重視「別人」的看法呢？

我們所說的不要顧慮別人怎麼看、怎麼說，主要是指一些本該由個人作主的事情如戀愛、婚姻、職業選擇、社會交往、興趣愛好、生活方式等。通常情況下，思想開明、文化素養較高的人不大喜歡過問或干涉別人的事情，而那些熱衷於窺視動靜、說三道四的人，大都素養不高，水準不高，不會有什麼真知灼見。然而在實際生活中，經常會遇到種種提醒、忠告、批評和責怪；凡事都會有幾個不需要支付薪資的「顧問」，甚至是有職銜的「權威」來指導你做出大小事情的決定。但是，當你認真聽取某一個「指導者」的勸告之前，應當先想一想，他的所思所談是不是值得你那樣用心專聽，而又必須服從呢？一個人總覺得自己的腦袋沒有別人的聰明，遇到難題也不去找確實有真才實學而又見解新穎的專家學者請教，反倒對那些僅僅知道事情的一點皮毛而又觀念守舊、見解平庸的人物「言聽計從」，或是害怕這些「顧問」。「指導者」對自己不滿意而不得不「削足適履」，這難道不是一種很可悲的生活嗎？一旦你不能獨立自主，那就必然會生活在別人的眼光裡 —— 總是顧慮別人會怎樣看你，怎樣說你。這是一種自我囚禁的思想牢籠，是一種具有破壞性的消極心態。要走出這個心理盲點，從根本上講就是要學會自信自愛，獨立自主，強化積極的自我意識。就怎樣拋棄「人言可畏」這個包袱來說，第一點就是要清醒的認識到所謂「別人」 —— 那些喜歡說三道四的人並不是先知先覺，他們並不比你高明，比你正確。你沒有必要在乎他們怎麼看你和怎樣說你。

不要怕別人的批評指責

那些以群眾輿論為幌子出現的蜚短流長、流言蜚語，實在不值得重視。

但是我們也要承認人言之「可畏」，是因為人言大都是批評指責的性質。人們不希望受到批評指責的心理是正常的，可以理解的。但是「怕」是無濟於事的，批評指責不會因為我們「怕」而不產生，而「怕」的結果只能是顧慮重重、畏首畏尾，讓自己背上一個沉重的包袱。

　　別人的批評指責無非有三種情況：一是別人指出了你的缺點錯誤。如果合乎事實，那你就承認、改正，把別人的認識轉變為自己的認識。你確實覺得自己有某種缺點錯誤，並且是自覺自願的改正，這和獨立自主沒有任何矛盾。因為你能自覺自願的認識改正自己的缺點錯誤，這本身就是獨立自主、自治自律的表現。這分明是好事，沒什麼可怕的。第二種情況是由於人們之間各自的觀念、角度、層次和愛好有所不同而產生的分歧、矛盾，有時也會以批評指責的方式表現出來，並不存在著你是我非、誰對誰錯的問題，那就容許有不同的看法，若能溝通、說服，就溝通、說服，包括消除可能存在的誤解；如果不能，那就各自保留自己的看法。遇到這種情況豁然大度一些，一般不會相互傷害，鬧得不愉快。所以，這一類的批評指責也沒什麼可怕，最好不必介意，不必斤斤計較。第三種情況是你是對的，至少你認為自己的所作所為是正確的，但是別人卻批評指責你，說你不對。這該怎麼辦？這就更加需要自信自愛，我行我素，必要時可以反駁，可以明辨是非。如果沒必要，或一時難以奏效，那就不予理會，堅持獨立自主，直到自己有了新的認識再說。

　　凡屬開拓、領先的嘗試，凡屬新穎、卓越的事物，不可能一呼百應，很快被人們理解和認可；而且往往會觸犯某些祖宗王法、陳規陋習，甚至會招致某種風險和打擊。至於一般的批評指責，那更是你「應得」的待遇了。就以人們的衣著變化來說吧，這樣一件簡單的事，就招致了「這是奇裝異服」、「反對精神汙染」等多次的非議和折騰。如今人們的衣裝越來越新奇，富有變

化了，卻很少有人再說三道四了。事情就是這樣，你越是求變創新，敢為天下先，被人議論和責怪的機會就越多。但這種現象本身不但不可怕，而且可喜。因為這種現象本身很可能表明你已經有所突破、有所進取，成為令人注目，甚至是令人欽佩和羨慕的人物了。這樣，你更應當自信自愛和自豪，堅持獨立特行！

放棄「讓人人都滿意」的期望

讓人人都對自己滿意這是不切實際、應當放棄的期望。這種期望似乎很美好，很理想，可它帶給你的不會是「人人都滿意」，而只能是自我囚禁的牢籠和具有破壞性的心態。

我們周圍的世界是錯綜複雜的，我們所面對的人和事總是多方面、多角度、多層次的。我們每個人都生活在自己所感知的經驗現實中，別人對你的反映大多有其一定的原因和道理，但不可能完全反映你的本來面目和完整形象。比如別人對你的反映是多稜鏡，甚至有可能是讓你扭曲變形的哈哈鏡，你怎麼能期望讓人人都滿意呢？

如果你期望人人都對你看著順眼，感到滿意，你必然會要求自己面面俱到。其實，不論你怎麼認真努力，去盡量適應他人，你能做得完美無缺，讓人人都滿意嗎？顯然不可能！這種不切合實際的期望，只會讓你背上一個沉重的包袱，顧慮重重，活得太累。

安德烈是一家出版社的翻譯，他很有才華，翻譯的作品很受歡迎；他的心腸也很善良，生怕傷害了別人，讓別人不滿意。出版社的女祕書愛上了他，但安德烈已有妻子，並相處得不錯。面對女祕書如火的熱情，安德烈無法拒絕，終於接受了她的愛。其實，安德烈也搞不清楚自己更愛誰，他不願傷女祕書的心，又想維持自己的家庭，讓妻子滿意，於是他只能在兩個女人

之間跑來跑去。還有翻譯水準不高、又總想偷懶的老同學求他代為譯稿，他也不忍心拒絕，只好加班幫忙；還有每天早上鄰居約他一起跑步，他也不能不陪同作伴……然而，他不僅是早上跑步，而且忙得他不得不經常在深夜或凌晨從這個家跑向另一個家。就這樣，他的生活變成了一場不會結束的馬拉松長跑，沒完沒了，暈頭轉向，他只覺得好累好累……

這故事形象的說明：一個不能獨立自主的人必然會背上沉重的包袱，總是顧慮別人會怎麼看你、怎麼說你，讓自己生活在無處不在、無孔不入的別人的眼光裡，這就使自己陷入了左右為難、走投無路的困境，變得裡外不是人。事情就是這樣，如果你期望讓人人都滿意，那你的生活就只是一場災難，別人還並不滿意。不要說你固有的缺點不足會招致種種非議，即使你出類拔萃，在某一方面取得成功，也會感到隨之而來的不完全是喜悅，而可能是苦惱，甚至是災難。

幾年前，一個僅有十七歲的女孩子李春莉寫了一支歌《燭光裡的媽媽》錄製傳播了；她又寫了一個電影劇本《眼鏡裡的海》也拍成了電影。如此才華出眾的女孩子，在同儕當中能有幾個？然而，一般的女孩子都有很強的自尊心，而又摻雜著虛榮心和自卑感，這就使她們不斷的審視自己，比較別人，尋求心理上的平衡。

這個有才華的女孩子的成功卻讓許多同儕夥伴的心不得安寧。儘管她盡量埋藏自己的興奮和喜悅；儘管她在同伴面前不敢提及自己的成績和榮耀，可是她還是感到她和同伴之間產生了隔閡，拉開了距離。這使她的心頭湧起一種孤寂、失落的感覺。

顯然，成功對她來說是另外一種苦難。她說：「成功後，我小心翼翼，夾著尾巴做人，唯恐被別人誤解，唯恐刺傷什麼人的自尊，唯恐引起別人的種種議論……。」這一連串的「唯恐」，就是內在的危險、無形的牢籠，就會使

一個人謹小慎微的縮進了自設的牢籠，給自我世界上了「鎖」。一個人壓抑束縛了自己，並不能換來群體的發展和進步。我們只有摒棄「別人會怎麼樣」的顧慮才能樹立自信，昇華自我，而每個「自我」都走出心理的牢籠，征服內在的危險，才能形成和發展坦誠相愛的人際關係。所以，要牢牢記住：你的最高仲裁者是你自己！不要把評判自己的權力交給別人！

第三章　你有權利獨立特行

「注意影響」不是屈從別人的眼光

人們常說「注意影響」這句話，似乎滿有道理，有益無害，但仔細一研究卻又覺得不盡然。注意影響怎麼個注意法？如果是指搞邪門歪道要注意掩藏不露或變個花樣冒充正路，那自然是極其謬誤，絕無可取之處；如果是指一言一行謙虛謹慎，不要讓別人挑毛病，而要讓別人都說你好，似乎許多人都贊成這個用意，也是這樣隨時隨地注意影響的。然而，這樣習以為常的想問題，也就不知不覺的形成了一個心理上的牢籠：別人會怎麼看我？怎麼才能讓別人說我的好？

許多年輕人都被這個問題所困擾：他們幾乎隨時隨地感覺到別人在注視自己、議論自己，因而產生羞怯、驕傲、自卑、自尊、悔恨、得意、憂慮、興奮等各種情感，心中波瀾翻騰。如此「注意影響」，尋求自我，必然會過度注重他人對自己的評價，甚至會達到敏感的程度。他們常常在想「某某看了我一眼，是不是我的衣服太老氣？」「幾個人嘀嘀咕咕是不是在議論我有什麼毛病？」有時被什麼人批評，立即會引出一連串的聯想：「別人會不會到處傳我的閒話？」如此重視別人對自己的評價，不是強詞奪理、文過飾非就是一蹶不振、自我封閉。因而，這種人總要問：「我怎樣說話，怎樣待人處世才能

使別人、使社會滿意？」

　　你想讓自己一切都好，也想讓一切人都說你好，這是在迫使自己去做不可能的事。你無論怎麼謙虛謹慎，約束自己；無論怎麼裝扮自己，善於適應，甚至變成一條變色龍你都不可能叫別人挑不出毛病，得到所有的人贊同。這樣想問題的實質不是塑造美好的自我形象，而是缺乏自信、墨守成規的思維方式。我們是為了實現自己的心願而生活呢？還是為了「注意影響」，讓別人說好而生活呢？前面說過了一個人的最高仲裁者是自己，為什麼要把評判自己的權力交給別人呢？如果別人評判得對我們就接收，照鏡子洗臉，使自己更美好。我們應該經常這樣問問自己：「我願意成為什麼樣的人呢？我應當說什麼，做什麼？」然後你就按照自己的心願去說去做，以不變應萬變。我就是我，我就是這樣，不管你如何評價，喜歡不喜歡。我作為生命的個體，一個世界上獨一無二的人，有權利主宰自己，有權利獨立特行！

　　獨立特行就是不以別人的評價來確立你的自我形象和價值。不論何時何地，也不論面對著什麼重要人物，若有人對你輕視、否定、拒絕甚至是責罵，你都要切記羅斯福夫人說過的一句話：「沒有你的同意，無人能令你覺得卑賤。」切勿讓別人的評價擾亂了你的思緒，讓你六神無主，無法實現自己的心願。如果某件事看來可做，而你又想做，那就抓緊時機，果斷從事，不要管別人說什麼，不要毫無意義的「注意影響」。

執著的追求更需要獨立特行

　　卓越、新奇的東西常常是最難被人接受和了解的東西，容易觸犯陳腐謬誤的傳統，受到周圍的冷落甚至連自己的親友都不理解，招來種種非議、風險和迫害。而且，更大量存在的是以所謂「社會輿論」、「群眾反映」的種種偏見和蜚短流長。

第五單元　獨立自主，拋棄「人言可畏」的包袱

　　女子健美全能冠軍張萍當初就曾招致許多非議，連她丈夫也極力反對。一九八七年初的一天，有人悄悄告訴她丈夫張萍穿著「三點式」在健身房練健美。她丈夫始而驚詫，繼而又不以為然。

　　他知道妻子酷愛體育，正是體育使他們結緣，要說妻穿背心短褲蹦蹦跳跳是常有的事，要說穿「三點式」練什麼健美不可能。可是他又不放心，悄悄的去偵察。一看果是其然，心中猶如打翻了「醋罈子」，念及「家醜不可外揚」，他沒有聲張。她丈夫是個空軍軍官，夫妻都住在部隊營區，他怕影響不好。

　　丈夫無奈之中，忽生一計，與妻子約法三章，我可以支持你練健美，但你必須在一年內爭得市冠軍，不然將自動退出健美訓練。結果卻令他瞠目結舌。張萍自從有了約法三章，練得更加起勁，刻苦，大有奪第一之勢。每天四百個伏地挺身一組的練習做二十組；負重八十公斤深蹲、健步蹲、腿彎舉練習做五十組。有人用「噸」位計算健美訓練的分量，張萍每天付出的噸位在十噸以上，無怪乎教練賦予她「鐵人」的雅號。妻子的刻苦精神感動了丈夫，還沒等張萍爭得冠軍，他已經轉變態度，盡力從生活上照顧妻子去奮力拚搏。

　　一九八八年，健美菁英賽舉行。張萍憑藉無可爭辯的實力和出色的表演力挫群芳，奪得桂冠，並獲「健美小姐」的稱號。當張萍為自己的夢想成真、如願以償而激動不已的時候，她丈夫也為自己擁有一個健美冠軍的妻子而感到無比榮耀和幸福！

　　一九八九年，張萍參加在新加坡舉行的亞洲健美菁英賽。張萍不負眾望奪得金牌，又一次為健美運動取得了榮譽。當初「三點式」引起的閒言閒語早已銷聲匿跡。

　　這個故事的結局很圓滿，但最重要的不是能否爭得第一，而是一個人能

否勇敢而堅強的堅持獨立特行。你只有堅持走自己的路才能得到別人的承認，而不是相反。

堅持「我就是我」，才能獨立特行

彭同學是一個去英國投考博士研究生的女孩。她去牛津大學面試，穿的是樸素的白襯衫和藍裙子，兩條長辮子垂到腰際，不施脂粉，也未戴任何首飾。同伴勸她說，你是去考「牛津」，這可是世界上最有名的貴族大學，特別是你要接受世界著名的阿加爾教授的面試。你這副樣子能博得人家的好印象嗎？

我就是我！我本來就是樸素的女孩，何必要裝出華貴的樣子？彭同學的自信使同伴覺得有理。然而，更令人吃驚的是，她在面試中居然和阿加爾教授論辯起來。教授很生氣，發火了，整個走廊都能聽見他們的激烈爭吵：「你以為你可以說服我嗎？」教授咆哮道。

「當然不一定，因為我還沒有出生時，你已經是心理醫生了。」

彭同學毫不示弱的爭辯，「只有實驗本身才能說服你或者我，但如果沒有人來做這些實驗，那就永遠不會有人知道我與你誰對誰錯。」

「就憑你那個實驗方案？我馬上可以指出它不下十處的錯誤。」

「這只能表明實驗方案還不成熟。要是你接受我當你的學生，你自己可以把這個方案改得盡善盡美」。

教授嘲笑她說：「你想要我指導一個反對我的理論的研究生嗎？」

「我是這樣想的。」彭同學笑了笑，「可是經過這兩個小時的爭吵，我知道牛津大學是不會錄取我了。」

大廳裡擠滿了人，祕書宣布作為阿加爾教授的博士研究生的機會，以及瑞弗斯一九八五年至一九八八年獎學金，決定給予彭同學小姐。阿加爾教授

站了起來，當著眾人對彭同學說：「你看，我的孩子。你罵了我兩個小時，我還是決定要你。你知道為什麼嗎？我要你做我的研究生，讓你盡情的在我的支持下反對我的理論。如果事實證明你是錯的，我當然會很高興；要是我們都對，我更高興；要是你是對的，我是錯的，哈！你想不到我將會多麼高興！你還沒有出生，我就是個心理學家，可是我希望到我死的時候，你能成為比我更好的心理學家。只有這樣世界才有希望！」

　　彭同學真夠自信，也夠幸運的。顯然，她的成功是她的自信意識和出色口才造就的。話可以說回來，如果她頂撞的對象不是阿加爾教授這樣豁達大度的人，而是因為所見不同而被拒之門外呢？還能說你有權利獨立特行嗎？回答是肯定的。自信，並不意味著沒風險，不失敗，而是一種不怕冒風險、不怕失敗的積極心態。彭同學很可能做不成博士研究生，但她也會在別的機會上獲得成功。因為「自信是成功的首要條件」，「自信是英雄的本質」（愛默生語），因為對彭同學這樣自信的人來說，別人的看法並不能評定和證實她的價值。

第四章　自主的生活，不管別人說什麼

堅持獨立自主，才能走向成功

　　自信自愛，獨立特行的人，即具備成功心理的人也未必處處走運，事事成功。有時候即使你付出極大的努力，也未必會有預期的成果。但這種暫時的失敗，並不能說明他們的心態、素養、價值與人際關係不行，只說明成功的條件還不具備——或是主觀上努力的程度不夠，或是客觀上對自己有偏見和誤解。但無論如何，她們已經具備了走向成功的決定因素和根本條件，這就是她們自信自愛，獨立特行，能夠自主的生活。

一個人已經覺醒了，已經具備了成功心理，怎麼不會成功呢？

只不過是遲早的問題而已。與此相反，許多人總是很在乎別人對自己怎樣看，怎樣說，一言一行生怕不如意，遭挫折。這類人不論在具體事情是得還是失，其結果都是因小失大，也就是為了避免吃小虧而不能獨立自主的生活，只有屈從和依附別人對自己的看法和要求。這類人根本不能主宰自己的命運，必然與成功永無緣分。然而，能夠獨立自主生活的人儘管有可能在某件具體事情上不如意，吃點虧，但他們不是因小失大，而是因小得大，或者叫做因大失小。這個「大」就是積極心態、成功心理，就是能夠獨立自主的駕馭生活。

吳瓊是出類拔萃的黃梅戲明星。她那乾淨而華麗的唱腔被視為繼嚴鳳英之後最有風格的新秀。可是，在戲曲不景氣，演出機會很少的情況下，她也不免心中惘然，需要尋求新路。於是，她找到了流行音樂，找到了這種與更多的人們溝通，能夠更自由的傾訴自己心聲的藝術。她在來探索追求自己在流行音樂中的位置的時候，還為自己特地在地鐵站做了這樣一幅別緻的燈廂廣告：背後是一片蒼茫之色，遠至天穹，吳瓊那巨大頭像靜悄悄的看著地鐵站裡來往不息的人群……在這幅燈廂廣告的周圍是各種各樣的產品介紹，都在用最動聽的語言介紹某種商品，而吳瓊卻用一種令人感動的溫暖表情，凝視著前方，旁邊只有四個字：「吳瓊，無盡……」

外表柔弱的吳瓊是個能給自己拿大主意的女性。這就是獨立自主的心態與氣質，她有勇氣孤身赴京，就有決心在這裡做出成績，取得成功。她明白做演員除了自身要有實力之外，還必須讓更多的人熟悉和接受。她的重新起步與一些和唱片公司簽約的歌手不同，那些歌手有某公司為他們企劃、宣傳、投資；吳瓊則只能自己「包裝」自己，自我推銷。因此，她毅然動用前些年的積蓄，讓人們認識自己。能如此獨立自主、獨闢蹊徑的吳瓊必然會取

得更大的成功！

應該由誰來選擇你的生活和事業

在找我諮詢的青年朋友中，常有這類難題的困擾比如大學即將畢業了，越發感到對自己所學的專業不感興趣；或是自己想跳槽去嘗試新的職業，但是父母不同意；或是在戀愛問題上有點勉強，但又不想傷害對方……總之，面臨著兩難選擇，到底該怎麼辦呢？生活中這類問題之所以會把人難住，主要有兩方面的原因：一是自己的價值觀念、預期目標不明確，或是準備做出新的選擇，但又覺得和以往的經歷和現在的處境有矛盾；二是顧慮別人對自己不滿意，尤其是害怕傷害對自己最親密、最重要的人。不論有什麼理由和原因，對你個人來說都要從屬於獨立自主的意願，絕不能強迫自己，遷就別人，扮演自己不想扮演的角色。如果你不能自主的生活，那就不是為自己而生活，而是等於為別人而生活，一輩子下來，充其量只能是別人的影子，自己的人格魅力和人生價值被壓抑得乾癟，被消磨殆盡，變得軟弱無能，庸俗小氣。這豈不是一個失敗的人生。

以下是美國心理學家凱蘇拉提出的幾個問題

第一點，我的父母要求我做什麼？如考大學、進機關、經商、快點結婚等等；我的父母對我所要求的個性、品德、價值觀念是什麼？

第二點，我的配偶或最親密的朋友認為我該做什麼？他們最重視的所希望於我的個性、品德、價值觀念是什麼？

第三點，我不想做、不喜歡的事情是哪些？

第四點，我不反對、可以考慮，而且比較喜歡的事情是哪些？

你要自主的生活，就要拋棄前三項，只留下第四項。在第四項的範圍之內，再分析自身的情況和處境，揚長避短，做出選擇。只要自主的選擇，即

使嘗試失誤，說明選擇不準也沒什麼要緊。要緊的是你要不要獨立自主？應當由誰來選擇和計畫你的生活和事業？尼采說得好：「生命對於我們難道不是百倍的過於短促，怎麼能自尋煩惱呢？」按照父母、配偶、好友或主管的意見來選擇安排你的生活和工作，你也許很不稱心，那你就要自己拿主意，因為誰也不能代替你呼吸、感知、思考和行動……

從控制論的觀點來看自主的重要性

人們對自己身體健康的認識一般有兩個回饋系統：

大腦 —— 身體內部 —— 大腦。這是一個較為簡單明確的回饋系統。

大腦 —— 外界資訊 —— 身體內部 —— 大腦。

這後一個是較為複雜的回饋系統。所謂「複雜」主要是指人的心理機制透過外界輸入的各種資訊來認識自己的身體狀況，並使身體內部保持相對的穩定狀態，也就是保持正常和健康。

人們常常不善於處理這兩種系統，因而容易產生心理和身體的疾病。比如：突然看到或聽到一位自己所愛的親友突然去世的消息，或是在什麼問題上遭受到沉重的打擊和壓制，從此憂傷、苦惱、擔心受怕，將這種不良的心情轉移到自己的健康或命運上，便會導致心理失衡和身體機制的紊亂失調。

遇到這種情況，當然需要選擇和控制自己的情感，這是積極心態、成功心理的一個重要組成部分。在這裡我們暫且不談怎樣選擇和控制自己的情感，而是就如何集中注意力於應當注意的目標上這一點來看看自主的生活的重要性。在複雜的回饋系統不易控制，容易造成心身紊亂失調的情況下，不妨乾脆把某些外界資訊的刺激影響切斷，可以使複雜系統由不穩定變為穩定。能夠說明這個道理的最簡單的例子就是當你用手端著一碗很滿的水的時候，你該注意些什麼，你該如何控制。如何你用眼睛盯著那碗水，小心翼翼

的走著，反而容易晃出來。因為我們透過手的感覺已經知道端得平不平了，再加上用眼看反倒造成控制紊亂。也就是我們在腦 —— 手 —— 腦這一控制系統上，又加上了一個腦 —— 眼 —— 腦的回饋線路。於是，過多的控制系統反而使系統不穩定。眼睛不看那碗水，反倒容易穩定。所以，無病呻吟者最好切斷外界資訊對自身的影響，別去想它，多想一些積極的情景，就不至於萎靡不振。

　　同樣的道理，你認準的事情就要自主去做，不要管別人說什麼，即使別人說的有道理，但不合你的主意，你也要堅持獨立自主。只要不怕「邪」，一個身薄力單的人也會令許多有體力的人望而生畏！

第六單元
求變創新，打碎「害怕失敗」的枷鎖

第一章　害怕失敗是注定失敗的心態

什麼是成功和失敗

成功是達到預期的目標；失敗是沒有達到預期的目標。這裡有三因素：達到、預期、目標。達到目標的意思顯而易見，需要強調的是「預期」這個因素。比如一位有志於藝術的人，由於某種原因，他不得不繼承父業經營商業，結果獲得成功，成為富翁。

一般人會以為他成功了。其實，他沒有達到自己所期望的目標，這叫隱蔽性失敗。

在第十二屆世界盃足球賽的最後決賽中，阿根廷足球隊獲亞軍，馬拉多納卻傷心得直哭，因為他們所期望的目標是奪取冠軍，獲亞軍就意味著失敗；而英格蘭足球隊獲得第四名，大家卻興高采烈，英雄一般的凱旋，受到球迷

們熱烈的歡迎。因為這是他們自一九六六年以來第一次打進四強，已經達到了預期的目標，所以是大獲成功。

可見成功與失敗不能只看事情的結果本身，要同期望值連繫起來看，同時還要與所採取的策略連繫起來看。古代有一故事：田忌與齊王賽馬。本來，田忌的三匹馬不如齊王的三匹馬，所以一比賽就失敗，但田忌採取了孫臏給他出的主意用三等馬與齊王的一等馬比賽，有意的先輸掉一局，然後再分別用一等馬和二等馬與齊王的二等馬和三等馬比賽，贏了兩局。結果二比一獲勝。其中先輸掉的一局就是出於策略。在許多球賽和棋賽中為了取得總分的勝利而不惜在某個球和某步棋上輸掉，這都是出於策略的考慮。這種暫時的或局部的失敗實際上不是失敗而是成功的必要步驟和計畫。

由此可見，沒有達到沒有預期的目標，這不是失敗。比如有些人專心致志做學問，期望在自己所研究的課題上有所成就，而不期望自己登高位、發大財。那麼這種事業心很強的學者與某些高官、富翁相比並不是失敗者，因為高官與富翁並不是他們所期望的目標。人各有志，各有活法，脫離了各自的選擇與期望去相互比較這是毫無道理而且是有害的。

由此也許有人會想，既然沒有達到沒有預期的目標，並非失敗，那我索性什麼都不期望，這不就永遠不會失敗了嗎？這在邏輯上是可以成立的。無所期望與追求，當然也就無所謂成功與失敗，但做人處世失去了目標和意義，卻是人生最大的失敗。為人而沒有目標，不求成功那就如同養花而不開花，栽樹而不成材，打井而不見水，開礦而不見礦物，剪裁而不成衣……對自己來說是無所追求、不負責任的「自我拋棄」，對社會來說是在埋沒珍寶，「暴殄天物」，這是最大的浪費和悲劇。

當然，你可以以平常心看待功利得失，並不一定要登高位、有名氣、發大財。如果把人生比作一段旅程，成功便是你在沙漠中來到了一片綠洲，只

要你覺得愉快、和諧，能夠理解和享受生活的一切，感到生活散發出花草般的芳馨，閃爍著星星點點的光彩，那就是成功！其實，這種平常心所期望的成功還是有目標的。

害怕失敗的心態注定失敗

許多人都對自己的生活、工作和發展前途有著美好的憧憬與設想，很想嘗試新事物，攻克新課題，為自己開闢新的生活或事業。但他們往往是還沒有開始做，或者剛一開始碰到困難就預想到失敗，害怕出醜，或是擔憂白白的耗費了自己的心血與精力，甚至是「莫名其妙」的感到事情不妙，多一事不如少一事，終於束手不做，只好安於現狀。

嘗試新事物，攻克新課題會有遭到失敗、被人笑話的危險，但任何事情要等到有十足的把握再去做，那就只有永遠等下去了，這一天永遠不會來到。世界上沒有任何一樣新事物、新課題不經實踐就會有十足的把握，不經努力就會一舉奏效。你不去嘗試和實踐，你不堅持努力固然不用擔心害怕什麼，但也絕無前進的希望和成功的可能。然而這種心理態度本身就是「命裡注定」的失敗，就是自我貶低和醜化，就是自我束縛的精神枷鎖。因為這種怕失敗、怕丟臉的意識和敏感，只能使自己過高的估計客觀的困難和阻力，而過低的估計自己的潛在能力；只能使自己逃避挑戰，放棄希望，停滯不前，縮手縮腳，永遠把自己限制在無所作為、可憐巴巴的境地。所以說害怕風險就是沒有出息，害怕失敗就會徹底的失敗。

如當眾演講，你總擔心講不好，當眾出醜；總覺得一站到大家面前，自我形象就會受到某種威脅和損害。其實，真正的危險不在於那麼多人看著你，也不在於你有可能講不好，而在於你自己嚇唬自己。這種自我威脅和損害的內在危險才是主要的危險。

第六單元　求變創新，打碎「害怕失敗」的枷鎖

　　害怕失敗心態的另一面是急於求成。在他們看來，一旦失敗就意味著永遠不能成功，就意味著自己不具備爭取成功的條件。其實一次失敗，兩次失敗，並不意味著一個人沒有巨大的潛能，並不意味著一個人根本不行。此時不等於彼時，此事不成不等於彼事不成。古希臘哲學家埃皮克提圖早就指出：「沒有任何事物是一蹴而就的，連栽種葡萄和無花果也是如此。如果你對我說，我想要一個無花果。我將回答說那需要時間，首先要把樹種上，然後才長出果實，最後果實才成熟。」

　　有這樣一則報導：美國一家公司招聘行銷人員，應考者很多。發出錄取通知許多天了，考試的第一名、一位叫羅傑斯的青年卻遲遲沒來公司報到。原來，他考試之後自己覺得毫無希望，竟然自殺了！於是公司內外都為他的錯覺深感惋惜，而公司總經理卻對此事淡然一笑，輕輕的說了兩個字：「幸好。」面對人們迷惑不解的神情，總經理解釋說：「心態如此之差的人，如果進了我的公司，早晚會毀掉我們苦心經營起來的事業！」

　　也許這位總經理說得有點嚴重了。但卻一語破的，入木三分。

　　因為害怕失敗還是不怕失敗，確實是強者與弱者的試金石，是成功者與失敗者的一條分水嶺。

成功者並非不失敗，而是不怕失敗

　　人生必有坎坷，坎坷就在人間！因而對每一個渴望成功的人來說，不怕失敗比渴望成功更可貴。

　　成功者並沒有超常的智商，也不是不曾失敗過，而是自信能行、不怕失敗的人，甚至可以說，成功者大都是經歷失敗最多、挫折最重的人。

　　大凡弄文學、爬格子的新手大多患有不同程度的「退稿恐懼症」。如果你不怕退稿，堅持不懈，那就是走向成功了。世界上許多名家大師的傳世或暢

銷之作，起初也難逃退稿的厄運，何況我們一些初學寫作者呢？現介紹一些先被退回、後得以出版的傳世暢銷之作的簡明情況，讓我們共勉。

赫爾曼‧麥爾維爾，美國浪漫主義小說最重要的代表作家。其作品《白鯨》於西元一八五一年退稿。退稿信上講：「十分遺憾。我等一致反對出版大作，因為此小說根本不可能贏得廣大青少年讀者的青睞。作品又臭又長，徒有其名而已。」

沃爾特‧惠特曼，美國十九世紀最傑出的大詩人。其作品《草葉集》於西元一八五五年退稿。退稿信上寫：「以為出版大作當屬不甚明智之舉。」

福樓拜，法國著名小說家，其作品《包法利夫人》於西元一八五六年退稿。退稿信上寫：「整部作品被一大堆甚為精彩，但過於繁複累贅的細節描寫所淹沒。」

約‧羅‧吉卜林，英國第一位榮膺諾貝爾文學大獎的名作家。

他的《無題》於西元一八八九年退稿。信上說：「很抱歉，吉卜林先生，您根本不知道怎樣使用英語寫作！」

傑克‧倫敦，美國著名批判現實主義作家。他的《生活之法則》於一九○○年退稿。信上寫：「令人生畏，使人沮喪。」

我們知道儒勒‧凡爾納，不僅是著名作家，而且是科幻小說之父。可是他的第一部科幻小說《氣球上的五星期》投稿之後，竟被十五次退稿，氣得他差一點把稿子投進壁爐燒掉。世界短篇小說大師莫泊桑在他的成名作《脂肪球》發表之前，已經寫了多少沒有發表的作品呢？其稿子累積起來足有書桌那麼高。

失敗不可怕，可怕的是對自己失望。所有的偉大人物都是從來不對自己失望的人，林肯、邱吉爾都是這樣的人。邱吉爾的偉大成就是舉世公認的，但很少有人知道他在學生時代的學業也沒有什麼成就。他每科成績都差，唯

第六單元　求變創新，打碎「害怕失敗」的枷鎖

有作文曾得到過老師的讚賞。畢業時，老師們對他已經「蓋棺論定」，公認他以後不會有什麼出息。

父親見他不行，只好送他到軍校，隨後他便從軍了，隨軍到過印度、古巴等許多地方。他進不了大學深造，但軍隊的生活卻成了他開闊視野，增長見識的大學。於是他明確了自己的志趣，一頭闖入了政治領域。

邱吉爾當然是二十世紀偉大的政治家和演說家，但他初次在議會的演講卻狠狠的失敗了。當時，他儘管一連幾天背誦講稿，反覆練習，生怕出差錯，可是他越怕越驚慌，講了沒幾句，思路中斷，腦子一片空白，滿臉通紅。他尷尬極了，無力挽救自己，只有頹然坐下。這次慘敗使他醒悟了。從那以後，他從頭做起，從不怕失敗、不怕出醜做起。他再也不背講稿，而是當眾講出自己想說的話。我就是這樣，讓你們笑話吧！這樣一來，他反倒成功了。

在享受和平的時刻，有誰提出戰爭的警告，是最容易不受歡迎的。邱吉爾就吃過這種苦頭。當希特勒抓軍隊時，邱吉爾喊出戰爭的危機，英國的政客們一笑置之；當德軍侵入奧地利，英國首相張伯倫與希特勒簽署了以犧牲捷克斯洛伐克換取歐洲和平的《慕尼黑協議》，得意洋洋的向英國人民宣布：戰爭不會發生了！但邱吉爾卻警告說，戰爭快要來臨了！政客們對他一怒斥之。邱吉爾因而競選失敗，他堅持己見，又引起公憤，以至於被報紙指責為「缺乏謹慎和判斷力。」

邱吉爾的遠見卓識竟被因循守舊、苟且偷生的一些人當成了一文不值的垃圾。這種失敗的境遇足以使一個人垂頭喪氣或是氣得發瘋，可是邱吉爾卻像得勝回朝，依然銜著雪茄，悠然自得，還跑回家鄉的別墅度假去了。他興致勃勃的畫畫、看書、寫作，好像他從來都一帆風順、從未失敗過似的。第二次世界大戰爆發了，人們才想起有邱吉爾這個不受歡迎的人；因為他是唯

一能在和平時刻洞察戰爭危機的人，只是他的預言和警言被世人領悟得太晚了。於是一九四〇年邱吉爾嶄露頭角，當上了英國首相。

邱吉爾成為戰時的民族英雄，傑出的政治家，他以其精闢的演講振奮了英國軍民的士氣，和蘇美等國一起戰勝了希特勒法西斯。這就是一個被人們認為平淡無奇而又多次失敗的人所創造的奇蹟。如果他害怕失敗和孤立呢？歷史上便不會有一個邱吉爾。

第二章　害怕失敗不是必要的謹慎

謹慎從事不等於不自信

面對難題，擔心失敗，害怕出醜，是不是必要的謹慎呢？不是。謹慎從事是指考慮周到，事先想到困難的一面，想到失敗的可能，是為了想方設法克服困難，避免因盲目從事、粗心大意而招致的失敗。也就是說對於事情不利的一面，從積極的角度去想，這是謹慎；對於困難和可能的失敗，從消極的角度去想，越想越擔憂害怕，越傾向於逃避退卻，這就不是必要的謹慎，而是一種害怕失敗的心態。這種害怕心理是由自卑感和虛榮心結合而成的一種不良意識。具有這種不良意識的人，一方面覺得自己渺小不如別人；另一方面又生怕被別人誤解和看不起，因而就會縮進自設的盲點，給自我世界上了鎖。由此可見，謹慎從事與害怕失敗的根本區別就在於自信還是自卑，就在於心態積極還是心態消極。

失敗和錯誤本身是生活的一個組成部分，是有所進取、求變創新和參與競爭的過程中的一個正常的組成部分。只要你進取，就必然會有失誤；只要你還活著，就絕不是徹底垮台！失敗有什麼可怕呢？物競天擇，優勝劣汰，在這個天平上，失敗總是傾斜向害怕失敗的人。強者與弱者，如果是從實力

第六單元　求變創新，打碎「害怕失敗」的枷鎖

上對照比較，那麼弱者還有可能揚長避短，巧用心計，戰勝強者；如果是從心理態度上區別較量，那就是缺乏自信、害怕失敗的弱者必然失敗，有時甚至會被某種假象和錯覺所嚇倒。一九五六年，在墨爾本舉行第十六屆奧運會，美國鏈球選手康內利在賽場上隨便用鏈球砸了幾個坑。第二天早晨，與康內利爭雄奪冠的蘇聯選手克利伏諾索夫看到這幾個坑，就覺得這是世界冠軍的水準，而自己絕對擲不了這麼遠。因而，他就感到自己奪冠無望，心緒緊張，徹夜難眠結果比賽失利。隨後，他知道了事情的真相，抱恨終生。他的失敗只是因為害怕失敗而不是其他什麼原因。

一九九〇年，在溫布爾登舉行的網球錦標賽女子組半決賽中，原南斯拉夫選手塞萊絲與美國的加里森對壘。在這場比賽中，人們越來越清楚的發現：塞萊絲的最大對手並非加里森，而是她自己的心態。賽後，她垂頭喪氣的說：「這場比賽的實力太接近了，因此我總是穩紮穩打，只敢打安全球，而不敢輕易向對方進攻，甚至在加里森第二次發球時，我還是不敢扣球求勝。」相反，加里森卻勇於險中取勝，能夠當機立斷，即使失球，也要盡力拚搏，也要主動進攻，因而終於贏了這場比賽。為什麼一個勇於險中取勝，一個卻只能求穩怕敗，首要的區別就在於自信還是不自信。

當遇到挑戰和嚴峻形勢的時候，人們大多習慣於小心謹慎，保全自己。這種謹慎一旦失去自信心，就不是必要的謹慎，而是害怕失敗的精神枷鎖了。結果不是考慮怎樣發揮自己的優勢和潛力，而是把注意力集中在怎樣才能縮小自己的損失上，這就必然以失敗告終。美國傳奇式人物、著名拳擊教練達馬托說得好：「英雄和懦夫都會有恐懼，但英雄與懦夫對恐懼的心理反應卻大相徑庭。」

這就是說，自信者終究會戰勝害怕失敗的心理，而自卑者越「謹慎」，就會越害怕，只會被恐懼心理擊垮。

要不要求變創新

倒退幾年，當你的某位同事突然告訴你，從明天起他不再來上班了，他已經跳槽或辭職了，你也許會十分驚訝，而現在的人，尤其是年輕人當中，「跳槽」、辭職、換個活法已經成了一種比足球熱、呼啦圈熱更持久、更有吸引力的「大眾化體育運動」了，因為任何人都不會拒絕一份更滿意的工作。

曉晴一直在一家公家機關當員工，薪資當然不高，但她的自我感覺還不錯，她終於拿到了大專畢業文憑。所以她的心態還算踏實、坦然。突然有一天，中學的好友星黎邀請她去玩，兩人逛商店，去歌舞廳。她發現星黎花錢大方，買了幾斤水果竟然不讓攤販找零錢。到了星黎家裡一看，裝飾闊綽高雅，兒子還有家庭教師。星黎戴的項鍊價值幾萬元，而她自己的項鏈才幾百元。真是不比不知道，一比受不了。她恨不得將自己的項鏈拉碎扔掉，後來她下了狠心花三千元買了一條新項鏈，但心理上失去了平衡。她決定辭職去闖闖，像星黎那樣到企業去任職。

回家一商量，父母反對她的打算，並告誡她扔掉鐵飯碗，萬萬使不得。瓷飯碗雖然比鐵飯碗好用也好看，但很容易打碎！姐姐也認為賺錢多風險也大，要付出代價。姐姐還告訴曉晴：有個同事的丈夫曾辭去公職搞工程承包，但預算緊縮開支，許多工程都終止。他無計可施，只好整天四處奔波找工作，為養活一家老小，做臨時工。這樣處境，他病了老了怎麼辦？曉晴一想也是，決心動搖了，還是一切照舊吧……

過了不久，曉晴又經受了一次刺激：好友常冰從國外來信，談到種種今非昔比的變化令人羨慕，還有幾張照片佐證。在曉晴的印象中，常冰本來是個嬌滴滴的什麼都不能做的公主，而如今在國外一家公司當總經理的祕書，會外語，很能幹，收入也高，生活裝束雍容華貴，一切應有盡有……相比之下，曉晴倍感自慚形穢。於是她再一次下決心辭職去闖闖。

第六單元　求變創新，打碎「害怕失敗」的枷鎖

　　她回到家裡還沒和家裡人多說，一封訃告信又破壞了她的決定。大姑的兒子，年僅三十八歲，突然病逝。因為這位表哥近幾年在一家公司工作，沒想到公司破產，老闆倒楣，自己也跟著賠錢。為了救助公司他到處跑找人疏通，四處奔波，結果回到家病倒住院。他的病必須換腎，要花好幾萬元。生活都無著落，哪還有錢換腎，結果就這麼死了……這個情況又使曉晴動搖了，只好又一切照舊。

　　一連好幾年，曉晴一直左右為難，至今仍在猶豫不決，不知該怎麼辦？這是必要的謹慎，還是害怕失敗呢？顯然是害怕失敗。

　　其特點是不能獨立自主、不能求變創新，不能主宰自己的命運。具有這種消極心態的人儘管也想改善自己的人生，但又害怕失敗，不敢冒險。是求變創新重要，還是尋求安全第一？不搞清這個問題，命運永遠掌握在別人手中。

　　凡事謹慎從事是為了避免可能的失誤和挫折，但不是不敢冒險，不是要等一切有十足的把握才去行動，不是要放棄求變創新。當然，在工作上求變創新並不是一律都要跳槽辭職，但任何求變創新都會有一定的風險。像曉晴這樣的人在現實生活中相普遍。他們儘管不安於現狀，也有一定程度的進取心，但一旦面臨著挑戰，總是往壞處去想，總是提心吊膽的害怕失敗。這種消極心態不改變，即使硬著頭皮去「求變創新」，也會淺嘗輒止，阻擋自己的進取。適當的考慮到求變創新中可能遇到的困難和問題，不會阻擋你的進取，可以使你少走彎路。但你害怕失敗，則往往對困難和挫折有所誇大，這必然會阻擋你的進取，讓你放棄求變創新。害怕失敗之所以注定失敗，就是因為注意力總是集中在可怕的失敗上，總是往壞處想，必然心灰意冷。正如英國哲學家培根所說：「灰心生失望，失望生動搖，動搖生失敗。」

害怕與不怕就在於注意力集中的重點不同

謹慎從事、不怕失敗的人和提心吊膽、害怕失敗的人同樣都考慮面臨的困難和問題，但前者的注意力集中在怎樣爭取成功上，而後者的注意力卻往往集中在怎樣避免失敗上。注意避免失敗有什麼不好？不也是有助於成功嗎？不！害怕失敗心態的注意力不是在於避免失敗，而是在於害怕失敗，認為一旦失敗，事情就糟了，因而總是企圖避免一切失敗，著眼於怎樣才能沒有損失或盡量縮小自己的損失。這樣一來，必然會束縛能動性的發揮，放棄爭取成功的自信意識，所以不是不敢邁步，就是注定失敗。在這裡，注意力集中在哪一方面達到了很大的作用。

凱蘇拉在《去爭取 —— 如何改變你的命運》中提出過一道區別失敗心理與成功心理的練習題：你怎樣走過結冰的水塘？面對同樣的問題，害怕失敗者與爭取成功者的注意重點與著眼方面是截然不同的。

害怕失敗者的想法與做法是：

集中精力考慮如何避免失敗，而不是著重考慮如何越過這個結冰厚薄不匀的水塘，於是戰戰兢兢，小心翼翼的往前走。

他每走一步都仔細試探冰面厚薄，謹小慎微。每一步都擔心失足；每一刻都擔心忽然掉下去。因為總想著：最重要的是千萬別失敗，便不惜花費許多甚至一整天的功夫來過這個水塘。

如果一不小心失足，就狠狠的責罵自己，而且總想著自己的每一個愚笨的動作，越想越覺得自己不行，罵自己太笨，嫌環境糟糕，擔心前途危險，因而越發膽小，最後終於不敢再往前走了，只有認輸，為自己的失敗尋找藉口，或是責怪自己的命或運氣不好。

爭取成功者的想法是：

行動之前，盡量了解研究有關冰層的問題，做到心中有數，考慮周到，

避免盲目和急躁。這就是必要的和應有的謹慎。

　　來到水塘邊，集中注意力考慮要解決的問題，主要是考慮怎樣走過去，而不是專想掉進冰水裡的可怕情景。心裡明白有一定風險，有可能隨時落水，但不為有這種落水的可能而擔憂、害怕。

　　因為在實際生活中不管走到哪裡都有冰層很薄的地方。

　　他不停的走，抓緊時間，萬一失足掉進冰水裡，趕快爬起來繼續往前走，絕不動搖，絕不遲疑。把失敗當成老師和朋友，在危險處作上記號，以便下次躲開，掌握得更好。最後，越過了水塘，到了上班的地方，不談自己的遭遇。因為這種人心裡明白：人們都是從自己人生路上的水塘走過來的，都經歷過自己的挫折。就這樣，爭取成功者每經歷一次挫折，都會增強一份自信和勇氣，更加勇於並且善於爭取更大的成功。

第三章　歷史啟示的成功規律

科學文化的中心為什麼會轉移

　　一九六二年，日本的科學史學者透過研究發現，世界各國科學的發展是不平衡的。這個民族崛起了，那個國家衰落了，波瀾起伏，科學文化的中心多次轉移。

　　科學文化的中心為什麼會轉移？其主要原因是什麼呢？是一個民族和國家的人民是不是思想解放，心態積極，求變創新，勇於冒險。

　　西元一五四〇年至西元一六一〇年，文藝復興時代的科學家以空前未有的思想解放、宣導人性引爆的探索精神和創造力，迎來了科學史上第一個中心。當時，義大利傑出的科學家的人數占全世界科學家總數的百分之五十五，其重大成果占全世界總數的百分之五十三。

西元一六六〇年至西元一七五〇年，英國人以反宗教的創新精神為科學文化的發展開路，這就是歐洲的思想啟蒙運動。於是，英國成為科學史上的第二個中心。其傑出人才占全世界的百分之三十六，重大成果占百分之四十。

西元一七七〇年至西元一八三〇年，由於思想啟蒙運動的發展，世界的科學文化中心轉移到法國。其傑出人才占世界百分之三十九，重大成果占世界百分之四十。

西元一八四〇年至一九一〇年，德國成為科學文化發展的中心，其傑出人才占世界百分之三十八，重大成果占百分之四十一。

一九二〇年至今，美國成為世界上最富強的國家，當然也成為世界的科學文化中心，僅以五十年代計算，美國的傑出科學家人數占全世界的百分之四十二，重大科研成果占百分之五十七。這兩項比例現在更高了。

美國在世界上領先的專案有許多，而且越來越多，這是為什麼呢？

何以讓「山姆大叔」盡數風流

一九八六年一月二十八日十一點三十八分，美國的太空梭「挑戰者」號升空七十三秒後不幸凌空爆炸，七名優秀的太空人突然犧牲。那縷 Y 狀的煙雲，至今叫人心寒。兩年後，美國繼續在甘迺迪中心向太空挑戰，「發現者」號屆時升空，進行太空梭的第二十六次飛行。這時，一位記者特地到甘迺迪中心訪問。他向前來參觀的美國遊客布魯貝克斯先生提問：對「發現者」號的升空是否抱有信心？布答：「他們已試驗了多次，並大都取得成功。風險總是有的，你要等到有百分之百的把握，那就永遠等下去吧！」而一位英國遊客伍德先生說：「我看玄乎。美國人性子太急，有新東西，就急著發明更新的東西，其實原有的新東西未必過關。」

第六單元　求變創新，打碎「害怕失敗」的枷鎖

同樣是英國人的後裔，一個保守得可愛，一個卻出奇的勇於冒險。伍德的保守觀點似有其合理成分。美國人性子確實急，有了人造衛星，又想登月飛船；已經上月球兜過風了，卻又把「探索者」號送出太陽系，去和還不知道是否存在的外星人打招呼，頻送秋波；那邊太陽系尚未飛出，這邊太空梭又要升空了。這個世界，盡讓美國人大出風頭。

但再問一句，在這個世界上，文明古國、地大物博的大國有許多，何以山姆大叔盡得風流？如今的美國人每個人都有自己的夢，做事不願等到有百分之百的把握才去做，總愛冒風險。說遠點，初登北美大陸時，石油還沒有挖掘出來，一片黑暗，他們就冒險出洋捕鯨，剖取鯨油點燈。鯨油用了沒多久，富蘭克林又發現了電，有了電，又研究核能。而十九世紀至二十世紀之際，美國人對冒險更是如醉如痴，如萊特兄弟五十九秒的天空飛行，其意義不在太空梭的誕生之下。

不僅如此，在近現代的歷史上，美國人的發明更是數不勝數了：貝爾的電話、摩斯的電報、愛迪生的電燈、電影，還有在第二次世界大戰期間，為了搶在希特勒的前面，冒險研發原子彈以及後來成為新技術革命時代標誌的電腦……而且，幾十年來，諾貝爾獎獲得者中美國人最多，有時多到幾乎囊括了一年裡的全部諾貝爾獎。就說一九九三年吧，美國人和前幾年一樣，又幾乎囊括了這一年的諾貝爾獎。這一年宣布的五個領域——經濟、醫學、物理、化學和文學——十名諾貝爾獎獲得者中有八位是美國人。另兩位是在美國生活工作過的英國人和加拿大人。這一系列事實不能不讓人們承認美國的科學文化人才與成果確實是突出優秀、遙遙領先的。那麼其中的奧祕是什麼呢？

「挑戰者」號那次事故吃了苦頭，但美國人往往是苦頭吃不怕，還是要冒風險。出事兩年多來，他們對太空梭進行了兩百次技術性改造，特別是對

「發現者」號推進器進行了四次重大試驗，並先後三次因故推遲預定發射日期。這說明美國人愛冒風險，卻並不是盲目的瞎撞。

布魯貝克斯和伍德兩者不同的回答，很值得我們思考。我們不少人好像都有點因循守舊：有了新東西，不大想用更新的東西代替它；甚至舊東西還能將就，就不大想創造新東西。做事情，風險越少越好，沒有百分之百的把握，寧可等下去，而且當別人失敗時還會說：「我早就料到要倒楣！」這種社會心理帶來的只能是窮苦和落後。

過度追求安全感就是停滯不前

人生當然需要安全，但在個人發展的征途上可能遇到的風險並不像「挑戰者」號上的七位太空人那麼吉凶莫測，而是嘗試某種新事物可能一時不會成功，或是有某種與眾不同的舉動可能招致非議。一般不會有很大的危險。所以許多人不敢冒風險，不是必要的安全需要，而是過度追求安全感。這就必然帶來一種凡事都從眾的習慣，從眾心理特別重。

一個人之所以有價值就在於他有自己獨特的東西；一個人之所以有發展就在於他勇於冒風險，開闢自己的路。一味求「保險」，凡事從眾有什麼好呢？大家留起了披肩髮，不管自己的臉型和體態如何，也趕快留起披肩髮，這能好看嗎？看許多人經商賺了錢，不管自己是否可能，有無優勢，也躍躍欲試，這能發財嗎？看別人工作流動，跳槽改行，不管自己對現任職位是否合適，也匆匆遞交請調報告，去鑽熱門，這能成功嗎？大家都去搶購食鹽、麵粉、衛生紙，不管自己是否用得著也去排隊搶購，這能物盡其用嗎？

見大家成天混日子，自己也想圖清閒、輕鬆點，這能有所長進嗎？諸如此類的一窩蜂式的從眾，趕時髦，擠同一個熱門，趕同一個考試，爭同一類生意……好像失去平衡的船，一下歪到這邊，一下又傾到那邊，如此毫無自

主權和自制力的彼此跟著亂擠瞎撞，自以為沒有風險不吃虧，然而失去的卻是自信的意志、自主的能力和善於決斷的機敏以及獨闢蹊徑的發展。

第四章　挫折和險境未必不是福祉

挫折和險境往往是條新路

成功者不一定具有超常的智商，也大都沒有特殊的機遇和優越的條件，更不是沒有經歷過挫折、艱險與失敗的人。相反，成功者大都歷經坎坷、命運多舛，是不幸的境遇中奮起前行的人。而且也不可否認，對成功者來說，處境的艱險、失敗的打擊和對於新事物沒有經驗、缺少掌握的特點，也會相對的給他們帶來困擾。

憂慮、苦惱和煩躁不安的情緒。但成功者不怕這些艱難，不會被困苦的處境壓垮。成功者最可貴的信念和本事是變壓力為動力，從荊棘中開新路。

貝弗里奇說得好：「……人們最出色的工作往往在處於逆境的情況下做出。思想上的壓力，甚至肉體上的痛苦都可能成為精神上的興奮劑。很多傑出的偉人都曾遭受心理上的打擊及形形色色的困難。若非如此，他們也許不會付出超群出眾所必需的那種勞動。」他還指出：「忍受痛苦而不氣餒，是青年科學家必修的嚴峻的一課。」

勇歷艱險，不怕挫折，這是一切發展積極心態，有志於成功的人的必修的一課。這一課只是知道道理是很不夠的，而要具有一種意識。當我們面臨叢生荊棘的時候，立刻就要想到這是摘取成功之花的必經之路。

十九世紀末，美國康乃爾大學做過一次有名的青蛙實驗。他們把一隻青蛙冷不防丟進煮沸的油鍋裡，這隻青蛙在千鈞一髮的生死關頭突然用盡全力，一下子躍出那勢必使牠葬身的滾燙的油鍋，跳到鍋外的地面，安

然逃生！

　　半小時候，他們使用同樣的鍋，在鍋裡放滿五分之四的冷水，然後把那只死裡逃生的青蛙放到鍋裡。接著他們悄悄在鍋底下用炭火慢慢燒熱。青蛙悠遊的在水中享受「溫暖」，等到牠感覺到熱度已經熬受不住，必須奮力逃命時，卻為時已晚，牠欲躍乏力，全身癱瘓，終於葬身在熱鍋裡。

　　這個水煮青蛙實驗給我們揭示了一個殘酷無情的事實——回顧我們自己走過的人生旅程，何嘗不是如此？當生活的重擔壓得我們喘不過氣，挫折、困難堵住了四面八方的通口，我們往往能發揮自己意想不到的潛能，殺出重圍，開闢出一條活路來。可是在耽於安逸，貪圖享樂或是志得意滿，維持功名的時候，反倒陰溝裡翻船，弄得一敗塗地，不可收拾！難道人生的一切不就是這樣？

失敗究竟意味著什麼

　　成功與失敗是事物發展的兩個輪子，失敗為成功之母，是成功的先導。這些話可以說人人皆知。但在實際生活中，只有自信主動、心態積極、堅持開發自己潛能的人才能真正領會它的含意。

　　你做一件事情失敗了，這意味著什麼呢？無非有三種可能：一是此路不通，你需要另外開闢一條路；二是某種故障作怪，應該想辦法解決；三是還差一兩步，需要你作更多的探索。這三種可能都會引導你走向成功。失敗有什麼可怕呢？成功與失敗，相隔只是一線。即使你認為失敗了，只要有「置於死地而後生」的心理態度、自信意識，還是可以反敗為勝的。有人說，過度自信也會導致失敗，但所否定的只是「過度」，而不是自信本身。如果你不是怕丟臉，怕別人說三道四，那麼失敗傳遞給你的資訊只是需要再探索，再努力，而不是你不行。

第六單元　求變創新，打碎「害怕失敗」的枷鎖

　　愛迪生做了一萬多次試驗。在每次失敗後他都能不斷尋求更多的東西。當他把原來的未知變成了已知的時候，無數的燈泡就被製造出來了。所以他認為那麼多的失敗實質上都不能算是失敗，「我只是發現了九千九百九十九九種無法適用的方法而已。」這位偉大的科學家從自己「屢敗屢戰」的經歷中總結出一條寶貴的經驗。他說：「失敗也是我需要的，它和成功一樣對我有價值。只有在我知道一切做不好的方法以後，我才知道做好一件工作的方法是什麼。」這不正是深知從各種損失中也能獲益的意識嗎？從這個意義上。我們認識到只有不怕失敗，深知失敗意味著什麼的人才配享受，也才可能享受到成功的歡樂。

　　英國物理學家威廉‧湯姆遜領導團隊建造了世界第一條大西洋海底電纜，只用了一個半月就損壞了。經過七年準備又鋪設了第二條電纜，但航船載放到中途，電纜突然折斷。電纜公司已耗資數十萬英鎊，付出了九年時間的代價！把錢扔進大西洋，只有傻瓜才會再做！但湯姆遜終於說服總經理再當一次「傻瓜」，結果成功了。湯姆遜晚年時說過：「有兩個字最能代表我五十年內在科學進步上的奮鬥，這就是『失敗』。」

　　在萊特兄弟之前，許多發明家已經非常接近發明飛機了。萊特兄弟應用了和別人同樣的原理，只是給翼邊加了可動機翼，使得飛行員能控制機翼，保持飛機平衡。所以在別人失敗的地方，他們多走了一步就成功了。

　　在貝爾之前，已經有許多人聲稱他們發明了電話，雷斯是最接近成功的人，但雷斯不知道把微小的轉動四分之圈，把間歇電流轉換為等幅電流。然而，貝爾做到了這一點。所以最高法院把電話的發明權判給了貝爾。

　　哥倫布在長達十多年的時間裡，經歷了不斷的失敗，衝破了重重阻力，開始向西航行，目標是亞洲大陸。他在加勒比海登陸以後，就帶著許多動植物和幾個土人回到了西班牙。他認為他已經到達了他的目的的，但實際上他

沒有到達亞洲，他失敗了。他雖然未能立即認識到這一點，但他卻發現了更多的東西，他發現了新大陸！

專買「失敗」的企業家

美國有個很奇怪的企業家，他專門收買瀕臨破產的企業。而這類企業一到他的手中，就會一個個起死回生，變得虎虎有生氣。

他叫保羅・密道爾。此人什麼技術專長也沒有，但很有自信與心計。起初，他為別人做工，學會了經營和推銷。有一次，他看準一家即將倒閉的工藝品製造廠，買下後加以整頓，提高效益，改變品種，裁減冗員，很快使這個企業起死回生，獲得成功。

密道爾認為：作為出色的企業家，最重要的是要有頭腦，要真正掌握實際情況，隨時做出正確的決策。這一點做到了，就會比任何人更清楚企業的問題所在。有一次，他買下一家玩具工廠，發現這個玩具廠倒閉的原因在於包裝和搬運過程中的損失太大。於是他規定：凡破損率超過千分之一的就扣工錢；凡弄壞產品隱瞞不報，被客戶退回來的，即予解雇。從此，破損的事很少再發生，工廠開始賺錢。

有人問他你為什麼愛買一些失敗的企業來經營？密道爾說：「別人經營失敗了，接過來就容易找到它失敗的原因，只要把缺點改過來，自然就會賺錢。這比自己從頭做起來省力得多。」一語道破「專買失敗」的商機。由此可見，挫折和險境未必不是福祉，我們不僅要把成功視為珍寶，也要把失敗看做財富。

人生在世，誰不企望成功？但追求成功就會經歷挫折與失敗。

尤其在市場競爭日益激烈的今天，機會增多，風險也隨之增多，失敗的概率也隨之增加了。這就要求我們必須打碎「害怕失敗」的枷鎖，增強對失

敗的承受力，並在挫折與風險中磨練出堅韌的意志力。

第五章　求變創新勝於求成

成功不等於奪取金牌，而是自我實現

　　談到追求成功，實現人生的價值，我們大都會想到在學生時代或多或少讀過一些歷史上偉大人物的令人著迷的傳記。這些故事曾經使我們得到某種啟示和鼓舞，但偉人們的成就和功勳又似乎使我們感到可望不可及，感到自己無法做到。如我永遠不可能統率一支大軍越過沙漠去遠征；不可能去建立和統治一個龐大的帝國；不大可能去航行全球，發現一個新大陸；不大可能飛向宇宙去和什麼「外星人」打招呼；不大可能寫出一兩部世代相傳、稱譽全球的文學巨著；不大可能成為某個學科領域的開創者或領導人；不大可能成為全國乃至全世界的首富；不大可能成為無與倫比的英雄等等，總之，在那些聲名顯赫的偉大人物面前，我們往往會有一種失望感、自卑感，會覺得自己的渺小、平庸、微不足道……

　　是否一定要和這類偉人相提並論，才是成功的人生呢？是否要有非凡的智慧和特殊的才能，才能做出巨大的成就呢？是否有錢有勢的人，才能成為首屈一指的富翁呢？是否只有讀書最多、學歷最高的人才能成為專家學者和著名作家呢？是否只有身材最好、長相最美的人才會成為光彩照人的影視明星呢？……想當初，我們不敢肯定這些問題的答案是什麼，然而隨著知識和閱歷的增加，思路和眼界的開闊，隨著對於人生真諦的不斷探索，我們終於明白了成功的定義雖然是達到預期的目標，但這個預期的目標不是寶塔尖、最高峰，而是可以由個人依據自己的實際情況來選擇和確立的，有時還會有所轉折和變化的，並不一定也不需要去同什麼人比較和競爭。需要多想深想

的是：我到底是個什麼樣的人？我到底喜歡做些什麼和可能做好什麼？我到底認為什麼最重要最美好？我到底怎麼去做才能成為自己想成為的那種人？……於是，你就做出選擇，下定決心，無論遇到什麼困難，面臨什麼挑戰，都要全力以赴，堅持不懈的貫徹你的選擇。這就是爭取成功的基礎——不是簡單幼稚的和那些偉人、名人或任何別人去比較，而只是以他們的奮鬥精神、意志品格為榜樣，從他們身上汲取做人處世的心理態度和精神力量。為了貫徹你的選擇，實現你的目標，即使是有關的小事也要認真做好。成功者應當是與眾不同，但很可能不是某一個領域中，更不是這個世界上最聰明、最有才華、最幸運、成就最高、名聲最大的人。一位學者說得好：「當我把自己的體力、智商、想像力、創造力和精力全都發揮到最大限度的時候，我便感到了心滿意足。不論我努力的結果如何，我知道，以我自己的標準來衡量，我已經取得了成功。」

成功的定義可以換個說法，就是最大限度的發揮你的智慧和才能——包括你的體力、智商、精神和感情的力量，而不論你做的是什麼事情，也不論達到多高的程度。你能自信主動、熱忱執著的堅持自己的選擇，你就會感到心滿意足，你就是成功者。

「小狗也要大聲叫」

人生的成功自然包含著個人想得到的功名成就，但它不是最重要的，更不是唯一的照亮世界的太陽。重要的是活得瀟灑，自我實現。

要勇敢的面對這樣一個不會改變的事實：對於任何你想嘗試的新事物來說，總有某些人是比你更在行，更有成就的。如果凡事只想必須成功，這就無法避免害怕失敗的心理，就會感到走向成功的路越走越窄，必然會自我挫敗。世界上比我們能耐大的人有的是。看過馬拉多納踢球的人，還想一身臭

第六單元　求變創新，打碎「害怕失敗」的枷鎖

汗的在足球隊裡混嗎？聽過帕華洛帝的歌聲的人，還想修練美聲唱法嗎？讀過曹雪芹的《紅樓夢》的人，還想寫小說嗎？──為什麼不呢？如果總是擔心自己比不上別人，只想功成名就，也就沒有曹雪芹、帕華洛帝、馬拉多納這類人了，世界和人生也就不會這麼豐富多彩了。

俄國作家契訶夫說得好：「有大狗，也有小狗。小狗不該因為大狗的存在而心慌意亂。所有的狗都應當叫，就讓牠們各自用上帝給牠的聲音叫好了。」小狗也要大聲叫！實際上，追求一種充實有益的生活，其本質並不是競爭性的，並不是把奪取第一看得高於一切，它只是個人對自我發展和幸福美好的生活的追求。那些每天一早來到街頭公園練武打拳、練健美操的人們，那些只是有空就練習書法繪畫、設計剪裁服裝和唱戲奏樂的人們，根本不在意別人對他們姿態和成果品頭論足，也不會因為沒人叫好或有人挑剔就停止練習、情緒消沉。他們的主要目的不在於當眾展示、參賽獲獎，而是自得其樂、自有收益，滿足自己對生活美和藝術美的渴求。任何成功總是相對的、有限的，而求知求新求美是長久的、無限的。當一個人試著去做一件事而不被顧慮所縛，他將意外的發現自己的能力和志趣，而成功的機會也就往往是給這些人準備的。所以求知勝於求成的人反倒更有可能取得成功。

求變創新的意識是很重要的。美國作家房龍在他所著的《寬容》一書裡寫道：「在無知的山谷中，人們過著幸福的生活」。他用生動的筆法揭示了人們囿於一定的社會環境或生活習慣的時候，就會產生思維的惰性和慣性。一方面極易滿足，另一方面是安於現狀，不思變革，並且會不自覺的充當舊價值觀念的衛道人士。

這是所有封閉社會的通病。也許有人會認為他的話未免太尖刻，他怎麼能講我們「無知」？但細細想來，此話確實很有道理。

天涯何處無芳草。多一次選擇都是一次新的機會，可以帶來一個新的世

界，不跨上這一步，那就永遠不能主宰自己的命運。當然，「跨出這一步」並不一定就是跳槽、辭職、改行，但人生的豐富和成功必須是求變創新，走自己的路。「小狗也要大聲叫」的「大聲」，不一定是成就高、名聲大，而一定是屬於自己的求變創新的生活。

　　許多人之所以凡事都害怕失敗，主要是由於心態消極、意識自卑，同時也和過於看重事情的成敗而看輕自己的選擇有關係。結果就那麼極端重要嗎？把話說穿了，每個人的最終結果都不那麼美妙。必然死亡的陰影可以給人以可怕的威脅，讓人整天灰心喪氣，悲觀消沉；但也可以促使人惜時如金，積極努力，提高人生效率，追求一種充實而有意義的生活。

　　年已半百的卡羅琳‧赫巴德是一位樸實端莊的美國婦女。她言談舉止得體大方，而且時常面帶微笑，使人覺得和藹可親。她一方面是一位著名物理學家的妻子和四個孩子的母親，另一方面又是隨時準備到世界各地搶險救災、拯救生命的勇士。她是「美國救災行動隊」的創建者和領導人。這一組織的任務是在進行「搜尋和營救」活動，哪裡有災難，就到哪裡去。

　　一九八八年十二月，亞美尼亞發生大地震，公寓大樓、住宅、工廠、學校紛紛被摧毀，死亡人數已超過五萬。接到通知僅幾小時，赫巴德和阿利及一隻德國牧羊犬便登上飛機，飛往亞美尼亞。

　　她和其他營救隊員在零度以下的嚴寒中，在覆蓋幾英里的髒亂的廢墟中摸爬了八天，盡可能多搜尋出還有希望救活的人。有一次，他們在一座坍塌的樓房裡沒有找到什麼，正準備到別處去，一個家人都被陷在這棟樓裡的男人悲痛萬分的哀求他們再搜尋一下。於是赫巴德他們在她的阿利的幫助下，終於找到了陷埋很深的一個小女孩，正是那個男人十一歲的女兒。小女孩的兄弟姐妹都已被砸死，而她竟在四天後奇蹟般的得救了。

　　卡羅琳‧赫巴德參加的營救活動不計其數。她曾到過地震後的薩爾瓦多

第六單元　求變創新，打碎「害怕失敗」的枷鎖

和菲律賓；去過巴拿馬的密林中搜尋生存者；在紐約和田納西尋找因橋梁折斷而受難的人；到過遭颶風襲擊後的南卡羅萊納州；到過飛機、火車失事現場和洪災水災現場；搜尋救援過遺失的孩子、失蹤的獵人和溺水者……

談到二十年來的收穫和體會她說：「我喜歡遇到緊急情況時產生的那種緊張感，那種興奮感。當意識到自己正在做一件非常有價值的事情時，你會感到一種滿意、一種自豪。在受災現場，你能著到人類本性最好的一面，也能看到人類本性最壞的一面。而且，我也曾處於某種危難境地之中。最重要的是我學會了品嘗生活，活出了新意。」

搶險救人，見義勇為的英雄事蹟，我們知道的不少。但人們總是強調捨己為人的偉大精神，很少有人說是為了自己「學會品嘗生活，活出新意。」卡羅琳‧赫巴德女士給我們的啟示就是自由選擇的可貴、求變創新的重要。所以說真正成功的人生，不在於成就的大小，而在於是否自信自愛，求變創新，活出新意。我們一定要打碎「害怕失敗」的枷鎖，勇於去發現人生的新大陸。你可能會像哥倫布一樣盡了最大的努力，卻未能達到你所預期的目標，但是你卻可以發現更多更新的東西！

第七單元
事在人為，突破環境與條件的侷限

第一章　正視現實，接受框架的限制

不論環境的好壞，首先要適應

我們每個人在這個世界上生活，總是處在一定的社會組織和經濟組織之中，也就是處在某一個具體的環境之中。你可以調動、搬遷，脫離原先所處的環境，但變化之後，你仍處在一定的環境之中。你可以想辦法改善環境，但你不可能超脫自己所處的環境，就像我們每個人不可能超脫的球的重力一樣，所以，對於你所處的環境不論好壞，首先要適應。

環境就是包圍著你，和你發生連繫的各種事物，包括社會組織、經濟機構、時代背景、民族習俗、文化觀念、人際關係、規章制度、物質條件等等，其中最主要的是社會、經濟組織和人際關係。

環境對人有很大的影響，環境的好壞優劣不僅影響著我們每個人的身體

第七單元　事在人為，突破環境與條件的侷限

和生命，而且也影響著我們的心理態度、思想觀念、習性、語言、智商、能力等等。當然，這不是說人只能接受環境的影響和制約而無能為力、無可奈何，不是承認「環境決定論」是正確的，但我們首先要承認環境對人的巨大影響，尤其是歷史條件、社會背景和經濟文化發展這些根本性的因素所構成的大環境，人是無法超越的。

　　在孔子時代，當時的諸子百家、謀士說客不論多麼有學問、有才能，也不可能坐火車、搭飛機周遊列國，到處遊說；在朝廷腐敗的清代後期，慈禧太后不論多麼貪圖榮華富貴，她也不可能坐在電視機前觀看高水準的國際足球比賽；在民國以前，男人誰不留辮子，女人誰不裹小腳？有人內心不情願也沒辦法。今天，有哪個男人留辮子，誰家的女孩裹小腳，那大概是瘋了。這就是大環境的變遷。所以說，大環境的局限，人們一般是不能超越的。社會環境總是以其特有的規範與法則作用於我們每個人的精神世界，而不以我們個人的意志為轉移。即使是具體的小環境，作為個人要想改變也是不容易的。

　　我們講成功心理，當然是主張每個人都應以積極的心態尋求發展，爭取自我實現。但實際上，坦率的說，我們許多人之所以每天到自己的公司，做自己的那份工作，並非是出於自願的選擇，而僅僅是一種不得不服從的分配安排，是一種既不喜歡又不熱心的謀生手段而已；即使是專業對口，待遇不錯，也會感到理想與現實的反差。

　　人活著，真難！幾乎每個人的境遇都有或大或小、或多或少的不如意的問題：考試不佳、求職不成、有了工作不理想，加薪或分房子沒福分，工作費力不討好，有特長得不到發揮，提意見得罪了什麼人遭打擊報復，還有可能戀愛告吹，進取碰壁，甚至說真話、老實的人反倒受孤立、被排擠⋯⋯總之，倒楣不如意的事情就像自身的影子，無論你在何時何處，它都會跟隨著

你。你最沮喪的就是不被人理解，自我調整的旋鈕轉來轉去，轉到了頭。

還是得不到自己所期望的回饋資訊。人的優點和缺點往往是連在一起的，你克服了缺點，很可能優點也被淹沒了。你要堅持自己的個性與追求，那又很可能被人看不慣，棒打出頭鳥，社會不歡迎與眾不同的人。環境就是這樣給人的熱情和志向設置一堵高牆，罩上一層陰影，打消你成就事業、求得發展的欲望和決心，甚至會扭曲你的人格，讓你失去自我。如果再加上自身的條件不如意、有缺陷，那就更糟糕了。面對著環境與條件的局限該怎麼辦？

首先要適應，要接受框架的限制。我們不論處於什麼樣的環境中，都要正視現實，接受不可改變的事實，即使身處逆境，也不必怨天尤人，大驚小怪。任何社會環境中都有人活得不如意。美國人也不是個個都活得比自在。富翁、高官、名流之中，也有人整天苦惱，甚至自殺。所以，首要的問題就是能否適應環境。

你身處冰山，就該是雪蓮；

你身處大漠，就該是紅柳；

你立足在海濱，就應成為椰樹；

你生活在草原，就要充當牧羊人；

你航行在大海，就應當是水手……

在喧囂、繁雜的大都市，事情就不是那麼簡單了。社會是個大舞台，在當今發展市場經濟的大舞台上，每個人都在其中扮演著自己的角色：平凡的或是偉大的、順利的或是坎坷的、自願的或是被迫的、有趣的或是乏味的……總之是千差萬別、千變萬化。

許多人對自己的處境，對自己所扮演的角色不滿意，因而心理不平衡，甚至對生活失望。這種心情是可以理解的，但我們必須要有一種面對現實的

第七單元　事在人為，突破環境與條件的侷限

生活態度。

　　許多人常常抱怨社會不公、環境不好、生活沒動力，也抱怨自己的條件不好，自己得到的太少。可是我們是否意識到這是在用一種脫離實際、扭曲事實的非理性的思維方式對待環境與條件的局限，對待周圍的一切？我們是否注意到了那些生活充實、有所貢獻的人們所處的環境、所具備的條件原本也是不如意的呢？有人罵自由業是「宅」，可是他們每天都晚睡早起的忙碌，還要如期如數向繳稅。憑心自問，若是讓你做這一行，你是否能丟下那有所依靠的「鐵飯碗」？有人羨慕合資企業的員工收入高，可是他們每天都準時上班，盡職盡責，必須講求工作效率與品質。對於閒散慣了的人來說，能感到嚴格的經營管理是如意的嗎？

　　實際上，任何環境和條件都有其兩重性，既不會一切都好，也不會一無是處，正如一位朋友所說：「三十歲以後才明白，哪個公司都有自己念不慣的經。」他說：「我大學畢業後做的工作，輕鬆應付，餘下的能量無處釋放，又讀了幾年研究生，學的是現代文學專業，可這條路上早已擁擠了數千大軍。」

　　我的導師培養出一個改行一個，內心悽楚之極，可是每年都在招生。我現在就職於一家公司，當時是受高薪吸引，而且也算做研究工作，但是寫文章要經過所、處、公司三級主管層層審閱，文章返回來時已面目全非，等到最後抄寫定稿時竟幾乎不知是在寫些什麼了。我比我的導師還痛苦。但我不想再重返學校讀博士，因為幾年後恐怕連公司都進不來了；我也不打算調換公司，因為我如今已三十歲了，我明白了一件事，哪個公司都有自己念不慣的經。就拿我的同學以及和我交往的一些年輕朋友來說吧，他們中很少有人對自己的公司滿意。誰都想換公司，可是有的剛換完就後悔，覺得還不如原來的好。

我感到，這麼多年，學校給了我們許多深深淺淺的知識，但卻沒有培養我們的適應能力，而社會是絕不可能給我們每個人都鋪好現成的、完全適合自己成長發展的道路的。社會是一片沃土，但是到處有荊棘。因此，我們走向沃土深處，就先要勇於並且能夠走進荊棘叢。不能適應就不能生存，更談不上發展。」

接受框架的限制，不等於放棄發展

我們許多人，尤其是學生，往往以理想主義去看待生活現實，這就容易生活在理想與現實的隔離層之中，與社會環境格格不入；或者相反，一遇到較為惡劣的環境就要反抗，就要改造，操之過急，意氣用事。這兩種傾向都是極為有害的。

其實，從來沒有單純的理想環境，到處是魚龍混雜、泥沙俱下。是非曲直的觀念、黑白好壞的界線在現實生活中是極其複雜微妙的。光明與黑暗是兩頭小，生活中很大一塊是黑白混雜的灰色地帶。這就是說，對一個人來說，任何一個環境都有其兩重性：既是一片沃土，又到處荊棘叢生；既有利於你的發展，也有對你不利的一面。要說有所區別，只是有利的一面大一些或小一些而已。

你身處一具體的環境，你覺得環境對你不利，你有能力有條件改換環境嗎？如工作公司這個具體環境對你不利，那你就趕緊調換工作公司來改變環境，沒必要委曲求全、自我屈從。如果一時沒有這種可能呢？那對你來說，這就是不可改變的事實，你必須接受，只能接受。因為積極心態、成功心理有一個法則：必須接受不可改變的事實，也就是必須在框架的限制中尋求自由。在這個問題上，我們不要只從消極的方面去看，認為要尋求自由發展不得不接受框架的限制；而應當從積極方面去認識，接受框架的限制並不是不

第七單元　事在人為，突破環境與條件的侷限

能成長發展，不能自我實現。換句話說，就是要把適應環境、接受框架限制看做是理所當然、合乎規律的事情。為什麼應當這樣看呢？

1. 約束與成長，限制與發展，表面上是對立的概念，非此即彼。其實，任何自由發展與追求成功，都是有一定的目標、範圍、過程和途徑的，而絕非天馬行空，任意縱橫。「天高任鳥飛」，夠「任意」了吧？可是超過了一定的高度和範圍，任何鳥都飛不成了。

飛機很自由，不像汽車沿著公路跑，火車只能在軌道上跑，可是飛機也有一定航線呀！如果沒有任何制約，那將多麼危險！顯然，任何事物的運動和發展都意味著必要的制約。這個制約不僅是指要遵守必要的法規和制度，而且是指一個人要有自制、自律和自主的控制力。法國作家雨果說得好：「知道在適當的時候管制自己的人，就是聰明的人。」

許多人之所以沉淪、墮落、失足、犯罪，並不是沒有良好的心願和素養，也不是困境的逼迫不得不去偷去搶、去胡作非為，主要是他們缺乏自制力，太放縱自己。而放縱的結果不僅傷害了別人，也傷害了自己。一個人只有先學會控制自己，才有可能去控制別人，去突破環境的局限。

2. 框架的限制如同地球的重力一樣必不可少。過度的社會制約和環境局限，是需要突破和擺脫的束縛，不突破不擺脫就談不上自由發展。但一定程度的制約和局限卻是必不可少，應當接受和遵守的，如法律和規章。人的正當選擇和行為不必也不會擔心法規的制約，如經營企業要照章納稅，行車走路要遵守交通規則，人際社交要以禮待人。信守諾言，貿易協作要遵守協議、執行契約等等。這些行為規範就像地球的重力一樣天經地義，不可缺少。

我們時刻受到地球重力的「制約」，並不覺得彆扭；相反，若是擺脫了必不可少的「重力」，成為太空人，反倒無法適應。

　　這就是常言所說的沒有規矩不成方圓。從根本上說，規矩所限制的不是人的發展，而是人的渙散。如果沒有嚴明的紀律、嚴格的管理和嚴肅的風氣，是不可能從低谷中奮起的。

3. 為了自我發展也需要自我控制。一個人不僅在面對「越軌出錯」的問題時需要自我控制，接受必要的制約，而且在面對「進取發展」的計畫時，也要善於自我控制，注意從實際出發。志向應當遠大，思路盡可開闊，但實際行動必須腳踏實地，穩紮穩打。這就好比飲食不能過量，美味不可貪多，營養過剩同營養不良同樣會影響身體健康。琴弦繃得過緊同琴弦過於鬆弛同樣聲音不對。事業上操之過急，抓得過多，也會「欲速則不達。」

在框架的限制中尋求自由

　　據說，有個科學家想按紋路啟開一種動物的頭蓋骨。他無從下手，找不到縫隙。他就在頭蓋骨裡放了一粒種子。讓它生長起來頂出頭蓋骨。此事可信與否暫且不談，我們可以從中感悟出關於如何適應環境的一條真理：學會在夾縫中生長。對於環境，我們只有先適應才能找到可以突破其局限的夾縫。這就是馬克思說過的一句很實在也很精闢的話：在框架的限制中尋求自由。

　　曲德臣從工學院畢業後被分配到某市汽車運輸公司，到公司報到後，又被分到下屬的一個小廠。這且不說，真正惱火的是，安排的工作與他所學的專業不同，讓他在熱處理管電鍍。而且住的宿舍髒亂，帶著一股酸臭味，沒有桌椅，只能拿兩塊木板；還沒有電燈，晚上只好到生產線看書，卻又經常被人將燈關掉。

　　無疑，曲德臣置身在這樣一個框架中，心裡是不好受的，但他並不因此

惱火、抱怨、沮喪，而是加強學習，盡快適應工作。他那工作不太多，一有空閒他就到別處幫別人工作，為了和大家打成一片，他甚至連酒也喝上了，菸也吸上了。

很快，大家有了一個共同的印象：這個大學生沒架子，有務實精神！不久，廠裡要買銑床，可是磨床到處都賣完了，派了幾批人跑了不少地方，都沒買到。廠長再派他去，他充分發揮能吃苦而又動腦的優點，果然把廠裡急需的銑床買了回來。廠長樂壞了，障礙消除了，機會也就隨之而來。幾個月後，廠長主動提出：「你專業不同，我們還是送你到大學再進修一下吧！」「不走運」的曲德臣，由於能在框架的限制中尋找自由，獲得了幸運。

後來他帶著經濟學碩士的頭銜被分配到進出口總公司。在新的工作職位上，他依舊展現自己的本色 —— 嚴以律己、工作出色、待人謙和，毫無研究生的架子，裝水、掃地等雜事，同樣做得很好，還被工會評選為優等，贏得公司上下一片讚揚。第二年，公司決定創辦分公司，主管們一致同意讓三十多歲的曲德臣獨挑大梁。在分公司，曲德臣的進取不僅使自己獲得發展，而且為公司打開了局面。

第二章　積極適應，在社會大學裡深造

是消極適應，還是積極適應

你的境遇可能很不利，可能限制了你的追求和發展。但環境的兩重性和人的主體性、能動性決定了一條出路：環境的局限是可以突破的。我們不能做環境、尤其是大環境不許可的事。但這並不意味著所有的環境影響，你都只能接受而不能抗拒，不能突破。

秦始皇想長生不老，不可能；乾隆皇帝想延年益壽，這是可能做到的。

一個農民見天在下雨，他無法不讓天下雨，但他可以利用下雨的天氣在屋裡做別的工作。曲德臣起初被分到一個小廠，他必須適應，但怎麼適應，要不要尋求機會突破環境的局限，他卻可以自己做主。

人，如何適應環境？一般可分為三種類型：不適應、消極適應或積極適應。

不適應困難，是指難以對付自己所處的具體環境和現實生活的變化。這種人情緒往往不穩定，受壓抑，當出現不公平事情，個人不得志或出現調動、遷居、失戀、喪失親人等事件時，很難接受和適應這種現實。這種適應危機時間長了，很容易在某些誘因的作用下，導致身心疾病或精神疾病，很不利於個人的生存和發展。

消極適應是指對生活、工作環境不滿意而又無可奈何。這種人能夠聽天由命，任其自然，一般不會引起情緒上的巨大壓力。他們往往以「比上不足，比下有餘」來自慰，有自己的一套處事經驗。這種適應類型似乎使人感到適應能力較強，但它是消極保守的，不能積極採取對策來改變自己的處境。這種人對於環境的局限只能接受而不能突破，因而也就難以自我發展。

積極適應是最佳的一種適應狀態，它是指人們對自己所處的環境不論是比較滿意還是不滿意，都能積極的生活和工作，堅持走自己的路。積極適應還包括改造性適應。所謂改造性適應就是說當一個人處境不利時，能夠透過主觀努力，刻苦奮鬥，突破環境與條件的局限，有所發展和成就。「自古英雄多磨難」就是指改造性適應是很能出人才的。達爾文原來被父親逼迫學神學，但他的志趣卻在生物學上，後經艱難困苦的環球旅行，廣泛考察，終於成為舉世矚目的博物學家、進化論的奠基人。

人的生活可以劃分為三個部分：必須的、想要的、應該的。

你是否有所發展、自由幸福取決於你在現實生活中「想要」部分的多少。

第七單元　事在人為，突破環境與條件的侷限

但你「想要」，就先要「必須」和「應該」，即先要適應環境，接受框架的制約。但適應、「必須」不等於屈從，不等於不「想要」，這裡有消極適應與積極適應之分。所以，你在適應環境的問題上應該怎麼做，不應該怎麼做，既不能單從「想要」的方面考慮，也不能單從必須」的方面來衡量，而是需要把兩方面結合起來，採取妥協兼顧的態度。

妥協是一門藝術，儘管它不是徹底解決問題的辦法，卻也是適應環境、協調人際關係的可行之路、可取辦法。妥協當然意味著有所讓步，不能完全如願以償，但必要的妥協總比動不動就表示「我絕不改變」的態度對我們有好處。

「想要」的部分是我們在生活中自願選擇、由衷喜愛並甘願努力去做好的事情。它吸引和鼓舞著我們建立自我意識，走向自我實現。當然，每個人都有不同的「想要」，但共同的一點是都出於個人的自願選擇、所喜所求，其結果又必然使人感到歡欣與滿足。

難題在於幾乎每個人的「想要」都與自己的環境或大或小有矛盾，有差別。有些人總認為應該有一種理想的社會環境，只是由於某個人或某些人不好而造成自己所面臨的環境不理想，甚至很糟糕。那麼請問，據你所知，什麼時代、什麼國家、什麼地方、什麼公司、什麼職業是理想的呢？環境有其整體性、層次性、多元性、關聯性和變動性，是由諸多的複雜的因素形成的，怎麼可能是單純的、理想的？環境就是有好壞，有黑白，有真善美，也有假惡醜，就是有兩重性、複雜性，就是不可能按照你「想要」的藍圖來建造。你就是要在這種你不大「想要」，甚至很不「想要」的環境裡生存。

否定「必須」，我們寸步難行；放棄「想要」，那就是失去自由，消極被動。我們只有一條切實可行而又可以邁向成功的路，就是積極適應環境，每走一步，都要自信主動，正視現實，在框架的限制中尋求自由。你的處境和

位置並不是最重要的，而你往哪裡走才是最重要的。

重要的不是境遇，而是你的心理態度

我們要有一個明確的概念：對人的發展來說，重要的不是境遇如何，而是你的心理態度如何。

實際上，我們要發展積極心態，樹立成功心理，必然要透過積極適應環境，並突破環境的局限才能實現。這種必然的連繫至少有三點：

1. 積極的自我意識，尤其是自我評價，必然要連繫個人所處的一定的社會環境。當然，不能一概而論的認為適應環境就是積極的自我意識，而不能適應就一定是消極的自我意識。這還要看一定的社會環境的本質和主流是好的，還是壞的；是進步的，還是落後的。

2. 發展積極心態，選擇奮鬥目標，尤其是確立自己的價值觀念，也應當連繫社會，適應環境。動機社會化，就是要把自我實現與奉獻社會統一起來，把利己與利他統一起來。布魯諾、居禮夫人、愛因斯坦等偉大科學家就是這樣的。推動科學的前進的是那些熱愛科學和獻身科學的人。他們的熱愛與獻身既是自己選擇的奮鬥目標，又是社會發展所需要的成果。所以，他們總是堅定不移，以苦為樂，把刻苦奮鬥看做是自己的精神享受，如同有些人下棋有癮一樣。

3. 從行動和行為上展現積極心態、健康人格，也需要連繫社會環境。積極的意識和心態主觀上的價值形態，只有實際去做，得到群體與社會的理解、支持和配合，才能轉化為客觀實在的價值形態。所謂「實現」，不僅是指你要行動，要實踐，而且是指你的行動和實踐要透過社會環境來得到接受和承認。如，什麼樣的人格特徵和行為方式才會在與人交往中獲得成功？只有透過社會實踐來檢驗來提高。

第七單元　事在人為，突破環境與條件的侷限

　　總之，積極心態、成功心理本身就意味著面對現實；實際去做，也就是積極適應環境。

　　重要的不是境遇，而是我們的心理態度。在對待環境的問題上，為什麼心理態度要起決定性的作用呢？如果面臨困境，積極的心理態度也能使你走出困境、突破局限、得到發展嗎？為了進一步分析這個問題，我們先來看一個古希臘神話中的薛西弗斯的故事。

　　薛西弗斯因為在天庭犯法，被天神懲罰，降到人間來受苦。他必須每天推一塊大石頭上山，可當他費了很大力氣把那塊石頭推到山頂回家休息的時候，石頭又會自動滾落下來。於是，薛西弗斯每天都要把那塊石頭往山上推，面臨著永無止境的失敗。天神以此來折磨他的心靈，讓他受苦受難。

　　薛西弗斯接受了這個不可改變的事實，積極適應環境，把每天推石不止看做是自己的責任。進而，他又安慰自己：明天還有石頭可推，永遠不會失業……天神因為無法懲罰薛西弗斯，就放他回了天庭。

　　將這個故事連繫我們的實際生活，唯一不可取的是如此推石頭上山屬於無效勞動，而人的行為和勞動大多不是無效的，至少不應當是無效的。但薛西弗斯所面臨的困境可以解釋我們一生中所遭遇的許多事情。薛西弗斯的努力也可以看做是我們以積極心態適應環境的寫照。其中最深刻、寶貴的啟示是：把命運轉換成使命，在社會大學裡深造。

　　我們個人意識到自己的存在，認同自己的存在，已經是一件不簡單的事；而能透視自己的命運，掌握自己的命運，更是件不容易的事。但更為難能可貴的是把命運轉換成使命，自覺投身在社會的大學裡深造。如果我們能有這樣積極的心態、高超的意識，那麼有什麼困境能把我們淹沒？有什麼磨難能讓我們消沉？

　　人之所以成為萬物之靈，人的最偉大之處就在於具有任何動物都不會具

有的主體性和能動性。一個人對環境影響、環境局限是否接受或接受到什麼程度，是可以選擇和控制的。「近朱者赤，近墨者黑」，是說環境影響是很大的；「出汙泥而不染」，是說人可以抗拒環境影響。這兩句成語都是實在話，都是真理。看起來兩者矛盾，怎麼都對呢？因為「近不近」、「染不染」，就在於你的自主性和能動性如何，就在於你是怎樣選擇和控制了。

十九世紀中葉，許多美國人都認識到奴隸制度應該詛咒、應該取消。一位名叫哈麗愛特・比徹・斯陀的婦女決心寫一部小說來反映黑奴的悲慘命運，呼籲解放黑奴。這位斯陀夫人當時已經三十九歲了，家裡有三個孩子需要她撫養照顧，她自己身體不好，遭受著窮困和疾病的折磨。她的丈夫在外邊教學，繁重的家務全靠她一個人承擔，既要每天做菜煮飯，又要給最小的孩子餵奶，有時為了貼補家用，還要擠時間為報紙寫點短文，真可謂忙得不可開交，其處境之難可想而知。就在這樣的處境中，她咬牙吃苦堅持長篇小說的寫作，經過幾年的努力，她終於寫出長篇小說《湯姆叔叔的小屋》。這部書一出版就受到廣泛的歡迎和好評，因此而助長了解放黑奴的社會輿論。美國終於爆發了解放奴隸的南北戰爭。

當時的美國第十六屆總統林肯曾祝賀她說：「原來你就是寫了引起這場偉大戰爭的那本書的小婦人啊！」

家庭條件優越，家人照顧周到，有這樣的環境當然是好事，但你必須心態積極，能夠利用這樣有利的環境來尋求發展。如果是「小姐身子丫頭命」，那麼你的命運將是可悲的。因為優越的家庭環境使你沒有機會在社會大學裡深造，一旦面對複雜的世態炎涼的社會現實，你就無法適應。必然走投無路。

電影《最後的貴族》講述的就是這樣一個發人深省的故事。影片中的女主人公是一個出身於貴族家庭的富貴小姐，她從小嬌生慣養，只有貴族式的

優越感和尊貴感，卻沒有獨立自主駕馭生活的能力。後來，父母雙亡，傾家蕩產。無法面對這種打擊和困境，心理失衡，她只好在極端的矛盾和痛苦中自我沉淪和摧殘，一步步走向死亡，葬送了自己的青春和靈魂。這就如同嬌養的虎皮鸚鵡，你若給牠自由，讓牠從籠中飛出，牠只有死亡。因為牠沒有獨立生活、展翅高飛的能力。

人沒有壓力是不會進步的。戰國時代張儀和蘇秦都是縱橫家鬼谷子先生的學生。後來蘇秦在趙國當了宰相，張儀在楚國做了個小官。有一次，楚相丟了一塊寶玉，懷疑是張儀偷的，狠狠打了他一頓。他跑到邯鄲找蘇秦幫助，過了好幾天，蘇秦才請他吃飯面談。張儀到了蘇秦的府上一看，酒席很排場，菜餚很豐盛，蘇秦坐在當中高處，還請了不少客人，卻把張儀安排在席面下的角落裡，盛了點僕人吃的飯給他吃。這下子張儀氣壞了，破口大罵蘇秦。

張儀住宿的那個旅館的店主對他很關心，很同情，建議他去秦國求發展，並陪他一起去秦國。到了秦國，幾經活動，求見秦王。後來張儀當上了秦國的宰相，可以發揮他的才幹了。這時候，那個店主向他告辭回趙國，並問他今後有何打算。張儀一提起蘇秦還是咬牙切齒，並說過兩年一定要出兵攻打趙國。這時，店主才告訴他，蘇秦是個好人。當時蘇秦所以要氣他，是怕他在趙國安居下來，不求上進，蘇秦知道張儀是個人才，能做大事。如果留在趙國依靠蘇秦，他也只能當個小官。便策劃張儀到秦國來，和給他一切花費，都是蘇秦主使的。張儀這才恍然大悟，由衷敬佩蘇秦的深謀遠見。

人就是要有壓力，像榨油一樣，沒有壓力，是出不了油的。人沒有壓力是不會開發潛能、改善人生的。因此我們對待困境和壓力，就是要以積極的心態去承受和適應。

面對難題，你真的沒有辦法嗎

有些人承認，面臨困境和難題最好是變壓力為動力，但他們又感到自己沒有辦法，只好逃避。其實你無法逃避，有一篇文章說得好：

逃避是一條走不通的路。

……逃來逃去，逃到最後，你會看到，那堵牆依然在你面前。

那個名叫「不如意」的傢伙依然站在你背後，咧著嘴對你傻笑著。

我有一個朋友，可以說是個精於逃避的人。說得文雅點，他的心理平衡機能很好。考不上研究生，他很「灑脫」的說：「我沒用功考，別人累死累活的，我才沒必要呢！」有一天，他動了戀愛的心思，卻又怕被拒絕，於是便很聰明的說：「我的愛很真誠，不說出來，才叫深沉呢。」等意中人有了男友，他又對自己說：「我的愛很高尚，有個比我優秀的人在她身旁，她會很幸福的，我情願放棄。」諸位可以看到，他逃避得多麼得心應手。但是，許多年後，他仍然無法忘記她，逃避並不能使他如意。於是，他在面臨離開這個世界之前，終於逃避不掉了。他向她坦白了自己的戀情，希望她在自己的墓碑前插上一朵玫瑰……如此逃避是不是很可悲呀！

當事情剛剛發生時，也許我們第一個念頭便是逃避，但請你靜下心來，問自己一聲：「我逃得開嗎？」

人生的路不只一條，對某個人來說，該走哪條路呢？這就要看你的興趣所在和選取的目標了。在現實生活中，許多人特別重視自己的位置和處境，特別重視工作的條件和待遇。這樣想問題，那就無法面對現實，突破環境與條件的局限。如果一個人位置不當，處境不佳，只能用其短而不是用其長、那麼他就會在長久的卑微和失意中沉淪。在這種情況下，一個人必須堅持自己精神的獨立和頑強的追求，突破環境的局限，開闢自己的路。如果不是堅持走自己的路，那一個人即使在順境中也會平庸無能，一事無成。所以，我

第七單元　事在人為，突破環境與條件的侷限

們要強調，一個人的位置和處境並不是最重要的，而往哪裡走，走什麼路才是最重要的。有了這個信念，你才能突破環境與條件的局限，走自己的路。一個人在某種境遇中，在某個公司裡，在某種職業上，或在某個狹小的圈子裡，可能是個失敗者，但你一旦跳出這個小圈子，就可能是個成功者。這就是人們常說的機遇的作用，但機遇並不是天意，而總是存在於人與人之間；存在於我們的生活空間。所謂突破環境與條件的局限，就是努力擴大自己的生活空間，開拓知識領域，勇於嘗試新事物，探索新課題，頑強追求自己所認定的目標。簡言之，不論工作調動與否，不論處境好壞，都要開闢自己的路。

伽利略是被送去學醫的。但當他被迫學習生理學和解剖學的時候，他還藏著數學書，偷偷的研究複雜的數學課題。當他從比薩教堂的鐘擺上發現鐘擺原理的時候，他才十八歲。

英國著名將領兼政治家威靈頓小的時候，連他母親都認為他是低能兒。他幾乎是學校裡最差的學生。別人都說他遲鈍、呆笨又懶散，好像他什麼都不行。但是，正是這個什麼都不行的威靈頓在他四十六歲時，打敗了當時世界上除了他以外最偉大的將軍拿破崙。

蒸汽機車的發明者史蒂文生有八個兄弟姐妹，小時候窮得全家都擠在一個房間裡。史蒂文生只好去給鄰居放牛。但一有時間，他就用黏土和空心樹枝做管子，製造蒸汽機模型。他沒有機會讀書，就做機器的學生。當同儕在假期遊玩、逛酒吧間的時候，他卻在拆洗機器，做研究和實驗。當他作為一個偉大的發明家聞名於世的時候，那些遊手好閒的人又都羨慕他了。

顯然，一個人要實現自己的價值，不怕窮，不怕環境不佳條件差，也不怕別人嘲笑看不起，就怕沒有志向和自信心，就怕沒有刻苦的精神和毅力。人生的路靠自己走，但一個人走自己的路要靠刻苦和毅力。勤奮就是天才，

有志者事竟成的道理幾乎是人人皆知了，但在現實生活中，許多人卻輕易不肯這樣做。原因是害怕失敗，或是難以確定努力的目標。這兩條原因實際上是一個心理上的盲點，就是認為自己的努力會白費。於是，他們寧可白白浪費許多時間而不肯放棄內心的擔憂。

突破局限，走自己的路，不僅要有志向，而且要有實力。實力從何而來？是從一切認真的學習和艱苦的勞動中累積起來、磨練出來的。世界上沒有任何事物不值得下功夫探索，如果你的目標明確，當然應當圍繞自己的目標去努力；如果你還要選擇，那就想學什麼，想做什麼，就認真鑽研什麼。一個運動員很可能不會嶄露頭角，但在幾年的體育運動生涯中，他真是全身心投入了，那麼這對他以後從事別的職業也是一筆財富。某作家才年輕時當過專業運動員，寫起體育題材來，就是比別的作家得心應手，有聲有色。這不就是實力嗎？現代人的學識和能力，綜合雜交的特點越來越突出，這就需要一個人抓緊一切時機學點什麼、做點什麼，像海綿吸水一樣不斷吸收有益的東西，就可以逐步形成自己的優勢和實力。你有了實力的準備，機遇才會青睞於你。你也就突破了環境與條件的局限，避免了大好時光的浪費。

在選擇目標和職業時，你不要過多考慮怎樣賺錢最多，怎樣最能成名，而應該選擇最能使你全力以赴、以苦為樂的工作，選擇最能使你的興趣和品格得以發展的工作。條件不完備沒關係，選擇改變了不要緊。沒有什麼比進取精神和事業心使人受益更大了。

即使你學過做過的事情與後來的職業沒有多大的連繫，但你那段時期刻苦努力所鍛鍊的意志和毅力也會使你受益很大。正是刻苦和毅力磨練你的體質。促進你的心智，開發你的潛能，糾正你的判斷，使你有實力開闢自己的路，投入生活的競賽中。威靈頓、史蒂芬森等這些原本是渺小的人物，不就是這樣一步步走向偉大的嗎？

第七單元　事在人為，突破環境與條件的侷限

在美國南方的一間小木屋裡，曾經住著一個窮苦的黑人婦女。

她有三個男孩，但她窮得只能給三個孩子做一條褲子。為使他們能受到一點教育，她輪流送他們去上學。老師 —— 一位女孩注意到：三個孩子中每次只有一個到校，而且都穿那條褲子。這可憐的黑人母親為了孩子盡了最大的努力。後來，三個孩子一個成了大學教授，一個成了醫生，一個成了牧師。這對那些為自己浪費時間而抱怨境遇不好、條件太差的人，是多麼好的教育呀！

有許多人為什麼總感到自己沒辦法呢？主要是在思考問題的時候總有一個因循守舊、消極被動的習慣，把境遇的作用看得過於重要，總認為自己的一切是由所處的境遇決定的。聽一聽一些司空見慣的說法，就可以看出這種自卑意識、消極心態：

在這個倒楣的地方，我只能這樣了，混吧。

要是我能調進一個好公司，一切再重新開始！

要是我有學位，或找個像樣的職務，那就可以好好過日子了。

我的丈夫真讓我失望，一點都不知道體貼人。沒辦法，就這麼將就著過吧……

被動型的人，其語言必然有兩大特徵：事情定型、不能改變；抱怨環境，責怪別人。他們總是為自己的消極被動尋找藉口，推卸責任。這種語言特徵正是消極心態抑制能動性的很實在的指示器。消極心態所導致的語言，其嚴重危害就在於讓人在習慣的舊模式裡越陷越深，習以為常，而且還要找出種種客觀理由來解釋或維護自己的消極心態、被動行為。這種人常常感到左右為難、進退維谷，無法支配自己的生活和命運，只能聽從境遇的擺布。他們把自己的不利處境和種種困難，歸咎於外部力量 —— 環境、條件、他人、世俗，甚至時間推移和天上的星星……

究竟是不是事在人為，境由心造？這是自信者與自卑者、成功者與失敗者的分水嶺。

第三章　應力集中，堅持自己救自己

應變勝於株守，靠天不如靠己

每個人都有每個人的生活方式，因為每個人的價值觀念有所不同。

各種生活方式的好壞優劣、成敗得失很難一概而論、統一衡量。但有一條可以肯定：靠自己，走自己的路，主動應變，自我實現，這就是活得瀟灑，就會獲得成功。

事在人為，突破局限，不是簡單的「痴心不改」，也不是死板的「目標不移」，因為環境和機遇畢竟是走向成功的必不可少的重要因素。你一貫聰明而且勤奮，偏偏遇上兵荒馬亂失學失業，你縱有三頭六臂也難；再說假如你真的生不逢時，難以適從，該怎麼辦？可千萬別犯死心眼，在一棵樹上吊死，而應當審時度勢，權衡應變，換幾個生活方式！

在實際生活中，我們每個人都有許多事情要關心，要考慮，要盡力去做，而且還要有所改變和發展。但有些事情的因素很多而複雜，我們只能關心了解，而不能直接控制，按照自己的心願去改變。這就是我們的周圍世界，是包圍著我們並和我們發生連繫的各種事物，即一定的社會環境。這方面可簡稱為「環境因」。而另一些事情，我們個人可以直接控制影響，可以有所作為和改變。

這就是我們每個人的自身，我們個人的心態與行為。這個方面，可簡稱為「能動圈」或叫「主動圈」。

環境圈範圍很大，可以畫成一個很大的圓圈；能動圖範圍很小，它是環

第七單元　事在人為，突破環境與條件的侷限

境圈內的一個小小圓圈。一個人是不是靠自己，其能動程度如何，就看你經常把主要的精力和時間集中用在哪個圈上。

放在能動圈上，在自己可以直接控制影響、可以有所作為的事情上下功夫，這是積極心態、自我發展的本質特徵，這樣必然會導致能動圈逐步擴大，使人感到自己可以主宰自己的命運。而消極被動的人正相反，他們所注意的是環境因存在的問題，注意他人表現的缺點，注意自己無法支配的外部世界。這種注意不是關心了解，而是指望環境能變得合自己的心意，但這種指望往往落空。

因而，他們怨天尤人，反應消極，過度感到環境影響的強大，致使他們個人的能動圈收縮得更小。所以，他們只有相信「命裡注定」，採取聽天由命的消極態度對待一切。每當遇到挫折和困難，他們就會認為問題出在外部環境上，是自己的命運不好。這樣，就總是讓環境和別人支配自己的想法和行為。這種由外而內的模式意味著只有外界情況改變了，自己才有可能改變。

例如：在一家公司裡，老闆有才幹卻又專橫武斷，壓抑了員工的主動性和創造性，員工們怎麼求發展？一般人想問題就是由外而內，總想只有老闆改變了或換人了，自己才有可能轉變。於是，他們總是背後發牢騷，盼著老闆早日下台或退休，指望環境圈起變化。

我們把自己的不利處境歸咎於環境或他人，這當然很容易，而且也有道理，但這樣只能說明自己是一個虛弱的受害者，只能使自己更加消極被動，處境不利。再說，你失去了自主能動性，失去了透過改變自己來改變處境的能力，不利的環境會自行改變嗎？

顯然不可能！

但是，在同樣的處境中，假如這個公司某個部門的主管能夠靠自己，採取主動，他受價值驅使，而不為對老闆不滿的感情所左右。他把注意力放在

他的能動圈上，而不是放在環境圈上。他審時度勢，設身處地的考慮老闆的意圖、公司的任務，彙集有關資訊，分析實際情況，提出自己的建議，讓老闆得到了實際的幫助。那麼，他的努力就會影響老闆。

如在下一次布置工作的會議上，老闆對與會的高級職員們仍然是下命令，責令張三做這個，指示李四做那個……但對這位主動建議、善於溝通的高級職員卻會刮目相看，予以重視，很可能會徵求意見說：「這個問題，你怎麼看？說說你的主意吧……」於是，這個人的能動圈擴大了，即他的影響擴大了。隨著他的影響不斷擴大，深受重視，終於有一天，公司的重要會議如果沒有他的參與和同意，竟不能採取任何重大措施。結果，他改變了處境，得到了發展。

此人的成功並非靠他有什麼特殊的背景和才能，而是由於他能靠自己，能夠主動行動。這種發揮能動性的方法就是把注意力集中在自己可以直接控制的能動圈上，由內而外地擴大影響，爭取轉變。你只要自信主動，對別人微笑，大都會得到預期的效果和相對的回報。

有沒有可能經過主觀上的積極努力而得不到回報呢？有這種可能。我們每個人都有選擇決定自己的心態和行為的自由。但對事情的後果無法決定。後果是由事物的規律和法則支配的。那個主動動腦筋提建議的人，其所思所想必須合乎老闆的意圖和公司的利益，這樣也就符合事物的規律和法則。你的想法和建議確實對公司有利，老闆怎麼會不重視呢？如果違背了事物的規律和法則，你再積極主動也是無濟於事，甚至會自找倒楣。你可以勇敢的頂撞飛馳而來的火車，但其後果由不得你，除非你是想自殺；你可以坑蒙拐騙，但後果是到法院接受審判，至少你要提心吊膽，到處躲藏；你被毒蛇咬了，可以意氣用事，去追趕牠，打死牠，以解心頭之恨，但貽誤了急救排毒的時間，可就沒救了……因而，真正壓抑傷害我們的不是不利的外部環境，不是

第七單元　事在人為，突破環境與條件的侷限

他人的所作所為，甚至也不是我們無意犯下的難免的過錯，而是我們對境遇的消極的心理反應，放棄了能動圈，或是我們沒有遵循事物的規律和法則。

只要我們尊重事物的規律和法則，那麼在自由選擇、主動行動之後，事情的結果有三種：

1. 可以直接控制影響的事情，其後果取決於自己的心態和主觀努力程度。

2. 能夠間接支配和影響的事情，除了自身的努力，還要借助某種媒介和中間力量的影響。而媒介和中間力量終究要依你的主動努力去促進。所以，說到底還是靠自己。

3. 無法支配影響的問題，不可改變的事情，我們只能接受它。

但即使在這無能為力的情況下，我們是否靠自己，是否把注意力集中在自己的能動圈上，依然有很大的作用。這個作用就是能否選擇控制情感，保持良好的自我狀態，能否對自己也對他人示以真誠的微笑。下雨颱風我們無可奈何，但我們內心可以懷有自己的麗日晴天……

突破局限，應集中於自己的目標

人們總是喜歡順境，而不喜歡逆境。可是，事實證明，許多出類拔萃的人才並不是出自順境，而是由逆境造就的。這是怎麼回事呢？探討一下這個問題，對我們如何看待環境與條件的局限並爭取突破，將會大有裨益；至少會使我們面臨困難和壓力的時候能夠心安理得，鎮靜自若。

物體受到外力作用時，內部會產生對抗的力量，這就是應力。

人在身處逆境時，內部更會產生一種頑強的對抗力量。這也可以說是人的應力，也就是得以強化的能動性和意志力。這種應力是使現實生活中的「灰姑娘」改變命運的「水晶鞋」。在這裡，為了做點「精神和意志的應力分

析」，引出「只有自己救自己」才能改善人生的真理，我選抄了兩個完全真實的現代「灰姑娘」的故事。

儘管一篇是作為姐姐的王友琴寫自己的妹妹王友棋，一篇是朱明瑛自己寫自己，但我們要感謝她們寫得真實而自然，既沒有炫耀自己和親友的溢美之辭，也沒有因為習以為常而忽略或埋沒了很有價值的思想。

姐姐是這樣介紹妹妹的：

她獲得了工科博士學位，她關於海洋工程結構的應力分析及實驗研究，專家們認為具有理論和實用價值，具備國際先進水準。她的論文得過科技論文獎，並多次在國際權威性雜誌上發表。美國的著名教授聘請她為美國機械工程學會的會員及學術雜誌的審稿人。儘管她是女性 —— 不少人認為女性是不可能在工程科學上有多少成就的，這類不利條件常能把成績反襯得更加顯著。

她們住的房子是馬棚，只有頂，沒有牆。用竹籬笆將馬棚圍了起來，放了八張竹床，兩兩相依。初到時，看書寫字，就搬個小板凳放在床前。

有一天，一位馬棚同屋收到了家信。她看完了告訴我們，昨天美國人上月球了。據說全世界都做了實況轉播，但我們都沒有收音機，幾個月後才知道這個消息。我們該做什麼呢？能做什麼呢？空擔著一個「知識青年」的虛名，多數人只懂得一元一次方程式，更不要說把很多原來已經能做的事也弄得做不成了。種種希望和理想，似乎就像射進竹籬牆的陽光，碎成了星星點點，聚不起來了。

她似乎很少浪費時間，除了勞動，就是鑽研些什麼，時間安排得比現在大學裡一個用功的學生還緊。當然，不是為了上月球，也不是為了想進大學，而是希望讓科學在生活中起些作用。她不過是個苗圃工，卻讀完了農大的好幾種課本，如《橡膠栽培學》之類。她苦讀過醫書，在自己身上練會了

針灸，治好過幾個病人。她動手建小氣象站，自己動手做百葉箱，立風向杆，養螞蟥，半夜起來記錄溫度溼度……為了學習專業知識，她同時也學習基礎知識，從一元一次方程學到微積分，從 A、B、C 學到閱讀英文書籍，提高到了大學水準。

大概是一九七三年，一批科技期刊恢復出版，她到郵局訂了所有能訂的期刊，用掉了一個月的收入。她的衣服卻是補了又補，鞋子也縫了又縫。她這種對科學的熱忱和鑽研科學的頑強意志，過去和現在，都是她的有力的人生支柱之一。專注於科學，專注於誠實的、有益的工作，使人有更多的勇氣戰勝懈怠、軟弱和虛榮心。

後來她考上了研究生。再後來的事，前面已談過了。

王友棋一步一步走向成功的事實，再一次證明，一個人隨時隨地都是自己的主宰。當你感到軟弱的時候，當你感到環境與條件的局限無法突破的時候，請想一想王友棋的成功之路是怎麼走出來的。別讓自己成為別人操縱、擺布，甚至是欺騙、損害的對象，別人很少會以你的利益和前途為第一。改善你的人生，取決於你自己，要調動你的勇氣和智商，要強化和集中你的應力。你想得到一雙能夠改變命運的水晶鞋嗎？那就只有應力集中，自己救自己！

擴大主動圈，自己救自己

朱明瑛回憶起自己所走過的道路時，使她興奮的往往不是在舞台上獲得的成功，而是她為了達到每一步成功所經歷的過程。

我八歲時，我所上的小學有一門額外的課 —— 鋼琴課。上鋼琴課，每週要交錢，可是我媽拿不出這筆錢，我只能靠自己了。我用筆在自己的木床架子上打上格，畫了一張琴盤。我就在這個琴盤上彈著我會唱的歌。彈琴的指

法、要領，都是我從音樂教室的門縫裡看來的，學來的。我因為家裡窮，從小就知道依賴大人是不行的，只有自己救自己。

我十二歲時進了舞蹈學校，我可摸著真的鋼琴了！有時沒電，我就摸著黑彈。這對我後來轉向搞音樂，是太有幫助了。我在舞蹈方面的條件在學員班裡是最差的。比方說芭蕾中的「一位」，我就是做不好。老師氣壞了，沒辦法，下狠心練吧！我連睡覺時也不願誤了練腿。我把兩條腿綁在兩邊的床架上，把人撕開了睡覺。

成功的祕訣其實也很簡單，那就是絕對不要吝嗇精力。臨畢業時，我終於能跳獨舞了，成了好學生了。逆境可以激起奮發的精神。每次逆境都是一次對意志的錘鍊。如果沒有這一次次的逆境，我也不可能養成不斷進擊的習慣，一種想做一件事拼死也要做成的習慣！

我們團下放在農村那些年，我在那坑坑窪窪的泥地上也一直堅持練功，有人說我像一只矇了眼睛的牛一樣蠻幹！可是我總覺得人類對藝術的追求、對美的追求終究會衝破一切違反藝術、違反事物規律的做法的。我有一種信念：東方歌舞團會恢復的，對東方歌舞有用的東西我都想學。這樣，下放的後期，我就開始學英語。後來回家後，我又找了英語老師。

我下班就得來回坐兩個小時的車，上老師家去學英語。那時我已經結婚生孩子了。下了班顧不上回家吃飯，一邊吃一邊趕路。那時我三分之一的薪資都用來繳學費了，簡直每個單字都是用錢買來的，用命換來的！

有時，我晚上九、十點鐘學完英語回來，正趕上暴雨，我又沒帶雨傘。我餓著肚子，捂著書包，只好由著雨淋。我這樣疲於奔命，兒子又得不到母愛，我這是何苦呢？我這樣苦學苦練究竟有多少用途呢？現在誰都知道英語有用，我這樣苦學，人家都笑我。當一個人覺得特別苦的時候，而且還沒有看到光明前途的時候，這是最難過的。一個人下決心容易，有恆心不易。但

第七單元　事在人為，突破環境與條件的侷限

只有闖過最困難的一關，你才有可能，也才有權利去享受成功的快樂！

後來，我又考上了語言學院，教學全部用英語。我上課時緊張得恨不得每根頭髮都豎起來，因為只有我是留職進修的。乘車趕路的時間我都用來複習功課。

現在有人常說，朱明瑛你真行，鋼琴、舞蹈、外語、唱歌……都行！你可真幸運！我幸運嗎？人們羨慕我的時候，並沒有看到在我所取得的一點點成績背後所付出的代價。依我說，你要付出努力，也一樣行！比我更行！可是你又會說，我可受不了！其實，什麼樣的人才值得別人羨慕？那是具有非凡的意志和能力的人，具有強大精神力量的人。

人往往容易埋怨，生別人的氣。我是認定一條：與其對別人生氣，不如自己長志氣。譬如頭一回加薪，我沒加薪。有些人沒加薪，又是告狀，又是不上班，消沉了。我相反，我反而搬到團裡來住，更發憤了！人還得有本事，有貢獻，人家才承認你。那時團裡一到晚上樓裡黑乎乎的就我一個人，因為剛搬到這裡，連暖氣也沒有！我凍得只能披著被子啃乾饅頭。我為什麼住在團裡！因為團裡有一台破舊的答錄機，我可以用來練歌……

我是個舞蹈演員，為什麼到了三十歲還要從頭學唱歌？我可不是胡來。我曾一夜一夜的睡不著，對自己進行分析：我樂感好，學外語接受能力強，還有那麼多年的舞蹈訓練。我把這一切結合起來，可以闖出一條邊舞邊唱外國歌曲的新路子。亞非拉的藝術很需要載歌載舞，團裡沒有人這樣做，我來填補這個空白。

我在團裡找了一位聲樂老師。他說：「你想學唱歌？朱明瑛，不是我打擊你的情緒，你要是二十年後能把歌唱好，我就可以到聯合國去做報告了！」我說。「老師，你別說幾十年後的事，你給我說近的，怎麼練才能進步？」他說：「一天練無數遍！」「那麼方法呢？」「把嘴張大。」我就把嘴張大了，

練了無數遍，直練得腮幫子酸痛，連饅頭都不能嚼了！

過了一段，我請老師聽我唱，他激動了，說：「行啊，朱明瑛，你很刻苦，你的理解力很強！你保證能學出來！」他打開了門向過道裡喊著：「來呀！來呀！快來聽朱明瑛唱呀！」我又唱了，他一邊給我鋼琴伴奏，一邊興致勃勃的對進來的人說：「怎麼樣？怎麼樣？」

我得找適合於自己演唱的歌曲了。人應該尋找最大限度的發揮自己才能的一個突破口。人的自我發現對於一生的成功太重要了！有些人埋怨自己被埋沒。這種情形當然存在，不過人才的埋沒（除了特定的社會原因）更多的是自我埋沒。

後來我找到一張薩伊的歌曲唱片，很適合我的音色，可是我總覺得語言學不像。語言說不好，怎麼能唱好？上哪裡去找薩伊人呀？語言學院允許有薩伊留學生。我就去了。學院說，你是哪裡的？介紹信呢？我白跑了一趟。第二天我拿了介紹信了，人家說留學生四小時後才下課。那是冬天，刮著風，陰冷陰冷的。我的手戴著手套還得插在棉襖袖口裡，頭髮被吹得擋著眼睛了，可是我不敢把手從袖口抽出來掠開頭髮。我想跑步也許能暖和一點，這一跑不要緊，汗讓風一吹，更冷得不行。我心想，今天除非我凍死了，否則我非得學到薩伊語不可！四小時後，我找到了留學生。

就這樣，我上語言學院、外語學院、廣播電台、外國專家局，學了很多外國歌曲。人是有很大潛力的，但人們往往在缺乏信心的情況下，讓自己的潛力流失了。有時我也動搖，但是很快就戰勝了自己的軟弱，又充滿了自信。只有在這點上，我是欣賞自己的，而且不怕逆境，冒險犯難，越不順利，勁頭越大。我覺得人一幸福，就要開始懶惰了。

人就怕沒本事，不怕沒機會。不少人說我一步登天。其實，我在任何一步上稍一遲疑，就可能沒有勇氣走下去了；現在有的人老愛說沒機會，可是

在機會到來之前，你做好了迎接機會的準備了嗎？從來的偶然性是包含了必然性的呀！

這不是童話故事，而是真實的人生。王友棋和朱明瑛所處的環境與自身的條件並不理想，那種種令人憂煩苦惱的困難和局限，哪會適合她們成為科學界的新秀和文藝上的明星呢？然而，真實的人生也有童話故事裡的奇妙之處，「灰姑娘」卻偏偏擁有「水晶鞋」。但這改變命運的「水晶鞋」不是救世主的同情和恩賜，而是一種只有自己救自己的積極心態和精神力量。你想突破局限、改善人生嗎？那就請你認準這個理，掌握這個法寶：你能戰勝自己，就能征服別人！你要相信，你有這個權利，拿出你的勇氣，別急躁，吃到一個壞雞蛋，並不等於永遠只能吃到壞雞蛋。你要甘願吃苦，勇於冒幾分風險，才能堅持不懈的試驗你的假定，才能做到本以為不能做到的事。

第四章　事成於謀，僅有正義是不夠的

重視權謀作用，盡力爭取支持

在環境的局限和處境不利中，一般來說，最大的、最令人頭痛的問題莫過於主管對你輕視、誤解、一有偏見，甚至是有意的打擊壓制。王字加一裡，有權就有理，胳膊扭不過大腿，你除了當個「乖寶寶」，還能有什麼辦法？

其實，市場經濟的發展，正在改變這種陳腐的格局。從我們個人的處世哲學來講，你只要心態積極，能在自己的能動圈上下大功夫，就可以改變自己的處境。能夠征服自己的人，就能夠征服別人，大都如此，遇到和主管有矛盾也不例外。但是，我們為什麼要等待和主管意見不合再去想辦法應付？最好是從事情一開始就努力爭取主管的了解、信任和支持。

在做人處世的哲理與準則中，我們往往把單純、真誠、正直等等良好的品德看得太神聖了，太絕對了，以至在我們的意識中竟沒有「權謀」的一席之地。權謀之術似乎也成了陰謀家、黑組織和各種不法之徒的「專利」和特長。要知道，在你的周圍並不是所有的人都是捧著一顆善良、真誠的心和你打交道，那麼你和別人打交道也應當看具體對象，「看碟下菜」。在大多數情況下，我們應當捧著一顆單純、善良、真誠、正直的心與人交往，與人相處，但總有某些複雜的情況需要我們多留個後路，要用點心計。

權謀之術未必都是壞心歹意，主要是要有所預測、有所設計、有所用心。

一個人要爭取發展或自己創業當然要自信主動，靠自己，在能動圈上下功夫；其中也包括自覺的建立和發展良好的有效的人際關係。對此，沒有人不贊成，但許多人卻認為親近主管，找有影響力的人給予支持，是一種不光彩的事情，因而不肯這麼做，似乎這麼做了就會有損自己的人格。這樣的想法對嗎？這種人也許人格純真而高尚，卻不可能成功。因為他們的想法和做法大愚笨了。成功的規則之一是：你若有把刀，就用它；沒有的話，就要趕快找一把刀。

我們許多人在某個部門或公司裡工作，沒有什麼家族或宗派的關係背景。但這並不意味著你不能找一位有實權、有影響的人充當你的顧問、導師、支持者和保護人。你若沒有這種可以求助的人際關係，那你就去尋找和建立，只要不違背法律、原則，不損害他人的利益，就是合情合理、光明磊落的好事，而不存在什麼不光彩和有損人格的問題。

譬如：你現在剛好進入某個部門或公司工作。你不僅要注意提高你的職業技能，而且要重視發展人際關係，尤其要發展你和主管或老闆之間的關係。你首先要仔細觀察周圍的環境，搞清楚重要人物的基本情況，從中挑選

第七單元　事在人為，突破環境與條件的侷限

一位有實權、有水準的主管或老闆，多和他接觸來往，為他多做些事情，如求醫問藥、搬家購物、開展活動之類，盡可能的成為他的左右手、非正式的助手，你若找對了人，當他有機會升遷時，他會順手提攜幫助過他的人，也會使你的處境得以改善，向成功的目標接進一步。至少在遇到什麼問題時，你和他容易溝通，或他會為你說話。

要做好這件事，掌　握好分寸，最佳的方法是隨時隨地留意各種資訊，尤其要仔細傾聽辦公室裡的閒談，盡快盡多的發現人際關係的複雜微妙之處。請記住，一定要用心傾聽，觀察入微，要有意的和那些最了解情況的人多交談。假如這個公司裡有位工作了二十年或三十年的祕書，她一定知道「寶貝」藏在何處。在你施展權謀之際，尋求支持的過程中必須遵循公共關係的基本原則：努力做好，讓人知曉。互惠互利比獨攬利益更能使你脫穎而出，左右逢源。

一旦你在公司或公司裡站住了腳，並且決定要跟誰走的時候，要同時搞清楚你的盟友和「同黨」是誰，你的對手和潛在對手是誰。當然要記住，盟友的名單越多越好，而「敵人」的名單越少越好。即使是「敵對關係」也要盡可能「和平共處」，只有在有必要表現你的價值和作用時，才去勇敢拼爭，爭則必勝。因為你的目標是要摘取一顆逐漸上升的星星，而不是隨便給什麼人當槍使，也不是為了自己逞能出風頭。

不論你找的「顧問」和「法師」是誰，你都利用一切機會表現自己的價值，引起人們的重視。你要盡可能的使權威人士知道你的作為，讓他們知道得越多越好。他們若是了解你、重視你，你就比那些庸碌無為而又默默無聞的人更有機會和條件突破環境的局限，求得發展，獲得成功。畢竟，當那些主管和權威人士急需要人手擔當重任的時候，最先最多跳入他們心目中的名字就會被選任和重用。

總之，我們要承認「胳膊扭不過大腿」有一定道理，所以我們盡可能不要去「扭」，而是要「利用」。這就需要在努力做好、讓人知曉的基礎之上，重視併發揮權謀的作用。

面對複雜的鬥爭，不能僅憑正義

正義必勝，是指正義的事業和行為深得人心，不論經歷多少艱難險阻，最終都會取勝的。但在一個具體環境，對一個具體人來說，面對複雜尖銳的鬥爭，僅憑正義是不夠的，還要重視和運用謀略。凡事在於設計，設計得好，太空梭可以上天，設計得不好，公園裡的遙控飛機也可能掉下來發生災難。恐怖分子劫機成功，是因為恐怖分子的劫機設計優於航空公司的保安設計；反恐怖專家反劫機成功，是由於反恐怖設計好於劫機設計，故萬事成於謀。然而，要想運用謀略必先具備足夠的膽識和勇氣，說到底仍取決於心態。請聽一位叫步雲的女營業員的生存自白：

我們這個書店大陸是較大的書店，有零售有批發，每年還與出版社合作出版幾本書自己發行。而我們的經理卻利用這些條件在短短幾年內成了「富翁」。許多人因對他不滿而被排擠出去了，當快排擠到我的時候，我就主動出擊，寫了一份報告交給監察部門，沒想到報告「出口轉內銷」，又回到了我們經理手裡。

他把報告摔到我面前，那副凶相像是要吃人；他對我吼道：「看看吧，你做的好事！抵賴也沒用，我已經找警察局鑑定過了，就是你的筆跡。今天我們話放在這裡，這事我奉陪到底了，我們是白刀子進去，紅刀子出來，你死我活！」第二天，我強打精神去上班，也真邪了，所有的人都像躲瘟疫似的躲著我。我知道自己的苦日子開始了。從那以後，該加薪的薪資沒有了，該輪到升遷也沒提。最讓人受不了的是這個經理總是從精神上折磨人。他和他

第七單元　事在人為，突破環境與條件的侷限

手下那幫人不斷在下面散布謠言，甚至公開在大會上說，我想誣陷他，把他搞下去，好讓自己上來，還有什麼我患精神病，是瘋子，我手腳不乾淨，和別人關係不正常等等。沒過多久，他又在全店大會上宣布，對我「額外」處理，限期調走，否則除名……我反腐敗，怎麼會這麼倒楣？我找上級主管反映問題，他們的口徑倒挺一致，說什麼經理很好嘛……我談實情，他們連聽都不愛聽，以馬上開會為由把我給轟了出來。

我滿腔悲憤的回到家裡，躺在床上翻來覆去的折騰，止不住流淚，無意中瞥見了窗台上那一小瓶「農藥」。我毫不猶豫的拿起來，一口氣喝了下去。就在這時，我丈夫回來了，立即送我上醫院，經一夜折騰，我被搶救過來了。

這段時間裡，公司竟沒有一個人來看我。即將出院時，幾位已退休或被調走的老同事來看我。他們聽說謠傳我畏罪自殺了。聽了這話，我恨我自己為什麼這樣糊塗軟弱，簡直是恥辱！大家安慰我，並說今後我們一起做。從此，我不再是一個人孤軍奮戰了。

我們一塊商量問題。分頭去反映，然後再綜合情況，找出解決辦法。就這樣，經過了幾個回合的較量，事情終於有了突破性進展。

我們發現，這個經理之所以肆無忌憚的以權謀私，大把撈錢，明目張膽的打擊報復，是因為他在上下左右編織了一張保護網。這是一張用「糖衣炮彈」、利益交換編織起來的大網。他用名貴的禮品對一些人投其所好，一打一個準，幾乎是百發百中。用他的話說，對付夠等級的人得用夠等級的辦法。

現在我們是柳暗花明了。這個傢伙已經受到處理。這一切是與我們這一群人的團體努力，同時也是依仗了法律的威力。

這位營業員最後總結出的兩條是非常重要的。事成於謀，就是要謀劃團體的努力和法律的作用。主要是因為在現實生活中，僅靠個人力量，僅憑正

義難以衝破權勢的壓制和關係網的圍困。

　　本來，群眾舉報是建設民主社會、懲治腐敗的有效途徑，但你所捅的馬蜂窩，大多涉及到一些當權者。被舉報人就會憑藉其權勢和關係網採取各種方式打擊報復舉報人。據報載，某公司一位會計舉報該公司經理的財務問題。不久，他便被以各種理由免職停發薪資。某公司一位女幹部因舉報公司主要主管的財務問題，這位主管公然在大會上說。「有人舉報我，不就因為沒有提拔她當副處長嗎？這種作風敗壞的人能提拔嗎？我倒沒什麼，就是大家得跟我一起過不好年了，請大家把公司發的那幾項福利款繳回來吧！」於是，台下叫罵聲四起。這位女幹部一時想不開服毒自殺，雖然搶救脫險，但一直神志恍惚形同廢人。有的舉報者還慘遭殺害。對此一當然急需要制定明確的法律來完善規範舉報工作，保護舉報人的合法權益。

　　從我們個人來說，面對複雜尖銳的難題和鬥爭，一應當轉變意識：僅憑正義不夠，還要重視並運用謀略。在講求謀略上至少應當注意三點：

1. 處境不利，等待時機，先要抓住能夠繩之以法的證據再公開行動。
2. 任何人都有弱點，摸準並針對其弱點，設計行動謀略，盡量借助可靠的權威力量。
3. 祕密串聯，尋求盟友，動員組織社會力量。

　　瓊‧海斯是個普通的美國老太太，家住夏威夷。她的住宅周圍來往汽車的喇叭聲以及店鋪播放音樂所形成的噪音使人難以忍受。幾年前，當地政府對都市噪音問題並沒有任何規定。於是，她便串聯了一批和她一樣對噪音不勝其煩的居民，成立了一個反噪音委員會，發動了反噪音運動。經過她們不懈的努力，州議會透過了反噪音法案，在全州實行。而瓊‧海斯在這場運動中顯示了才幹，從而贏得了選民的信任，進入了州議會。一九九〇年，她競選連任州議員，又獲成功。

第七單元　事在人為，突破環境與條件的侷限

像瓊‧海斯這樣因為某種社會問題或生活問題而從政的美國人或許不算很多，但她所展現的那種自信自主的參與意識卻很常見，相當普遍。有許多美國人出於對自己所住地區生態環境的關心，便組織起來，密切注視環境汙染的動態，並透過散發傳單、電話訪問、組織講座，呼籲所有居民警惕並制止酸雨的危害。

怎麼解釋形成這種參與意識的主要原因呢？一位美國社會學教授說：美國人對社會的期望比較高，政府卻持懷疑甚至敵視的態度。他們認為，問題由民眾自己來解決，比政府干預的效果更好。此外，美國人十分相信個人的作用，相信一個人遇到了什麼問題，與其怨天尤人不如採取行動；問題解決不了，只能說明自己無能。我們不必也不能照搬美國人的想法和做法，相信「事在人為的觀念，有助於我們培養積極的心態，主宰自己的命運，改善生存與發展的環境。總之，職務和地位當然有很大的作用，但它大不過人的正直、勇氣和智謀。

她叫陳茜，三十幾歲，是一家機械廠的助理工程師，還是個業餘模特兒。她那「亂妝」式髮型用一根黑綢帶高高的束了起來，走路的姿勢就像模特兒在台上表演一樣，看樣子活得挺自在，挺瀟灑。可是她的女性魅力也給她帶來了煩惱：

處長總跟我過不去。考核時他非但沒給我說好話，還說了不少壞話。在這之前，我寫了一本機械加工方面的書。他就是不讓我出版，說我占用了廠裡的技術資料，說這些資料是大家的心血，怎麼能讓你一個占用。我說，既然這樣，大家都掛上名好了，我只算個執筆。他說，那也不行，資料還要保密呢。

我真不明白他為什麼這樣和我過不去。後來，辦公室的幾個小夥子跟我開玩笑說，我主要是沒讓主管舒坦了，所以他才總跟我找麻煩。我恍然大

悟，我似乎回憶起，他是有那麼幾次下班後主動約過我，但我沒當回事的一口回絕了。現在輪到我自食其果了。

我有我的辦法。有一天，我約他下班後去飯店吃飯，他欣然赴約。兩杯酒下肚後，他就放肆了，向前探著身子，在桌下抓住了我的手，半天也不放開。我當時也沒有要抽出來的意思。我想讓他表演夠了自己撒手。他一邊喝酒，一邊不停的說著那些肉麻的話。我裝作很專注的聽著。待到我覺得差不多了的時候，我也往近湊了湊，注視著他說，過癮了嗎？我看夠了！在我想讓你看件東西。我邊說邊抽出手來，從放在桌上的書包裡拿出了一個索尼的錄音筆。我說，這個牌子的錄音效果應該不錯吧？他當時傻了。我說，喝吧，你儘管接著喝。現在你聽我也說幾句。你一而再、再而三的排擠我，我都沒理你，其實並不是害怕，也不是沒辦法對付你，而是覺得像你這樣的人能混上個處長實在不容易！我好幾次都想破費點錢、找幾個哥兒們，把你給打廢了，可始終沒有這樣做。就是為了這。當然還有你的老婆和孩子，你那個小孩挺好玩的。但從今往後你要是再跟我過不去，我可就顧不了這麼許多了。我說完就招呼櫃台小姐過來付了帳。快出大門的時候，我買了一盒月餅塞給了他。我說，別忘了今天是中秋節，拿著回家繼續裝模範丈夫吧。

從那以後，他果真對我起了變化。去參加時裝表演的申請和助理工程師的職稱一塊批下來了，我也從此再也沒被他找過麻煩了。

這位從事技術工作的業餘模特兒能如此瀟灑自如，改善了自己生存和發展的環境與條件，原因還是她心態積極，能夠獨立自主的追求屬於自己的價值觀念和生活方式。

第七單元　事在人為，突破環境與條件的侷限

第八單元
更新觀念，構建屬於自己的頭腦

第一章　現代人要有新觀念

心態積極意味著自覺的更新觀念

　　成功心理的三大要素之一就是要有自己的明確的價值觀念，發展積極心態就是意味著自覺的更新觀念。

　　我們每個人都身在其中，不可脫離的社會環境早已透過各種教育、資訊傳播和文化薰陶，在我們的心理上栽下了真善美的根苗；但與此同時，也在我們的心理上構結了虛假而陰暗的蛛網。人是社會之人，人們的環境隨著經濟的變化而變化，有所除舊迎新，但又隱然的根深蒂固的存在著許多受傳統觀念支配的價值判斷、陳規陋習。我們常常為了達不到自己的理想境界而憂心忡忡，失去信心；也為了做出與「社會上公認的規範」相抵觸的事情而煩惱不安，困窘不已。而這一切又不可能掩蓋隱瞞。我們不清除心理上早已存

第八單元　更新觀念，構建屬於自己的頭腦

在的蜘蛛網和假象，我們的心態就積極不起來，我們的人格就不再健康。

　　個人，作為社會實踐的主體，自然應該隨著社會的經濟基礎和文化環境的改進而調整或重建自己的價值觀念與人格結構。反過來，人的變化又會促進社會環境與文化氛圍的改善與進步。因而，從心理學和成功學的理論來看，觀念更新、人格再塑本是一個經常性的動態流變的過程。人只要活著，更新與再塑的過程就隨時都在進行。既然如此，我們就聽其自然，從眾，不就行了嗎？何苦還要自己有意識的去破舊立新呢？這是因為我們要求開發潛能，提高素養，發展積極的心理態度，走上人生的成功之路，不能只是被動的接受影響，只是去走人們已經踩平的道路，而應當自覺的主動的更新自己的觀念，再塑造自己的人格。瀟灑的內涵是有意識的追求和表現人生價值與人格魅力，如果不是自覺主動去想去做，還談何有意識呢？許多人正因為缺少這種觀念的追求和表現，儘管有文化知識，有好心良願，卻依然擺脫不了陳規陋習的束縛，而不能瀟灑自如的做人處世。

　　東西方父母對孩子教養的方式截然不同。如果一個美國的小孩子不慎摔倒了，哇哇大哭起來，即使父母近在咫尺，也不會把孩子扶起來，更不會為他安撫、擦眼淚。但另一方面，美國人也絕不會強迫子女做他們不願意做的事情，包括子女不肯上大學、中途藉故退學、交了什麼朋友等等。家長對子女的錯誤選擇雖有看法、不滿，但只是堅持耐心勸說，絕不會因此而翻臉失和。他們認為：與子女爭吵的父母，絕不是好父母。當子女自己感到走錯了路，想回頭，並要求父母幫助時，父母一定會全力以赴，為孩子分憂解愁。

　　哪一種觀念更好，更適應現代化社會的需要呢？你也許覺得，從子女方面來說，小時候還是父母百般疼愛，周到照顧好一些。可是正因為這樣，大多數父母總是要求子女必須服從自己的意志，稍有違背就要翻臉失和，責怪孩子如何不聽話。而孩子長大了呢，許多青年又習慣於依賴父母過日子。他

們的父母省吃儉用，而他們卻用父母的錢揮霍。。

　　決心更新觀念，懂得人生就是選擇的道理，卻是值得我們每個人下功夫解決好的課題。透過上面列舉的普遍存在於現實生活中的一些事例，足以說明，能否自覺的更新觀念將會極大的影響我們每個人能否發展積極的心態，能否改善人生。

不僅是改變某種觀點，而且是觀念模式的轉變

　　幾年前，德國專家在某國舉辦過一個培養高級管理人員的培訓班，參加學習的都是一些大中型企業的廠長或經理。一次上課，一位德國專家出了一道考題。他拿出一張圖表掛到牆上，圖上列舉了企業的各項重要工作。他要求學員將自己認為企業要著力抓住的最重要的一項工作，即什麼是綱，標示出來。結果，答案五花八門，有認為抓產品品質最為重要的，有認為調動職工積極性最重要的，也有的認為提高職工的收入最要緊……等等。但是，德國專家提出的正確答案令學員們大惑不解，居然是這樣一句話：市場占有率。

　　誠然，一個企業要求發展理應抓產品品質，調動職工的積極性，提高職工的收入等等。但這些不是最重要的，不是統帥企業的綱。假如產品品質好了，職工的積極性也調動起來了，但是生產出來的產品或是經營的專案不對路，在市場上賣不出去，產品品質再好，職工積極性再高，又有什麼用呢？企業的價值不能實現，又哪裡談得上提高職工的收入呢？而強調市場占有率就大不一樣了，因為只要產品能占有市場，具有較高的占有率，這不僅是做好了行銷工作，而且是引出和促進了一系列對企業的高要求、新改造，使一切方面都得以發展和提高。所以，市場占有率是衡量一個企業辦得好壞的主要標誌，也是統帥企業一切工作的綱。

　　這種很有代表性的事例說明：自覺的更新觀念，不僅是指對某些新事物、

第八單元　更新觀念，構建屬於自己的頭腦

新觀點能夠接受和贊同，而且更重要的是在於觀念模式、思維方式的轉變，在於能夠實事求是看待一切具體問題。

一個企業家能夠贊成深入發展市場經濟、建立和完善現代企業制度，但在企業的經營管理上未必會自覺的以市場占有率為綱。這就叫觀點和態度上基本解決了問題，而在觀念模式上卻沒有破舊立新，從根本上轉變。

市場主宰，這是一個根本性的觀念模式的轉變。即使你所從事的工作不在經濟領域，但你的觀念模式、思維方式也要適應市場經濟的發展，也要首先考慮你所做的事情是不是社會需要。

作家和編輯，他們的工作不是直接賣書，但你寫的書、編的書，必須要考慮社會的需要。這當然不是說只考慮經濟效益，不考慮社會效益。事實，社會效益本身就意味著適應和滿足社會需要。

總之，市場經濟的發展必然主宰一切方面，必然要求人們有新的價值觀念與之相適應。這些新的價值觀念包括；效率觀念、競爭觀念、價值的多元化觀念、要求自由平等公正規範的觀念等等。

觀念模式是否轉變，關係到一個企業或一個人有無發展。不同的地區、企業和不同的人為什麼會貧富有別？人們往往以為主要是地域環境條件、政策的開放程度和人的智商有所不同。無疑，這些差別是有作用和影響，但更主要的因素是由於觀念不同。以商人的變化為例，商人大多發財致富了，他們發的是觀念更新之財。商人的個體經濟率先發展，而且速度效益都很高。它的經濟啟動靠兩支大軍：一支是生產大軍，成千上萬個手工加工廠，生產簡單細小的諸如秤桿、鈕扣、刷子、裝訂機、服裝、鞋帽之類商品；另一支是撒向各地的背著提包到處跑的推銷隊伍（或交給經銷商）。一邊生產，一邊推銷，用推銷訂貨來促進指導生產，這就是商品經濟意識、市場競爭觀念。發展到如今，商人能搜尋捕捉到各種資訊，並使之很快轉換為商品。

在貧窮落後地區，人們普遍持有小農經濟觀念，正是這種舊觀念阻礙人們走出困境。相反，普遍持有商品經濟觀念的人們，就會積極主動開拓新路，走向富裕。誰先更新觀念，發展商品經濟，積極投入市場競爭，誰就走在經濟發展的前列而先富起來。所以，從某種意義上講，靠勞動和經營致富的人大都發的是觀念之財。

這類群體之間在觀念上的差別，揭示了個人與個人之間的觀念不同，不僅是在某個具體問題上會有不同的看法，而且是整個觀念模式上的差異。這種觀念模式的差異決定了人們給與所看到的世界會做出不同的解釋，因而也就會採取不同的態度。所以，我們要特別重視觀念模式的轉變。

美國心理學家史蒂芬‧柯維就觀念模式的轉變講過一段他自己的親身體會，給人以啟發。他和妻子為兒子的問題苦惱。兒子成績不佳，不善與人交往，再加上個子又小，瘦骨伶仃，而且動作不協調，如打棒球，對方還沒把球投出，他就揮出了球棒，逗得旁人哈哈大笑。

父母為幫助兒子，有意的鼓勵他振奮起來：「來吧，兒子！你可以！我們知道你行……」「注意，眼看球，等球近了再揮球棒！」遇有旁人笑話時，他們就為兒子辯護：「他年紀小還在學呢，有什麼好笑的？」……然而，兒子卻哭著說，他不行，他永遠也學不會，他再也不打棒球了。

這些努力為什麼會無濟於事？

史蒂芬說：「對兒子的幫助，問題在哪裡？就在於我們為幫助兒子所做的一切與我們對他的實際看法並不一致。檢查我們心底的看法是：說到底他是不行的，落後的。這樣一來，不管我們怎麼鼓勵他，我們實際上輸送給他的資訊是：你不行，你必須得到保護。那麼，要想改變這種情況，必須首先改變自己，改變自己陳舊的觀念模式。

我們意識到，社會比較動機與我們內心深層的價值取向不一致。這種不

一致可能導致帶有條件的愛，並導致孩子自我價值感的減少。所以，我們放棄了改變他的嘗試，而是站到一邊感受他的本體和個性，包括他的獨立性和價值感。於是，我們看到了兒子的獨特長處，看到了他身上的潛力。我們放手，讓他自己的性格暴露出來。我們真實自然的肯定他、尊重他、讚賞他，我們不再對他進行比較、評判，而是喜歡他了；我們不再以自己的意象複製他，不再以社會期望的標準衡量他了；不再試圖好心而積極的擺布他，使他變成一個可以接受的社會模型。因為我們認為他基本上是夠格的，是能夠應付生活的。所以當別人對他嘲笑時，我們不再為他提供保護了。當然，他要經歷取消保護的痛苦，但無需大驚小怪。『我們無需保護你，你基本上是蠻不錯的』—— 給他如此的無言的信號。此後，他以自己的步伐和速度成長起來，變得性格坦率，成績全優，能力較強。」

顯然，問題的關鍵就在於觀念模式的轉變。模式，也叫範式，是一種理論、一種解釋、一個規則，或是一種框框。它是我們觀察世界的方式 —— 觀察世界時，我們所用的主要不是視力、聽覺，而是我們的理解和領悟，我們所做出的解釋。模式就是地圖，你要不迷失方向，首先要有準備的地圖。我們每個人的心中都存在許多地圖，並透過這些地圖來解釋我們所看到和遇到的一切，卻很少對它的準確性提出疑問。我們常常以為自己所看到的事物的模樣就是它們的真實模樣，其實不一定。就像史蒂芬夫婦對他們的兒子原來的看法：孩子真的很笨嗎？需要保護嗎？如果能認定人人都有巨大潛能，增強個性與自我意識比什麼都重要，那就會放棄原先的不真實的看法。這就是觀念模式的轉變。

我們的觀念模式無論正確與否，都是我們的態度和行為的源泉，並最終是我們與他們建立和發展什麼樣的關係的源泉。我們若想讓自己的生活有點小變化，略有改觀，我們可以盡量改善我們的言談舉止、態度行為。這麼做

當然是必要的、有益的，有時也是很重要的。但是你若想取得重大的突破和總體的轉變，那就必須在最根本的問題上下功夫 —— 更新觀念、轉變模式、發展積極心態。

梭羅說得好：「撻伐邪惡之樹，一擊在根勝似千鞭在葉。」

加強主體意識，構建屬於自己的頭腦

人生在世就是為了生存和發展，而不是為了實踐某些祖宗王法、傳統教條，也不是為了在世俗觀念上循規蹈矩。這就需要我們自覺的更新觀念。那麼，自覺與不自覺、新與舊怎麼區分？所謂觀念「新」，所謂「自覺」，主要應當有兩條標準：一是努力堅持實事求是的思想路線，就是要讓自己的思想認識盡最大的可能接近和符合事實，並從客觀事實中引出規律性的東西。二是加強主體意識，構建屬於自己的頭腦。

成功心理的三大要素，有兩大要素 —— 積極的自我意識和明確的價值觀念，都意味著凡事要有自己的頭腦。另一要素 —— 良好的自我狀態，也需要自覺的更新觀念，也要構建屬於自己的頭腦。人的觀念從根本上講是隨著自身所處的社會經濟文化的發展而不斷更新的，但從樹立成功心理的意義上講，這種不斷更新不能是聽其自然，從眾，跟著走，而要自覺主動的更新觀念，並透過觀念更新與加強主體意識的相互促進來構建屬於自己的頭腦。只有這樣，我們才能選擇控制自己的思想情感，駕馭自己的生活和工作。

我們面對經商大潮，你要不要下海？面對速食文化，你是不是悲嘆世風日下？面對西方的社會思潮，你是拒絕還是接受？面對傳統的主導理論和文化沉澱。你是墨守成規還是改變發展？在一系思想觀念問題上，唯上唯書的書卷氣和八股調只能使我們成為被動的任人擺布的怯弱者；只有自己去思考，去選擇，去比較，我們才會成為自信主動、駕馭生活的成功者。

第八單元　更新觀念，構建屬於自己的頭腦

　　為了構建屬於自己的頭腦，我們應當堅持兩點：一是堅持實踐是檢驗真理的唯一標準，二是堅持進行「雅努斯思維」，最好是把這兩點結合起來，而且要從自己的實際出發。堅持實踐檢驗真理就是尊重事實，實事求是。

　　什麼是「雅努斯思維」？就是對於直接對立、相互矛盾的思想、事物或現象的同時認識和思考，在比較中加以鑒別，去偽存真，捨非求是，也就是辯證的創造性的思維。為什麼以「雅努斯」來為這種思維方式命名呢？原來，「雅努斯」是羅馬神話中的一尊「兩面神」。他的腦袋前後各有一副臉孔，一副看著過去，一副注視未來、如若你留心古羅馬錢幣，便可發現，那上面常有這位尊神的形象：他一隻手拿著開門的鑰匙，另一隻手卻拿著警衛的手杖。於是一提到「雅努斯」，人們就會想到「對立」。許多科學家和藝術家的偉大發現和創造就是「雅努斯」思維的成果，如法國科學家巴斯德對預防接種的發現。

　　西元一八八〇年，法國農村雞瘟流行，死亡率高達百分之九十。巴斯德和他的助手們從病雞身上取下細菌，經過培養，給試驗用的小雞食用。

　　小雞吃了帶菌食物，很快死去。巴斯德斷定：雞腸是這種細菌繁殖的地方，雞糞是傳染的媒介。但在實驗中，卻有幾隻接受過菌液注射的小雞竟然沒死。經查詢得知，助手給這幾隻雞注射的菌液，不是新近配製的，而是放置了好幾個星期的，毒性較小。巴斯德經過一系列實驗證明：把微毒菌液注射到健康小雞的體內，不僅不會使小雞得病死去，反而能獲得不怕傳染的免疫力。「預防接種」就由此發明，造福於人類。巴斯德這種「既被傳染又不被傳染」的思路，正是「雅努斯思維」的方式。

　　如今，市場經濟影響到現實生活的各個方面。改變心態、更新觀念，其關鍵就在於透過對立比較的「雅努斯思維」來揭示事物的真諦，掌握人生的哲理。既不是人云亦云，追趕時髦，也不是脫離實際；既不是搬西方的東西，

也不是有於傳統觀念的束縛，回歸以往。我們所關注的重點是：市場經濟的發展正在呼喚與之相適應的新的價值觀念，在這個重點上，我們每個人所面臨的問題基本上是一致的。我們要改變自己不良的過去，最好的辦法就是剖析自己，對照他人，對問題的錯綜複雜性進行對立比較的深刻思考，認清那些貌似合理、習以為常的傳統觀念怎樣沉澱在自己的內心，造成了我們拘謹而懦弱的人格。這就是下一章要談的在傳統文化心理的深層爆破！

第二章　在傳統文化心理的深層爆破

觀念更新應當由淺入深

人們被牢固的鎖在傳統之中的心理和精神，是經濟與社會發展的嚴重障礙。面對這種現實，我們應當賦於自己的內心世界以自信心和能動性。

近十幾年來，人們尤其是年輕人的思想觀念已經發生了許多變化，據有關機構的調查，當代人主要是年輕人的觀念變化的基本趨向是：

1. 思想觀念的現實性。人們崇尚一種腳踏實地，從自己做起，從點滴做起，盡自己所能做有益於社會的事情的求真務實的人生觀，不需要也不滿意空洞、死板、刻意說教的政治活動，而渴盼和呼喚求實創新、生動活潑的溝通。

2. 價值取向的功利性。當前人們的價值取向是多元的，各種各樣的，其中最突出的是許多人熱衷於追求自我價值的實現。許多人渴望自己的智商和勞動成果能得到社會的承認，並直接外化為金錢、權力、地位、實惠等看得見、摸得著的實際功利，同時願意為獲取這些功利而不遺餘力的追求和工作。

3. 行為特徵的主體性。隨著市場經濟的更加活絡，青年的思想來了一

次巨大的解放。其行為特徵表現出自主性和個性化的傾向。市場的競爭給人們的生存發展帶來了希望，也同時帶來了壓力。在這種情況下，人們大多自主的尋找自己的位置，自我實現的欲望越來越高。

4. 生活方式的多樣性。經濟的發展為生活的豐富多彩提供了較好的條件與環境。守舊、消極、腐朽和開放、文明、進步的不同的生活方式並存於世。人們的識別和選擇水準受到自身的觀念、心態和文化素養的制約和影響。呈現出有些人積極向上，也有些人沉淪墮落的兩極狀態。但總的來說是多樣化了。

這些變化從本質和主流上看是正常的、進步的、令人可喜的，也是必然的，是由市場經濟所決定的。

某些企業家，尤其是鄉鎮企業的經營管理者，他們在帶頭創業、抓住時機、追求經濟效益等方面往往是有魄力的，有才幹的，但在如何提高經營管理水準，即內求團結、外求發展方面卻又表現出封建家長的主觀武斷、任人唯親和感情用事的弱點和愚昧。我們不要以為只有鄉鎮企業家才需要克服落後意識，也不要以為許多人難以克服意識只是由於文化知識不多不高。其實，這種思想上的保守性、管理上的封閉性、用人上的宗派性和社會交往上等級觀念等等傳統觀念在許多知識分子的身上也依然存在，時有表現。

當作家的父親給兒子找了個對象，是老同事的女兒。女孩是醫學院的高材生，聰明、嫻靜，很讓人喜歡。兒子和女孩相識來往一個月後決定分手了。蔣子龍一聽很不滿意，有點惱火。兒子的理由是：女孩確實不錯，如果是我們自己相識，也許會很幸福。但我們相互還沒有了解，父母便率先相中，兩家父母很談得來，態度明確。我似乎別無選擇，成也得成，不成也得成。每次約會，我都覺得是替父母談戀愛，有一點風吹草動，父母就要進行

一番審問和教導。假如將來結了婚，有點什麼不愉快，雙方父母就會擔心，就會干預，我們還能有自己的生活嗎？——這是什麼狗屁理由！——父親一聽有點冒火，但他畢竟是挺開明的作家，仔細想想，他終於認識到自己在這件事上是多麼迂腐，多麼可笑。他意識到，兒子已經長大成人了，成年人應當有自己的想法。

由此可見，更新觀念、轉變模式，尤其是在傳統文化心理的深層爆破，即使對於知識分子來說也是十分必要和重要的。然而，令人遺憾的是，在實際生活中，能像蔣子龍這樣自我覺察、及時醒悟的人還是鳳毛麟角，並不很多。

總之，不論是為了我們個人的發展，還是為了社會的進步，在觀念更新的問題上很需要在傳統的文化心理深層爆破。

中西兩種傳統文化心理的簡略比較

社會上的思想觀念，尤其是價值觀念優劣混雜、新舊交叉，其混亂和衝突成為人們關注的焦點之一，不少專家學者撰文呼喚觀念重建。有的說，轉型時期的價值觀念有兩個盲點要注意避免：一是市場經濟帶有自私自利觀念；二是價值觀念多元化和社會凝聚力有矛盾。有的認為，市場經濟要求有新的價值觀念與之相適應，關鍵在於教育，在於社會輿論的導向。有的強調，市場經濟就是法制經濟，而非「道德至上」、「政治至上」，但由於當前法律不完善，執法有漏洞，社會觀念變化中便出現了否定權威性的不良傾向。

很多見解當然都很有道理，因為它們各自的闡述角度不同，我們也不便統一衡量比較。但我們在這裡探討觀念更新的問題是有一個特定的角度和意圖的。這就是作為我們個人怎麼能透過觀念更新，更好的適應市場經濟的社會環境，樹立自信主動的成功心理，而不是給社會提供導向性的觀念模式。

第八單元　更新觀念，構建屬於自己的頭腦

為了樹立成功心理，爭取自我實現，作為我們個人來說，我主張在觀念的更新和重建上中西合璧、求實創新。要達此目的，我們就需要在傳統文化心理的深層爆破。

在傳統文化心理的深層爆破，並不是要全盤否定傳統文化。傳統的文化心理當然和傳統文化有連繫，但文化心理深層的東西主要是指歷史沉積下來的一些根深蒂固的做人處世的基本觀念。而爆破當然意味著分崩離析，以便於我們重新選擇和構建與市場經濟的發展相適應的做人處世的觀念。

傳統文化有許多精粹、優秀的東西，有許多崇尚人性、宣導團結、發展智慧的好東西。儒家思想很強調：「古之學者為己」、「為己之學」或「身心性命之學」、所謂「己欲立而立人，己欲達而達人」，這就是《大學》中所講的「修身、齊家、治國、平天下」的人格完成過程，也就是透過對他人、對社會、對國家負有責任來完成自我。儒家所構建的這套相當複雜而深厚的人格發展形態，在世界文明中，有著十分獨特而寶貴的價值。從歷史上看，猶太思想認為個人人格的完善，可以直接透過信仰上帝和上帝的恩寵來實現；印度的傳統思想認為個人的真我的完善，可以直接回到梵天，不需要經過社會的轉化；至於道家，也要求把人際關係切斷才能找到個人精神內在的真實的自我。唯有儒家，認為個人的完善不能離開群體大眾的完善。這不僅是儒學的特色，也是傳統教育、倫理道德和社會思想的特色。所以，儒學基本的精神方向，是以人為主的。儒家和墨家、法家、兵家的思想都是在世界上最早崇尚人力和物力的作用的文化觀念。這種關於力的文化觀念是十分可貴的。

當然，傳統觀念中最突出的特點是關於德的文化意識，儒家主張德治、人和、忠恕、民貴、重義輕利等倫理道德，主張以這些良好的倫理道德完善人格，治國理政，協調人際關係，緩和各種社會矛盾，達到社會的穩定和統一。這是一種涵養性很強的人文主義，是傳統文化觀念的核心部分，精

華所在。

　　傳統的精華還有許多，如孔子大講禮治，強調社會行為規範；墨子強調「兼愛」，主張「非攻」，提倡「節儉」；孫子重視人的因素，講究智慧、謀略、資訊和效率。孔子的中庸思想如朱熹所解釋的「中者，不偏不倚，無過不及」。這種適中思想對防止和克服「走極端」的形上學的思維方式頗有借鑒意義。真理往往在「中間」，如果不是在一定的條件下，人們不應將「矯枉必須過正」作為正確的思維模式來奉行。還有，道家所強調的虛靜文化，是一種主張順序的法則，調節人的思想行為，節制人的各種奢望的文化意識。

　　傳統文化的講道德、重人情、守信用、講義氣、行中庸、求和諧等等一系列思想哲理，影響極深，凝聚力很大，而且至今對世界各國也有很大的影響。某些西方的專家學者認為：傳統文化蘊藏著人類心靈的奧祕，這種評價不無道理。卡內基就十分推崇孔子和墨子的哲理思維和人際關係原則。他的名著《人性的弱點》融會了許多傳統的哲理。日本有些學者認為，日本的企業發展得益於《孫子兵法》。如今，日本某些大企業都把《孫子兵法》、《三國演義》列為人才培訓的必讀教材。總之，我們絕不能妄自菲薄，否定我們的傳統文化，而是要繼承發揚傳統文化中許多精粹、寶貴和優秀的東西。從樹立成功心理的意義上講，講求仁義道德、人格魅力，重視關係和諧、智慧謀略，具有極重要的價值。

　　東西合璧、求實創新，為此，我們不妨將東方與西方兩種不同的人文主義，即文化心理加以簡略的對照：

傳統的文化心理西方的人文主義

最重三綱首明平等

以血緣親情為中心崇尚賢能，重視責任

以孝治天下以公治天下

忠君尊主重視獨立自由

重節儉，追純樸重開源，求歡娛

團體本位，從眾求同重視個性，個人發展

服從政治，聽從聖旨突出對自然法則的思辨

道德面前人人平等（人治）法律面前人人平等（法治）

待人接物美謙屈務發舒、坦率、真誠

對待學問誇多識尊新知，重創新

　　從這個簡單的對照比較中可以看出，傳統的人文主義並非一切都糟；西方的文化心理也並非一切都好。但其主要傾向和特點確實大相徑庭：西方的人道主義是從個人出發，是文藝復興時期要求從中世紀神權和教會的束縛中解放出來，強調個人的獨立、自由、發展。儒家人道主義講的是人們的互相友愛合作，互相幫助，是所謂「團體本位」思想。儒家有許多東西如「父母在不遠遊」、「不患寡而患不均」、「和為貴」等等，都是為了協調人際關係，鞏固民族團結，它並不提倡個體發展和突出。直到如今，還總是把大量精力放在處理人際關係上，從要求人們必須服從組織主管到拉關係、走後門的腐朽關係學。這主要是氏族社會、封建社會初期的政治產物，又是為政治服務的一種道德主義的社會哲學。

　　古早留下來的傳統的文化心理當然不應當一概貶斥為封建主義的文化觀念。傳統文化對於我們的影響和薰陶確實有重視和追求仁義道德的一面，而且還有許多寶貴的東西值得我們繼承和發揚。但是，我們又應當承認，就觀念意識的主要傾向和特點來說，傳統的文化觀念是適應封建專制、小農經濟的社會形態的；而西方的人文主義是為適應市場經濟、法治社會而產生和發展的。前者不利於現代人的心態積極自由發展；而後者有利於現代人的自信主動、走向成功。

特別值得我們深思的是，傳統觀念不是最講求仁義道德、關係協調，這不是有利於人的完善和發展嗎？實際上，傳統觀念中有許多重視德育、發展人性的東西在長期的封建社會裡並沒有得以發揚，反倒遭受了扭曲和埋沒。換句話說，就是封建的觀念總是占據主導地位，滲透在人們的文化心理的深層。為什麼會這樣呢？

粗略分析一下，傳統觀念在歷史上有兩股潮流。一股潮流是許多朝代的仁人志士都力圖繼承發揚傳統觀念中較為積極健康的一面，都曾以儒家的仁義道德轉化當時的政治統治，希望政治開明，順乎民心，但這種努力總是極為艱難，成效不大，而且常常失敗。但其精神源遠流長，從未斷絕，並一直成為優秀知識分子的生命力的表現。讀四書五經，讀得怎麼樣了呢？兩千多年了，多少人皓首窮經，老死牖下。四書五經是越讀越好呢？還是越讀越糟？

另一種潮流，則是政治化的儒家，也就是封建時代思想文化的主流。毫無疑問，「聖王」是儒家的最高理想，而實際表現不是用道德轉化政治，而是在取得政治權力之後，用政治手段來干預、扭曲學術，使道德傳統變為統治者對人民進行思想控制的工具。這個以「聖王」為核心的思想文化傳統借助了儒家思想輕視個人發展的消極方面，而又違背了儒家思想發揚人道主義的積極方面。這個傳統的最大特點是要求秩序性、穩定性、封閉性，使每個人的言行作為和思想觀念都在社會系統中被規定好了位置，君該如何，臣該如何，父該如何，子該如何，不能越出特定的規矩的範圍。現在我們常說「顧全大局」、「注意影響」，實際上就是顧全和注意社會系統的穩定性。這樣就壓制了人的個性的獨立發展，個人的存在意義就在於你只能循規蹈矩的存在於這個系統中間。

一位歐洲思想家說得好：最高的理想，當它納入現實社會的權力網路之

中，也可能變成很殘酷的事實。

第三章　真理並不絕對，做人不必完美

所謂「動機不純」反倒是真實的

「理論是灰色的，而生活之樹是常青的。」德國文豪歌德的名句至今仍閃爍著譏諷教條主義的思想光輝。說「理論是灰色的」，孤立的來看，似乎有點偏頗，因為理論的能動作用是不能忽視和否定的，正確的理論確實是行動的指南，能使人大開眼界，推動實踐躍進到新階段，並且能變成巨大的物質力量。但是，理論只有扎根於常青的生活之樹，它才具有指導行動的旺盛的生命力。如果是脫離了實踐，不僅真理之源泉要枯竭，而且真理本身也會因為脫離了實踐的檢驗而黯然無光。

實踐是檢驗真理的唯一標準，已經是人們普遍承認的哲學常識。但許多人在思維方式或思想深處，並未重視「唯一」二字，總覺得檢驗某個想法或觀點對不對，既有一個實踐標準，還有一個思想標準。其實，檢驗真理的標準只能是社會實踐，此外再無別的檢驗真理的辦法。你也許會想，怎麼沒有呢？真理不是行動的指南嗎？不錯，但「行動指南」與「實踐標準」不是一回事。行動指南指的是理論的能動作用，即理論對實踐的反作用，並不是指理論具有作為檢驗真理的標準作用。真理的正確性怎麼可能由它自身來檢驗證明呢？某一真理又怎麼能用來檢驗別的真理呢？我們只有堅持實踐是檢驗真理的唯一標準，才能做到心態積極，實事求是去看待一切。

年輕人如果用一種「絕對的」真理，而不用實踐來檢驗的思維模式來看現實，就會引起社會認同中的危機和行為困難，就會出現如下阻礙青年發展和成功的假社會化的傾向：

1. 理想政治觀的困擾對現實政治冷漠、疏遠，一心嚮往與身邊現實距離遙遠的政治準則，覺得世界上有一種理想的政治準則，並以此來衡量現實社會的政治現象。

2. 相互矛盾的道德苦悶追逐模仿一些超常的道德行為模式，一旦受阻，常導致行為上的隨波逐流或玩世不恭等消極態度。

3. 婚戀期待中的憂鬱以理想主義的擇偶標準鑄成自己的擇偶觀，因與現實相距甚遠，造成長期的精神困擾，以至於影響到未來的婚姻和家庭生活。

4. 過度消費中的飢餓以超出現實經濟狀況許可的條件作為實際消費尺度，形成一種貪婪的獲得欲，或是相反，一味的節儉，成為苦行僧和清教徒，不是沒條件，而是吝嗇。

5. 職業幻想的苦惱對現實生活中根本不能實現的職業目標一心嚮往，而對現實的職業活動持一種短期行為，或表現為這山望著那山高。

6. 完美人際觀下的失落感這種完美人際觀使青年對社會生活產生失望感和心灰意冷，在交往中常表現出手段貧乏、範圍狹窄和內容空泛等不良特點，甚至走向自我封閉。

一個人為什麼會「心比天高，命比紙薄」？因素當然諸多，除了像林黛玉那樣和社會環境格格不入的因素之外，作為個人的思想觀念，往往有一個不易察覺的假社會化傾向在作怪，就是總認為世界上有一種必須信奉尊崇的絕對真理和絕對權威，而做人就要恪守規範，保持純粹。這種心理上的盲點，往往使我們長期上當受騙，感到失望；或是背上沉重的精神包袱，自我封閉。如果我們認為除了實踐是檢驗真理的標準之外，還有什麼絕對真理是做人處世的標準，那麼你就無法搞清楚自己是什麼人，你就不知道自己最需要什麼，你就會在觀念更新和選擇人生的問題上面臨許多困難，徒增許多困擾。

你不能確立自己的價值觀念，不能構建屬於自己的頭腦，那怎麼能夠發展積極心態，樹立成功心理呢？

所以，社會的複雜性決定了我們做人單純是行不通的，所謂「動機不純」反倒是真實的。

多元化的時代必然有多元化的價值觀念

一把鑰匙開一把鎖，具體問題具體分析。這就是實踐的觀點，辯證的哲學。世界上絕沒有兩片完全相同的樹葉，絕沒有包治百病的靈丹妙藥。絕沒有到處可以套用的「模式」，也沒有萬古不變的教條。

我們的時代已經進入了多元化的時代。人們對世界的看法，對人生的選擇，不必整齊劃一，也不可能整齊劃一；在遵守法律的前提下，各種觀點和選擇都有其存在價值和合理成分。因為同一事物往往有多方面、多角度，總是相對的，人們總是要在一定的具體情況下來看待衡量。比如見到一棵樹，生物學家看其生長規律；經濟學家看其經濟價值；作家和藝術家看其形象與情態。各行各業、老人與兒童、得意者和失意者等等，都會有各自的出發點、角度、興趣和思維方式，何必要強求一致？何必要人為的製造一個權威讓大家都服從他？世界上本沒有超越實際的絕對真理，也沒有統帥一切的絕對權威。實事求是，更新觀念，就是要容許不同的觀點存在，要容許不同的個性發展，百花齊放，百家爭鳴，一國可以兩制、多制，一個人可以兩重性、多重性。你要讓自己的觀點和方式存在，也要容許別人的觀點和方式存在。這就是多元化，這就是真實的生活。所謂完美的標準、統一的模式，不是掛羊頭、賣狗肉的騙局，就是墨守成規的愚拙。

每次大的社會變革，總要伴隨著一場觀念更新、思想解放的運動。為什麼要觀念更新、一思想解放？就是為了個性發展，使更多的人得以解放，走

向自由平等，也是為了社會的進步。

所謂觀念更新、思想解放，就是實事求是，就是在廣泛吸收各種資訊的基礎上，連繫實際，獨立思考，構建屬於自己的頭腦。

這裡的關鍵在於應當從個人的實際情況和價值觀念出發去選擇人生，處理問題。這就意味著無論對古人、今人、聖人、凡人的學說、思想和主張都要「審譯」，不能拿某個偉人的思想作為一成不變的金科玉律。有人說、這是主觀唯心主義，其實，從個人的實際情況和價值觀念出發，才是唯物和唯實的。除了你的意識和選擇之外，有誰能決定你到底要什麼，你到底要過什麼樣的生活，你到底要成為什麼樣的人呢？

平凡與出名、賺大錢與做學問、重物質與重精神、重家庭與重事業、圖天長地久與圖一時擁有、喜安穩和諧與善冒險競爭……諸如此類的選擇和變化，都要從個人的實際情況和價值觀念出發去選擇。世界在變化中，事物有多樣性，人生有各種美，不必把一切看死，不必尋求一成不變的絕對正確的模式和標準。

在這個思想觀念多元化而又新舊交替的時代和世界，我們要有個總體頭腦；地球越來越小，人際社交和資訊交流越來越頻繁，現代文明意識的核心是以人為中心；是在不損害並最好是有助於他人利益的前提下，求得個人發展與自我實現；是要在自治與他治、民主與法制、個性化與社會化之間實現平衡。在此基礎上，會比以往任何時代更加承認和重視個性。愛默生曾說：「一個人作為一個民族的時代已經來到了。」海涅也曾預言：「每一座墓碑下，都埋葬著一部世界史。」

每個人都是一個世界。這就意味著一個人，尤其是文化素養較高的人可以發展個性，選擇人生，不必也不應當接受某種教條的束縛和愚弄，因為誰也不能說出全部真理、絕對真理，去決定別人的生活和觀念。你有話就要

第八單元　更新觀念，構建屬於自己的頭腦

說，有事就要做，有困難就要克服，有歡樂就要享受，不必求全責備，也不必強求一致。世界上本沒有絕對的、一切都能解釋的理論，能夠解釋一切的語言只是空話和廢話。如果有人說出「我愛全人類」之類的話，其資訊量等於零，毫無價值。因為「愛全人類易，愛一個難」，這是深刻的哲理。

古語云：「甘瓜苦蒂，物不全美。」從理念上講，人們大都承認「金無足赤，人無完人」。正如世界上沒有十全十美的東西一樣，也不存在什麼精靈通神的完人。但在認識自我、看待別人的具體問題上，許多人仍然習慣於追求完美，求全責備，對自己要求樣樣都是，對別人也往往是全面衡量。

「真空」不空，而是各種虛粒子組成的特殊形態；「純金」不純，用現代最先進的冶煉技術也不能完全免除雜質。自然界的事物沒有純粹的，人也沒有什麼「完人」。我們聽說的那些神話故事和偉大業績太多了，使人沉溺於「完美無缺」的幻想之中。歷史書籍、傳播媒介經常告訴我們那些偉人、聖賢、導師、英雄和明星等等都是神仙一般的人物，因而有志於建功立業和害怕別人挑剔的人也要成為樣樣都是、一切美麗的人，並試圖建立完美的人際關係難道那些傳人、英雄、名人、明星果真是那麼光彩奪目、無可挑剔的嗎？絕非如此。

任何人總是有其優點和缺點兩個方面。俗話說，「寸有所長，尺有所短」，「十個手指不一般齊」。長處再多的人，也不免有所短；缺點再多的人，也必定有所長。

世人皆知的英國物理學家牛頓，聲名赫赫。但他的後半生卻令人惋惜。他花費二十多年的精力企圖證明上帝的存在，並要從上帝那裡找到天體運行的推動力，其結果可想而知。

美國大發明家愛迪生，有過一千多項發明，被譽為「發明大王」。但他在晚年，卻固執的反對交流電，一味主張直流電，結果……

電影藝術大師卓別林創造了深刻而生動的喜劇藝術形象，但他卻極力反對有聲電影……

創立了相對論的二十世紀最偉大的科學家愛因斯坦，他的智慧帶來了科學思想的革命，他卻不能處理好自己的家庭關係。

恩格斯曾經認為會生蛋的鴨嘴獸不是哺乳動物，但後來他認識到這種看法是錯誤的，是「傲慢無禮」的愚蠢之見……

人是可以認識自己、操縱自己的，是可以瀟灑自如的做人處世的。人的自信不僅是相信自己有能力、有價值，同時也相信自己有缺點毛病。我們放棄了完美，就會明白我們每個人的兩重性、二重奏是不可改變的，可以改變的只是哪個方面占據主導地位和兩方面的層次有所不同而已。所以，我們應當保持這樣一種心態和感覺：我知道自己的長處、優點，也知道自己的短處、缺點；我知道自己的潛能和心願，也知道自己的困難和局限；我知道自己永遠具有靈與肉、好與壞、輕與重、真與偽、利己與利他、友愛與孤獨、充實與虛弱、堅定與靈活等等的兩重性。自我容納、自我二重奏的人能夠實事求是的看待自己，也能正確的理解和看待別人的兩重性，這樣就會拋棄驕傲自大、恃才傲物、清高孤僻、魯莽草率和好高騖遠之類的導致失敗的弱點。我們以這種自我肯定、自我容納的觀念意識付諸行動，就能從自身條件不足和所處環境不利的局限中解脫出來，去說自己想說的話，去做自己想做的事，不必藏拙，不怕露怯，即使明知自己在某個方面不如別人，只要是自己想做的事也會果敢行動，我行我素。因為任何一個人只有經過東倒西歪、羞怯緊張、讓自己像個笨蛋那樣的階段，才能學會走路、講話、游泳、滑冰、騎車、跳舞等等一切本領和技能。

比如學跳舞。舞廳彩燈變幻，音樂轟鳴。初下舞池耳朵要聽音樂，腳步要合節拍，眼睛盯著地面，生怕走錯了步子，踩了舞伴的腳，更怕當眾出醜

露怯，被人笑話。如果換個角度想問題呢？

我畢竟是有勇氣下舞池了，別人有什麼資格笑我呢？你就算別人跳得好，那他們初次學跳舞時不是跟我同樣彆扭嗎？這樣想來，理直了，膽壯了，跳起舞來也就順暢多了。顯然，我們放棄了完美，也就會突破自慚形穢的心理障礙，找回了失去的自我。

任何人都有缺陷和弱點，任何人也都是無知無能的，只不過表現在不同的事情上而已。因而，人人在自我表現和與人交際中都會有某些笨拙的表現。有些人由於不能實事求是理解和對待自己的缺點，所以他們情願不做事、不講話、不玩樂、不交際，也不願在別人面前暴露出自己的弱點。如在燈火絢麗、樂曲悠揚的舞廳裡，他們其實很想站起來跳舞，可就是怕別人笑話自己笨拙，而寧可做一晚上的看客。跳得好的人越多，他們就越鼓不起勇氣。

從道理上講，誰都承認金無足赤、人無完人，但在思想意識深處卻仍是唯至善至美者為上，這種下意識追求完美無缺，害怕出錯出醜的心理，正是一種脫離實際的舊觀念。這種觀念不改變，就會在課堂問答、當眾講話、文藝表演、體育比賽等許多活動中藏拙而退縮。每個人都不願眼睜睜的看到自己的智慧和技能不如別人，都不願露怯、出錯、出醜，但因此就放棄許多學習、嘗試、鍛鍊、提高的機會卻非常可惜，也非常愚蠢。這種人往往慨嘆自己條件不行，能力不足。但你不敢嘗試，不想實踐，怎麼可能改善自己的條件，提高自己的水準呢？

有人把「揚長避短」這句成語奉為準則，這是不對的。揚長避短，只能作為策略，尤其在職業選擇、擔當重任方面，應當用己所長，發揮自己的優勢。清代詩人顧嗣協的《雜興》詩中寫道：「駿馬能歷險，犁田不如牛；堅車能載重，渡河不如舟。舍長以就短，智者難為謀；生才貴適用，慎勿多苛

求。」所謂「千里馬常有，而伯樂不常有。」就是有許多人總是以求全責備的觀念去看待一個人。《漢書》中有一篇言簡意賅的詔文說：能夠致千里的良馬，又有不馴服甚至踢人的毛病；能建功立業的志士，往往有濟世的才幹，又有不同流俗或恃才傲物而為世人議論的「缺欠」。顯然，這些話是說主管用人和個人選擇職業時，應當以揚長避短為策略，但這些話本身恰好說明人是各有長短的，我們為什麼要強求自己「面面俱到」、「樣樣都是」呢？實際上，一個追求「完美無缺」，就會「什麼都缺」。追求「樣樣都是」，必然「一無是處」。

美國著名的管理學家彼得‧杜拉克在《有效的管理者》一書中寫道：倘要所有的人沒有短處，其結果頂多是一個十分平庸的組織。所謂「樣樣都是」，必然是「一無是處」。才幹越高的人，其缺點也往往越明顯。有高峰必有深谷。誰也不可能十項全能，與人類現有博大的知識，經驗、能力的彙集總和相比，任何偉大的天才都不及格。一位經營者如果僅能見人之短而不能見人之長，從而刻意於挑其短而非著眼於展其長，則這樣的經營者本身就是一位弱者。杜拉克還特別舉了林肯在南北戰爭時期任命嗜酒貪杯的格蘭特將軍為北軍總司令的事例。林肯何嘗不曉得嗜酒可能誤事，可是他深知，北軍將領中唯格蘭特將軍是能運籌帷幄的帥才。

事實證明，格蘭特將軍的受命，正是南北戰爭的轉捩點。這是一個富有哲理的見解。

我們過去的老觀念是不做不錯，少做少錯，多做多錯。因而自我要求是：不求有功，但求無過。我們一定要推翻這個害死人的教條！新的時代要有新觀念，新精神。這就是不做就是大錯，少做也是錯，多做了難免有錯，但他做得多，有開拓性、創造性，有錯就改，就是功臣和英雄！就是成功！學會自我接受、自我肯定，我們才能有所改進和提高，才會變得更好！

第八單元　更新觀念，構建屬於自己的頭腦

有人不明白，為什麼要放棄完美呢？儘管追求完美達不到理想的目標，但總可以促使自己有所改進和提高吧？我們要有所改進和提高必須要透過一個重要的環節，就是學會自我接受、自我肯定。因而，我們只有放棄完美，才能樹立自信自愛的意識，才能真正的認識和確立自己的價值、選擇和追求。沒有自我接受、自我肯定這個先決條件，我們怎麼會有所改進和提高呢？

比如：你怎樣看待自我形象？

你站在一面穿衣鏡面前，觀察自己的臉孔和全身。你可能喜歡某些部分，而不喜歡某些部分。有些地方可能不怎麼耐看，它會使你感到不快或不安。如果你看到自己不喜歡的樣子，請你不要逃避，不要抵觸，不要否認自己的容貌。這時候，你就需要放棄完美，用自己的標準來看待自己，否則，你就無法自我接受、自我肯定。法國大思想家盧梭說得好：「大自然塑造了我，然後把模子打碎了。」這話聽起來似乎有點自負，其實說的是實在話，並適用於每個人。可惜的是，許多人不肯接受這個已經失去了模子的自我，於是就用自以為完美的標準，即公共的模子，把自己重新塑造一遍，結果彼此變得如此相似，失去了自我。「成為你自己！」這句格言之所以知易行難，道理就在於此。失去了自我，失去了個性與自我意識，你還談何改進和提高自己呢？

應當怎麼辦呢？你要用自己的眼光注視鏡子裡的自我形象，並試著對自己說：「無論我有什麼缺陷，我都無條件的完全接受並盡可能的喜歡我自己的模樣。」

你可能想不通：我明明不喜歡我身上的某些東西，我為什麼要無條件的完全接受呢？接受意味著接受事實，是承認鏡子裡的臉孔和身體就是自己的模樣。接受自己，承認事實，你會覺得輕鬆一點，感到真實和舒服了。時間

不長，你就會體會到自我接受與自信自愛之間的相輔相成的關係。我們學會接受自我，才會構建屬於自己的頭腦。

美國心理學家納撒尼爾·布蘭登舉過一個他親身經歷的例子：許多年前，一位叫洛蕾絲的二十四歲的年輕婦女無意中讀了他的一本書，找他來進行心理治療。洛蕾絲有一副天使般的臉孔。可罵起街來卻粗俗不堪。她曾吸毒、賣淫。

布蘭登說，她做的一切都使我討厭，可是我又喜歡她，不僅因為她的外表相當漂亮，而且因為我確信在墮落的表象下她是個出色的人。起初，我用催眠術使她回憶自己在國中時代是個什麼樣的女孩子。她當時很聰明，但不敢充分表現，怕引起同學的嫉妒。她在體育上比男孩子強，招惹來一些人的諷刺挖苦，連她哥哥也怨恨她的優點，而不是她的缺點。於是，她後來自暴自棄——作為對別人的報復！我讓她做填空練習，她哭泣著寫下這樣的話：你信任我！你沒把我看成壞人！你使我感到痛苦，也感到了希望！你把我帶回到真實的生活，我恨你！

一年半後，洛蕾絲考入洛杉磯大學學習寫作，幾年後成為一名記者，並結了婚。十年後的一天，我和她在大街上邂逅相遇。我幾乎認不出她了：衣著華麗，神態自若，生氣勃勃，絲毫不見過去的創傷。寒暄後，她說：「你是沒有把我當成壞人看待的那個人，你把我看作一個特殊的人，也使我看到了這一點。那時我非常恨你！承認我是誰，我到底是個什麼人，這是我一生中從未遇到的事。人們常說承認自己的缺點是多麼不容易，其實承認自己的美德更是多麼難。」

為什麼真正做到放棄完美、自我接受是積極的，而且不容易？因為自我肯定這個事實，使你必須保持清醒的頭腦、振作的情緒，抓住機遇，迎接生活的挑戰——這就是自覺的生活，積極的心態。

第八單元　更新觀念，構建屬於自己的頭腦

如果我對朋友沒有誠意，朋友會有被遺棄的感覺。同樣，如果我對自己沒有誠意，即不能自我接受、自我肯定，自己也會產生被遺棄的感覺。由此可見，自我接受是自信的意識和勇敢的行為！

學會自我接受，就要放棄完美，不求完美。我們並不是完美無缺、一貫正確的。這是一個令人寬慰的事實。我們越是及早的接受這一事實，就越能及早的向自己所嚮往的目標邁進。對於一個真正自信自愛、心態積極的人來說，不會把思想感情浪費在徒勞無益的擔憂和後悔上。憂愁、悔恨有什麼用呢？自己是什麼樣就是什麼樣，已經發生的事都已無可挽回。怎樣坦然而聰明的容忍和利用我們的缺點和過錯，怎樣重樹新形、有所長進、轉弱為強、轉敗為勝，這才是一生中最值得注意的問題。

許多人常問這樣一個問題：哪一種性格最好？這似無定論，也不該有什麼定論。人的性格本身就是一個「世界」，一個「魔術方塊」，變化無窮，包羅萬象，由你馳騁，任你自由組合。所以世界找不到性格完全相同的人。每個人在外在表現、行為習慣上，在現實的比較穩定的生活態度和行為方式的心理特徵上總是瑕瑜互見、各有長短的。

一位心理醫生以自身的體會說得好：「我是懶鬼？不錯，我在家事上確實懶惰。一叫我做飯、洗衣服，我就渾身沒動力，擠不出時間；一叫我上哪裡去玩玩，也沒興趣。大概許多人都可以交流一下這門『懶經』。妻子在這方面卻是勤快的。我在看書寫作方面，還是夠勤快的。這一點，妻子不如我。實際上，這一類的懶惰和勤快都是必要的、正常的，也是應該的、有所不為方能有所為，有所懶惰方能有所勤快。」

自我接受和肯定，並不等於不塑造自己的性格，讓自己的性格變得更好，以達到一個更新更高的不完善自我的境界。但你朝什麼方向和目標的努力，要看你想過什麼樣的生活，想做成什麼事業，想成為什麼樣的人，而不

是追求某種統一公認的完美標準。

其基本規律應當從這樣幾個方面去掌握：

1. 你是否心態積極、自信自愛，是否放棄完美，熱愛不完善的自我，只有自我肯定、自我解放，你才會自由選擇，讓自己的性格變得更好。

2. 你的性格是否適合你所從事的工作，所擔負的職責。比如：會計就要嚴謹細緻，演員就要熱情奔放。

3. 你的性格能否積極的適應周圍環境，能否建立和發展良好的人際關係。

4. 你要為未來的發展培養新的性格。

你喜歡什麼樣的人呢？你以怎樣的心態和觀念做人處世呢？我們不妨透過一個小故事來測試一下。這是在美國某大學的留學生課堂上的一個討論題。

在某個地方，有一條鱷魚滿布的河。河上只有一座橋。在河的兩岸分住著一對戀人，女孩與小夥子每天都要見一次面。一日山洪暴發，唯一的那座橋被沖垮了。女孩記掛著戀人，到處求人渡她過河，但因為別人害怕冒險而遭到拒絕，只有一個叫法爾的年輕人願意冒險幫助她，但有個條件：「我很喜歡你，如果你肯和我過一夜，我就渡你過河。」

故事「規定」：除非女孩答應法爾，否則絕無他法過河。女孩左右為難考慮了三天，萬般無奈只好答應了。隨後法爾依約把她渡過河，送她到戀人的身邊。但戀人知道了女孩是怎麼過來的之後，怒不可遏的搧了她一巴掌，把她推回法爾的船上。法爾見狀氣憤不平，衝上岸來把那個小夥子痛揍了一頓。

提問：這三個人之中，你最欣賞哪一個？最同情哪一個？最恨哪一個？

第八單元　更新觀念，構建屬於自己的頭腦

—— 來自東方的同學大都同情那女孩的戀人，認為他是受害者；最恨法爾，因為他乘人之危，還動手打人；同時認為那女孩不該出此下策，也有錯誤和責任。西方的同學正相反，他們竟最欣賞法爾！說他敢作敢為，他愛那女孩，所以坦率的提出自己的要求。當她受到戀人拋棄時，他又毫不猶豫的為女孩出氣報復。這才是真正的男子漢！女孩很值得同情，因為她為了愛，不惜犧牲一切。最恨那女孩的戀人，因為他一連幾天都不敢過河來，而讓一個女孩去冒那樣的風險，而且為了自己的所謂的自尊，不惜拋棄女孩。他這個懦夫，該打！

你贊成哪一種意見？你可以自由選擇，你也許認為這三個人都不好，都不合乎自己的理想。但這種看法恰好說明了，你實際上仍在用一種完美的標準、統一的模式看待人生。可是，世界上的人和事分明千姿百態、錯綜複雜，每個人都有其兩重性，每件事都有其多方面。我們如果總是用一種完美的標準、統一的模式去看待事物，這豈不是脫離實際的空想麼？所以，我們應當在這不夠理想的三個人之中進行分析和選擇，這正是實事求是的思維方式。而實事求是，也就是更新觀念的本質。

「不要讓籃子空著」—— 一個隨手拈來的小故事所蘊含的哲理是令人深思的：

沙灘上撒滿了閃光的貝殼，像是落了一地的繁星。那孩子拾起一個貝殼看看，隨手就把它丟棄。他已經尋找了一個下午，始終沒有找到他心目中那最美麗、最稀罕的貝殼。

夕陽把海和天渲染成一片深紫色。夥伴們快樂的哼著歌，各自提著滿滿一籃子貝殼。只有他孤獨的拖著長長的影子，在海灘上茫然的尋找。海浪喧嘩著卷上來，洗去了印在沙灘上的小小足跡，他手中的籃子仍然空著……

那孩子心目中最美麗、最稀罕的貝殼，象徵著人們心中一個懸空的目

標。在人生的海灘上，散布在我們四周的貝殼也許不是最完美、最珍貴的，但它們是實在的。經過挑選，撿起來，在海水中把它洗得閃閃發亮，然後放進籃子，一點一點的裝滿，內心的愉悅和滿足也一點一點的升起。

假如一心一意，只想著要找到「最完美」的貝殼，等到夕陽西下，海浪沖去了印在沙灘上的足跡，回首再看手中的籃子，你會失望的發現，籃子仍然空著，從而也失去了撿拾貝殼的樂趣。

在人生的海灘上，不要讓你的籃子空著！

第四章　什麼是幸福和自由

幸福是一種愉快的自我感覺

人人都希望生活幸福。在現代社會，在生活的基本需求能夠得到滿足的前提下，每個人都可以得到幸福，這也是每個人都力所能及的。可是實際上，許多人卻難以如願，總覺得自己很不幸。

一個人幸福不幸福，不是由別人決定的，而是由自己決定的。

生活幸福，首先要在基本需要上得到滿足，簡單的說，就是得到溫飽，不論怎麼說，飢寒交迫，只是痛苦，不可能是幸福。然而，物質生活的滿足應當是適度的，並不是貪婪的享用、無度的揮霍。人人都有這樣的體會：食物的最好調味料是飢餓，而飲料的最佳配料是口渴。一個流浪漢吃到一塊麵包，就是幸福；一個口渴的人喝了一杯白開水，就是幸福。所以說，幸福是一種需求得到滿足的自我感覺，而且具有相對性。

人的需求和欲望並不受自然需求的局限，許多人儘管擁有使他們幸福的東西，然而並不幸福。這是為什麼呢？有兩種情況：一是欲望過度，需求過高，而不是適度的；一是只有物質生活的滿足還不夠，還需要精神生活的滿

第八單元　更新觀念，構建屬於自己的頭腦

足。人的欲望要適度，當然是指不能過高，也不必過低。應該保持在什麼程度上才算適度呢？這取決於一個人的處境和他的思想文化水準，也就是取決於他的實際環境與條件和他的選擇意識、價值觀念。

一個人善於看到自己擁有的東西的價值，對於從中得到樂趣以及欲望的適度，是很重要的。那些能夠透過事物的似乎平凡的外表而看出美妙內涵的人，是絕不會對生活感到厭倦的。因為幸福就存在於你發現它的地方。你發現自己的花園美妙，你就不會因為不能到國外去旅遊觀光而感到不幸福；你覺得自己的學習和工作有樂趣，你就不會因為不能出名成家或登上高位而自慚形穢。

這就是欲望的適度。

在生存需要的物質生活得到基本滿足的前提下，人的幸福與否就取決於他的思想文化水準，也就是精神生活和心理態度。幸福的人比不幸的人，並不一定擁有更多的金錢、財產、頭銜和權力，但必須擁有更廣闊、更深厚、更細膩的心靈體驗，擁有充足的精神財富。這種財富免稅保值、難以估價、自己可以隨時取用，也不會被借走、盜竊和霸占，那些能接受同樣價值觀念的人也都可以擁有。這種保障生活幸福的無形的財富就是積極的心理態度！

人們有各種各樣的生存意識和生活方式，生命的個體在本質上沒有高低貴賤之分。然而多少人在走過漫長的人生之路、行將就木時，所缺少的只是一種充實而愉快的自我感覺。多少物質的享有者在精神世界裡卻是一個乞丐。沒有被新穎的思想觀念和豐富的智慧情感所充實的心靈，便沒有可愛的生命，當然也就沒有健康、愉快、寬容而諧和的心情，沒有瀟灑的人生。

前美國首席富豪薩姆・沃爾頓是美國龐大超級市場連鎖集團的創辦人，旗下分店一千多家，分布全美各地，其家族財產多得驚人，高達一千七百億美元（二〇一七年五月統計）。但是，這個大富豪家族，對在阿肯色州本頓維

爾的左鄰右舍和親戚朋友來說，只是普普通通的老百姓而已。

薩姆出城愛親自駕駛一輛陳舊的小貨車，中途遇上老朋友，總是停下來親切的閒聊幾句；其妻海倫則駕駛一輛米色佳士拿舊車，她不大光顧高級名店，經常到丈夫開設的當地超級市場購物，與其他顧客一樣在收銀機前靜靜的排隊付帳，而不會因自己是老闆娘，可以不用付款。沃爾頓家庭的房子，並不是在大都市的閣樓式巨宅，也不是在鄉村的龐大別墅山莊，只是一間牧場式的大屋，用天然石塊建造。據曾經入內做客的人士說，室內布置只像一個普通學者或醫生的住家。

海倫不愛化妝，不講究衣著，只穿普通衣服，與鄰居一起到附近教堂做禮拜。假如教堂開聯歡大會餐，她會像別人一樣，整理一道菜送來，如要洗碗碟，她照樣參加。有人曾問她：「你這樣一個腰纏萬貫的富婆，為什麼過這樣簡樸的生活？」海倫說：「我只想過自己所喜歡的生活，不想過別人認為我應該過的生活。在我生命中，丈夫、孩子、孫兒和朋友，占據最重要的位置，其他都無所謂。」

錢，這東西，該怎麼看呢？電視劇《編輯部的故事》中於德利說得好：「金錢不是萬能的，但沒錢是萬萬不能的。」既然幸福是在物質生活得到基本保障的前提下的一種愉快的感覺，那麼我們可以認定：幸福必須有錢，但有錢不等於幸福！

「錢多啦，情淡了。」這是有些人的痛苦感受。一位中年知識分子說，十多年前剛結婚的時候，借到一間四坪套房，是何等的欣喜；家具簡陋，但小日子過得何等甜蜜。現在，在買了一間一房一廳，又花了上萬元裝修，再加上家具和電器，和結婚時比，確實較富裕了。但夫妻卻鬧得要離婚，有了房子有了錢，卻丟了家。

「錢多了，情更深。」這個觀點也言之成理。其筆者說：婚姻生活從來就

是多彩多姿的。「錢多了情淡了」，甚至「移情別戀」的現象固然存在，但絕不是大部分婚姻的生活狀況。這幾年，筆者親自經歷和耳聞目睹了許多「錢多了情更深」的感人事例，每每想起這些，常常令人激動不已……

一女友三十五歲生日時，其丈夫薪資為她買了一大束鮮花，並委託一位端莊秀麗的小姐親自送到她手中。她激動得熱淚直流，因為她有生以來第一次收到別人送她的鮮花，而這「別人」正是她最最親愛的丈夫！

一位已經退休多年的親友，在她六十歲生日時，丈夫為她買了一枚金戒指。她高興得一夜都沒睡好覺，因為她想起他們結婚時他連金戒指都買不起，結婚那天他竟借了金戒指戴在她手上……啊，發生在你、我、他婚姻生活中這類「錢多了，情更深」的事例實在是太多了！……

作為社會現象，「錢多了情淡了」和「錢多了情深了」都是存在的。但其中的關鍵不在於「錢」的多少，而在於精神的富有還是貧窮，在於人的追求和人際關係的變化，在於你是不是一個真正自由的人。

自由，不是別人給的

單身，本是自由鳥，未必糟糕。但是，如果你因為年齡大了尚未成婚而憂傷煩惱，或是因為婚姻不幸已經離婚而感到見人矮三分，你就不會感到自己是自由鳥，而是一個很倒楣的人。可見，人要獲得自由，首先要更新觀念，獲得了心理的自由，才會有行動的自由。

從哲學上講，自由是對必然的認識，是人類自身的覺醒。人類在多大程度上實現了自由，取決於人類在多大程度上認識自我和掌握客觀世界的規律。從心理學上講，自由就是在積極適應社會環境基礎上的獨立、自主意識。

顯然，自由不是別人給的，如果是別人給的，那就不是自由，因為恩賜

總是要索取回報的。自由意味著你擁有自治權和選擇權，能夠按照自己的信念和抉擇駕馭生活。低於這一標準，就說明你在某種程度上屈從於他人，沒有能珍惜和使用個人的自治權和選擇權。如果是平淡乏味的長久循環，固定模式的終年重複，這當然就談不上自由，也不可能有豐富多彩的人生。

但是，自由又總是相對的、有限的，自治和選擇必須是恰當的。因為誰都要自由，你要的自由不能妨礙他人的自由，這就是自由的邊界。這裡有兩個限度：法律的圈子，凡是法律容許的，都是你的自由範圍；還有道德規範的圈子，但這個圈子可以有一定程度的修正和突破，而不是墨守成規，一概而論的。

自由不等於為所欲為、享樂主義，自由也，並不意味著對家庭、團體和社會不承擔義務和責任。社會財富和生活條件不是白來的！不勞而獲、侵犯他人的權益，這不是自由，而是對自由的扭曲和踐踏。所以，自由需要爭取，但不能威脅別人或迫使別人屈服來實現你的自由。比如談戀愛，你愛不愛對方，這是你的自由；但對方愛不愛你，這是人家的自由。你的自治權和選擇權決定了你有表示愛情的自由，但人家既可以接受，也可以拒絕。如果談不成就翻臉，就算帳，這不僅是想不開的表現，而且違背了戀愛自由的原則。難道你對人家好，人家就要答應你的要求嗎？如果對方拒絕了你，你就吃了虧嗎？其實，你對人家好，首先是為了滿足你自己的心理需求，怎麼能看成是你給了對方什麼恩惠，而對方必須回報呢？如此按斤議價的想法就是陳腐的世俗觀念在作怪。所以，抱著舊觀念不放的人就不懂得什麼是平等自由。

世界上最自由的人有兩大特徵：一是思想豁達、內心平和，具有容納意識和深厚的愛心，深深懂得自由對於別人和對於自己同樣珍貴。這就是充分尊重他人的自由。另一個特徵是能夠主宰自己，堅定的維護自己的自由。你

要自由，有人對你發號施令、過度要求，你不聽，他有可能給你的自由貼上「自私」、「固執」之類的標籤。你要看透這種標籤的實質，教會別人尊重你的人格和權力，而不是軟弱、忍讓，否則你就是容許別人剝奪你的自由。所以，不能主宰自己的人和不能尊重他人的人，就不是自由的人。

人該怎麼生活才是快樂美好的，要靠自己去選擇去創造。如果你有這樣的心態和觀念，你就能主宰自己，擁有自由。由此可見，幸福和自由都不是別人給予的，而必須在精神文化中實現。

幸福和自由需要在精神文化中實現

對於絕大數人來說，溫飽問題已經解決了。在這個前提下，我們每個人在現實生活中能夠享有多少幸福和自由，並不取決於能否發財致富和獲取功名，而是取決於我們的心態是否開放及觀念的新舊，取決於人生的選擇和人際關係如何。就生活的基本需要來說，我們每個人都不可能超凡脫俗，不可能不食人間煙火；但就價值觀念和對生活的選擇而言，一個人若想得到幸福和自由，那就一定要超凡脫俗，實現自我。因為在不愁吃穿的前提下，幸福和自由也只能在精神文化中追求和實現。

首先，我們擁有精神文化才能在精神生活上超凡脫俗，有自己的求實創新的選擇與追求。

人一想錢真是痛苦，但痛苦的來源不在於「想錢」，而在於以什麼樣的心態與觀念想錢。人心思富，本是好事，但如果只是從物欲的享受與比較的方面思富想錢，那就必然會異常煩惱，焦躁不安，而且不得不隨波逐流、趨炎附勢，從而也就失去了自我，失去了幸福和自由。

幸福和自由需要有錢消費，但過多過高的揮霍消費並不等於生活得幸福自由。面對某些有錢人、富二代的盲目比較、炫富顯闊、任意揮霍，有些人

羨慕，也有些人給予嚴正的鄙視和批評，連外商竟然也忍不住發問：有錢人揮霍何時休？一個確實很富的人也會把錢用在企業的永續發展上，用到社會的公益事業上，因為這樣的人在精神文化上也是富有者，絕不會「窮」得只剩下幾個錢了。

我們可以斷言，那些炫富擺闊的有錢人們並不幸福。高消費與幸福感之間的關係並不是密切相關的。實際上，炫富擺闊、大肆揮霍，正是一個人缺少幸福感和價值感的一種極端庸俗的表現。一個人能夠發現和享受生活中種種美好的樂趣，就不會以炫富擺闊的方式來過把癮了。至於貪圖享受依賴他人，同樣是被物欲所牽累，同樣會扭曲真正的人生價值。

我們所說的人，不要做物欲的奴隸，應當在精神上超凡脫俗，並不是「安貧樂道」和「知足常樂」。擁有積極的心態和觀念的更新，我們可以不安貧而樂道，不知足而常樂。人不可沒有欲望，為什麼要安貧知足？那麼，不安貧不知足又怎麼能常樂呢？這就需要以精神文化充實的心靈去發現並享受平凡生活中的美感和樂趣了。

「窮」束住了我們的手腳，許多人生之樂我們享受不著。每日從裝飾豪華的飯店、餐館的門前走過，卻從沒進去過，住的是起居、臥室、客廳、書房「一室多用」的房子；出門上街任馬路上許多計程車從身邊掠過，也不敢招招手⋯⋯但「窮人」自有「窮人」樂，花一百元買一堆茄子，花五百元買兩條床單，都會使我們樂不可支。這叫低收入高效用。

我們每日裡踏踏實實的工作、學習，踏踏實實的吃飯、散步、看電視⋯⋯雖沒有富裕人家的高消費換來的樂趣，但一家人倒也不乏親親熱熱、清清爽爽的歡樂。

好吃還是家常飯，幸福自由在心態。如果一個人欲望過度或是比較虛榮，那就當「窮人」時難，成了富人也心煩。因為最美滿的生活，就是符合

第八單元　更新觀念，構建屬於自己的頭腦

一般常人範例的生活，就是在可得溫飽的前提下。透過對精神文化的追求，能夠發現和享受平凡生活中的浪花一般的美感和樂趣。

有人談到電視劇中那個王起明，說他沒錢時，擁有心靈的平靜，擁有愛情，擁有他的音樂藝術。在紐約他拼命賺錢，成了華人圈的富者；但有錢之後失去了女兒的愛、妻子的愛，也鏽滯了他的琴。

但人們說起王起明之類的事例，往往把幸福與自由的缺失歸罪於發財致富、「有錢之後」。其實發財致富、有錢之後追求人性的美好，擁有幸福與自由的大有人在。顯然，問題不在於發財致富、有錢之後，而在於能否追求人性的美好，也就是能否追求精神文化，在追求精神文化的過程中實現幸福與自由的心願。人，不是牛羊，缺少精神文化，只能是為活著而活著，只能是一種原始的生活，為真正的文明的現代人所不能容忍。

只有追求精神文化，我們才會去尋找美，得到美的薰陶，有利於培養和發展美好的人格。藝術大師羅丹說「美是到處都有的。

對於我們的眼睛，不是缺少美，而缺少發現美。」

要發現美，首先要會審美。什麼是審美？學會從美的事物中找到美，感受美，就是審美。生活在草原或高原上的人們大都豪爽粗獷；生活在江南水鄉的人們卻大都溫和細緻。這就是自然美對人格的薰陶。我們走在大街上看到壯觀雄偉的高樓大廈和康莊大道，我們直接或間接的領略到火箭的神奇、智慧型手機的奧妙，這就是創造美在啟示我們堅信人有偉大的力量。藝術美的感染對於塑造美好人格也很有作用，因為善於欣賞藝術美會使人變得品德高尚、情感優雅、思維敏捷。

為了幸福與自由，為了生活的美好，實現人生的價值，我們需要以誠實的勞動發財致富。但在物質財富上，我們絕大數人肯定比不上那些巨富、大亨，因為物質上的發財致富並非完全取決於我們自己的決心和選擇。然而，

在精神財富上，在心態是否開放、觀念能否更新，在能否發現並享受生活中的美感和情趣，在是否擁有自信權和選擇權等精神文化方面，則完全取決於我們自己的決心和努力。所以，我們不論在物質財富上能否成為富翁，我們都可以在精神文化上成為富翁。因而幸福與不幸福，自由與不自由，在現代社會裡，是可以由我們自己來決定的。讓我們去尋找美，在美的薰陶下去發展我們的人格。

第五章　怎樣選擇和確立你的目標

明確目標，理想才有可能成為現實

人們出外旅遊，總要有個目的；人們建房蓋樓實施工程總要有個藍圖；實際上，人們隨時隨地的言論行動也都是有一定目的地。人們常把自己的一生比作旅程，對我們每個人來說，這僅有一次的人生旅程，怎麼能沒有明確的目標呢？

許多人不大重視或不大善於選擇目標，似乎沒什麼目標，隨波逐流，得過且過，也挺正常。其實，這不正常。儘管有了目標未必始終不變，儘管有了目標也未必一定能成功，但你若想有所發展，獲得成功，那就必須要有自己的目標。成功的意義就是達到預期的目標，沒有目標或目標不明確，還談何成功？想成功，就要選擇和確立自己的目標，並扎實的貫徹自己的選擇；正如講科學，就要找出事物的規律，並遵照事物的規律做事。唯有如此，我們的理想才有可能成為現實，其中也包括了化整為零，使每個依據大目標所設立的小目標成為現實。

美國人霍爾茲在成為國家級足球教練而聲譽鵲起的幾年以前，他曾列出了一百零七件去世之前要做的事情，其範圍從參加白宮晚宴到空中跳傘。迄

第八單元　更新觀念，構建屬於自己的頭腦

今，他已經達到了第九十一個目標 —— 看到四個孩子全部上了大學。他說：「確立目標並堅持不懈，你就會把自己由生活的旁觀者變成參與者」。

我們都有理想和願望，但一般的理想和願望大多比較籠統而模糊，還不等於是具體而明確的目標。所以，相對來說很少有人選擇確立自己的目標，牢固的把握住「我要發財致富，成為優秀的企業家」或「希望自己更有魅力，成為善於交際的人」之類的願望。雖然這些想法是作為理想開始的，但目標卻要具體、客觀、明確，並只能透過具體行動才能達到。如果你無法衡量、評價和描述自己的目標，那麼它很可能只是某種模糊的願望而不是你所選擇和確立的目標。

霍爾茲教練在這方面有切身體會。幾乎每個球員都想成為職業足球隊員。他向隊員們說明目標與理想的區別：「從訓練場到加入全國足球聯盟之間有很多具體的小目標，首先要在隊裡做好，逐步排除障礙，使每個小目標成為現實。」

為什麼一定要選擇和確立自己的目標呢？

1. 選擇和確立目標，才能為自己指明前進的方向和道路。李大釗曾說過：「青年啊！你們臨開始活動之前，應該定個方向。譬如航海遠行的人，必先定個目的地。中途的指針總是指著這個方向走，才能有到達目的地這一天。若是方向不定，如隨風飄轉，恐怕永無達到的日子。」

一個叫大衛‧湯瑪斯的美國人剛出生就成了孤兒，從未有過安定的家庭生活，學業成績也不好。他在八歲時就想自己開個餐館，「這樣，我就再不會挨餓了。」此後，他一直追求著他的目標。十二歲時，他在一家小餐館當店員，終於從店員變成了經理。後來，他救活了幾家將倒閉的炸雞店，成為性連鎖店的企業家。如今，他的飯店超過了許多家。

成功者由於明確知道自己前進的方向與道路，所以他們所走過的歷程是充滿奮鬥與理想，一步步把夢想變成了現實。

2. 選擇和確立目標，能夠讓你集中力量，發展專長，做到知識累積成為「漏斗結構」，不斷努力形成「聚光效應」。

3. 明確了目標，能夠激發你的進取心和創造熱情，有了緊迫感就會積極行動，鍥而不捨。

4. 明確了目標，能夠引導你發現並抓住機會。在刺激和反應之間做出積極的選擇和新穎的探索，並產生智慧的火花。

牛頓，因為心裡有探索科學的目標，所以他看到蘋果落地，才會領悟到地心的重力。阿基米德為了測定皇冠的含金程度，在洗澡的時候便產生了將皇冠放在水裡加以檢測的做法，從而有了重要的發現。同樣的現象不知多少人也都接觸過，卻沒有這樣的靈感和發現。所謂「世上無難事，只怕有心人」的「有心」主要就是自信主動和目標明確所形成的敏銳的意識。

5. 有了明確的目標，能促進你心身健康，創造生活的樂趣。

專注於某個目標的人，不僅會勤奮的學習和工作，而且會從自己的追求和進取中經常感受到生活的價值和樂趣。這種充實感非常有利於保持心身健康和精力旺盛。因而，一位美國名醫指出：「在診治一萬五千多個病人之後，我發覺絕大部分的疾病是由於缺乏生活的價值和目標所致。」

6. 有了明確的目標，能使你精神振作，吸引別人的關注和支持。

當一個走路的人有堅定的目標時，他就會勇往直前，步伐快速，這樣就容易引起別人的注目，讓路給他過，或隨他一起；相反的，如果一個人總是猶豫不決，不知去向，別人就不會注意他，就會有意無意的擋住他的去路。所以，堅定不移的走向自己的目標的人才會獲得別人的關注和支持，獲得志同道合的朋友和合作者。

第八單元　更新觀念，構建屬於自己的頭腦

怎樣選擇你的目標

1. 你的選擇要符合社會需要。你所追求的目標和成果不論是物質的，
   還是精神的，都需要有銷售市場的「產品」。因而，你所選擇的目標
   一定要有社會需要，這種需要越大越好。

有個農民，家中訂有幾十份有關致富資訊的報紙，經常整理出各種資訊
出售給其他農民，靠這營生竟然也能發財致富。為什麼？因為有社會需要，
而且這種需要還會越來越大。

實際上，這種資訊商的營業在有些國家早已有之，並十分興旺。目前世
界上最大的剪報資訊公司是美國紐約的博瑞爾諮詢服務公司。該公司起初也
是從一兩個人做起來的，因為有社會需要。

公司不斷發展，現有職員五六百人，其中約有一半人是專門處理報紙資
訊的人員。這家公司訂有全世界一萬六千餘種報刊，資訊資料分類約四千
種，採集的範圍極廣，從各大公司的產銷活動、產品市場動態、科學文化論
文，直到政治性的指導和評論。美國五百強規模和效益都很突出的大企業，
就有半數是該公司的客戶，從這家公司獲得各種資訊，該公司也因出售各種
資訊而生意興隆，年營業額一千多萬美元以上，利潤三百多萬美元。公司早
已實現電腦化、線上資料庫，以提供資訊快捷、準確著稱於世。

一九五〇年代，日本有個叫安藤百福的年輕人正在尋求創業門路。

他選擇什麼目標呢？他每天在回家的路上都看到許多人擠在飯鋪前等著
吃熱麵條。他想，這麼多人吃麵條，如果要有開水一沖的麵條可吃那多方
便。於是，他就以研發銷售泡麵作為創業的目標。經過三年的努力，第一
批「雞肉泡麵」試製試銷成功，並很快成了熱門貨，僅一年就售出一千三百
萬份。從此，他出任日清食品公司總經理，使製作泡麵成為風行世界的巨
大產業。

2.　這是最重要的一條，選擇和確立目標一定要從自己的價值觀念和自己的興趣與優勢等實際條件出發。生命只有一次，時間和精力畢竟有限，人生的奮鬥貴在獨特創新，而不以時尚、風潮和別人的世俗觀點為然。

當年，愛因斯坦的同學中沒有一個選擇物理學作為自己的事業。因為這些「高材生」的導師們認為：牛頓已經把古典物理學推到了高峰，自己的得意門生再去搞物理學是不可能搞出什麼名堂的。而愛因斯坦則與眾不同，他堅持從自己的價值觀念和興趣。

優勢出發。一頭栽進物理學的領域深入探索，從而創立了劃時代的促進科學思想革命的相對論。

美國舊金山的一個人才研究中心，對各行各業的一千五百名出類拔萃的人進行了研究。結果表明：成功者所選擇的奮鬥目標和工作領域都是自己真正喜愛的工作和確有專長的職業。因此，他們工作起來既興趣濃厚、心情愉快，又專心致志、做得出色。興趣、特長和優勢一般包括：一是原來的學識基礎，二是自己的特長，三是自己的興趣和愛好，四是發展興趣愛好的客觀條件。還需要補充的是，如果你認為做什麼事情最有價值，即使原來沒這種興趣也可以培養自己的興趣。

記者採訪李嘉誠時，問道：「李先生，您是從零開始創業的。您認為對創業者自身成就事業至關重要的是什麼？」

李嘉誠回答：「是培養自己對所從事行業的濃厚興趣。以我個人的經驗來看，有了興趣，就會全心全意的投入，保持這樣的心態，做每一件事情，是沒有困難可言的。做哪一行就要培養出對哪一行的興趣，否則，要成功，要出人頭地不容易。經商，只有充分掌握市場狀況，對這一行業未來至少是一到二年的發展前景有了預測，那麼你面對每一件事情，就會簡單得多，準確

得多。」

人的價值觀念和興趣愛好都是很寶貴的、很重要的，因為熱愛是最好的老師，也是最大的動力。

選擇確立目標要具體明確，高低恰當。

社會各種專業和職業的分工越來越細，而許多工作和職業又越來越需要許多種類的知識與經驗的交叉綜合。這種漏斗式的智商結構，一方面需要學識面廣，另一方面又需要集中在一點上發揮作用。因而，我們在選擇確立自己的目標時，越具體明確越好。

3. 選擇目標就是要具體明確，具體明確了才便於行動、積累、堅持不懈和取得成果。

目標還要高低恰當。所謂恰當是指從自己的實際出發，把目標定在奮鬥方向的較高處。它應有兩點要求：一是要盡最大努力，能達到激勵作用；二是經過努力可以實現，至少是有可能實現。

4. 選擇確立目標要選取諸項要求的最佳結合點。社會需要加上自己的價值觀念、興趣、特長以及具體明確、高低恰當的目標這幾方面的結合就是最佳結合點。這一點比任何一方面都重要，只顧「進大門」，趕時髦，這是「強中弱」；抓住主要的，選取最佳結合點，才是「弱中強」。

5. 選擇目標還要制定策略，化整為零，把目標落實。

實現目標不容易，但把目標分解，就會容易達到，而且任何目標只有分解落實，落實到每週、每天，才便於行動，實際去做。

俗話說，一口不能吃個胖子，事情總要一點一點的去做。如巨幅瓷磚壁畫，寬二十米，高三米多，由幾千塊瓷磚拼成，沒辦法一下子畫成。這就需要有了總體規劃後，一塊塊的設計製作。

那麼，對於我們所選擇確立的目標也要如此化整為零，落實。

再者，還要制定實現目標的策略、計畫和措施，不僅要解決每一步做什麼，還要解決怎麼做的問題，堅定而具體的貫徹你的規劃。如你要達到大學畢業的水準，那麼你考什麼大學？學什麼專業？要用多少時間？每天怎麼安排？都要有明確的規劃。若不堅持計畫安排，將你的目標分解到每一天，那麼你的計畫都有可能被別的事情擠掉。

還有，需要做好目標規劃的追蹤調整。認識有局限，情況有變化，這就需要改變調整，即使目標不變，做法也要改變。目標是有期限的理想。期限為行動提供了時間框架，使我們進入到對理想的追求之中。我們在確定的計畫和日期內用功，並完成任務，在這實現每個步驟的過程中，我們就會越確信自己能成功。

選擇和確立自己的目標一定要有積極的自我意識，一定要有明確的價值觀念。許多人不會選擇，主要是不知道自己到底想要什麼。而且，不只在事業上，還有在生活上，你到底要什麼？回答不清這個問題，你怎麼能學會選擇呢？

選擇意味著有得有失，你不明確到底要什麼，也就必然害怕有所喪失；你怕失去什麼，也就更鬧不清自己要什麼了。選擇之難就在於此。我們發展積極心態、樹立成功心理，就會突破這個難關。

你到底要什麼 —— 選擇必有喪失

你不知道要什麼，當然無法選擇。

你若害怕失去什麼，也必然無法選擇。

有些學員朋友曾對我訴說在戀愛問題上左右為難的心情，希望我能幫助他們拿個主意。我實在愛莫能助，只能答覆他們說，你選擇什麼樣的伴侶，

第八單元　更新觀念，構建屬於自己的頭腦

這不取決於誰有什麼高見妙計，而取決於你想過什麼樣的生活。有個青年朋友說，他正和兩個性格不同的女孩保持來往。一個活潑開朗、熱情奔放，和她在一起感到情緒熱烈、充滿活力。但這樣的女孩往往心眼多，靠不住。結婚後，她若另有所愛或脾氣不好怎麼辦？另一個女孩文靜、平和、安分守己、賢慧可靠，預計結婚後家庭會比較安穩。但和她相處感到平淡一般，缺少熱情和活力，不會有多少樂趣。總之，兩個女孩各有可取之處，他不知該選擇哪一個好，為此感到苦惱……

他希望對方既熱情奔放，又賢慧可靠，來個兩全其美。然而，這不過是虛無縹緲的空想，而不是真實具體的人生。我們自己也不可能是十全十美的，為什麼要以這種空想的標準去選擇伴侶呢？

曉緯女士撰文說得好：

你到底要什麼？

假如你要的是一位未來的大畫家，而接觸一段時間後，你發現他將來最多只能成為一名中學圖畫課老師，那麼，你最好另攀高枝。

假如你要的是一位性格溫厚、親切誠實的丈夫，而你又認定他正是這樣的一個人，那麼他是當畫家還是做國中教師，在你看來，就沒有什麼兩樣了。

重要的不在於對方是什麼，而在於你到底要什麼。「到底要什麼」指的是單一的選擇，而不是多種選擇。你只能要你最想要的某一個，而對其他則不存奢望，只隨機緣。

在婚戀問題上的觀念更新和自由選擇是最重要，也是最艱難的。應當注意這樣幾點：

1.　一定要明確，你到底要什麼。
2.　面對現實，不求完美，但要堅持在價值觀念和精神文化上有共同

的追求。

3.　相互尊重各自的個性特徵、心理空間，相互容納。

4.　不要以占有欲和舊觀念看待「節外生枝」、「移情別戀」，應當承認婚戀自由。

5.　掌握說話藝術，學會表達分歧，善於交流思想感情。

選擇的主要依據是個人的價值觀念、興趣追求，是為了自我實現，而不是依從社會輿論、世俗觀念所形成的一般模式。不論在事業的選擇，還是在婚戀的選擇上，我們首先要搞清楚自己想過什麼樣的生活、要成為什麼樣的人。如果沒有胸有成竹，你不會投下一著好棋子，反倒會害怕失去什麼，或害怕事情發生轉折……

美國當代傑出的企業家李・艾科卡，當年被福特解雇，從總經理的位子上跌下來，一落千丈。許多部門和公司都聘請他去擔任要職，然而他卻不去，因為他要去瀕臨破產的克萊斯勒公司，要讓克萊斯勒公司起死回生，重振雄風，這就是他的選擇。如果換了別人也許就不會如此勇於冒險、義無反顧了。同樣，當他在克萊斯勒公司取得巨大成功，名聲大振之後，人們紛紛要求他參加總統競選，他卻不肯參加。他不是沒有競選總統的膽識和勇氣，而是他有自己的價值觀念。他的價值觀念是：一、眷戀家庭；二、努力工作；三、熱愛國家。對於這個問題，他在《艾科卡自傳》的續集《有話直說》裡講道：

……我生長在這樣一個年代裡，從孩提時代起，我們就被灌輸這樣的思想：長大了爭取當美國總統。我收到一萬多封信，人們向我提出了許多充分的理由要求我去當總統。比如說：「國家給了你不少東西，這是你報效國家的一個方式」；「我們正需要一個善於管理的人，做出一些變革」等等。首先，最重要的是我從來沒有想到要在晚年改變自己的職業。我現在從事的工作正

是我的專長所在，它占據了我生命中的最寶貴的四十年。我只是想把本職的事情做好，已經沒有那種吞噬一切的狂熱願望。其次，我的母親，我的孩子們和大多數朋友也都了解我的性情。也許在別人心目中的下一任總統，在我看來會有許多可怕的麻煩。但我沒有輕視人們對我的希望和要求，我把這件事的前後細節都記錄了下來，最終決定放棄這個報效國家的機會。……

　　由此可見，人生的選擇並不是一味的出人頭地登高位，也不是一味的全面發展求完美，而是依據自己的價值觀念、自己的實際情況和自我實現的目標去選擇。而人生的選擇必然意味著有得有失，有所爭取也就有所放棄，你想從生活中得到什麼，也就要準備失去什麼。只有這樣，才是屬於個人的選擇，才是可以實現的選擇。當年的英國國王愛德華八世為了愛情而放棄王位，如今的日本明星山口百惠在名聲大噪之後去過隱居生活，只做賢妻良母……他們都深諳人生選擇的真諦，要過自己想過的生活，要做自己想做的那種人。

　　怎樣才能領悟人生選擇的真諦呢？重要的是不要害怕有所喪失，而要準備有所喪失。有人把婚姻比作圍城，城裡的總想出來，而城外面的很想進去。人們在一切事情上都似乎永遠在相互羨慕著，這山望著那山高，總想得到別人得到而自己沒有得到的東西。

　　然而事實上，你選擇了某種生活方式，就意味著你必須放棄其他各種各樣的生活方式；你放棄的並非是你不需要不喜歡的，而是你只能選取一種。一個人只能擁有「一」，一次生命、一個家庭、一種職業，留下一行腳印。你的一舉一動都包含著有所收穫的歡樂和有所喪失的缺憾。你從學校畢業出來，領到畢業證書，這個平常的選擇和獲得，也構成了一篇遺憾的宣言：你放棄了成百上千種五光十色的職業，你放棄了成千上萬個五彩繽紛的幻想！

　　人生必有得失，人生的選擇也就必然要有所得失。得失本是人生的有機

組成部分，得失本是不可避免的，我們只有透過有所得失才能有所成長和有所收穫。我們在失去與母親的一體連繫的同時誕生為人類的一員；我們在失去與父母的依戀關係時成長為獨立的自我；我們結婚成家時，便喪失了那曾縈繞夢中的完美戀人的偶像；我們因孩子的出生破壞原有的感情平衡的同時也完成了生育繁衍，獲得了新的家庭幸福感；我們步入工作繁忙、有所作為的中年時，便喪失了心目中那個青春年少、面向前途的自我；我們在步入垂暮之年、失去許多的時候，卻已累積了豐富的學識經驗，體會到人生的深奧內涵。有人在談到對喪失的看法時曾說：「這是斷奶」。這話言簡意賅，在人生的旅途中有高峰也有深谷，不斷奶就不會成長，沒有陣痛就沒有新生命，沒有付出就沒有收穫。

正是透過各種喪失，我們才得以獨立、成熟，得以獲得選擇的權力，得以成為有價值的人。總之，我們只有懂得人生必有喪失，才會懂得人生就是選擇。

人生的路不只一條，哪一條路是你該走的路？這不能趕流行、追求時髦，而要看準哪一條路能使你切實有效的開發潛能，能使你痛快淋漓全身心的投入。生命只有一次，誰都要走向死亡。如果這也是「殊途同歸」的話，那麼人生選擇的關鍵和意義就在這「殊途」上。現代社會，誘惑紛繁，經常會有各種資訊向你襲來。

你得到了某個熟人取得成功的消息，往往會想：「當初我怎麼就沒像他那樣？」嫉妒也罷，羨慕也罷，悔恨也罷，長吁短嘆皆為遺憾。

倘若人云亦云，人商亦商，人家走什麼路你也走什麼路、你永遠也不能擺脫若有所失而又不知所措的焦慮與遺憾。你唯有構建屬於自己的頭腦，構建屬於自己的思想觀念的康莊大道，你才能既看清人生的路不只一條，又能認清自己該走的路是哪一條。

第八單元　更新觀念，構建屬於自己的頭腦

第九單元
自我覺察，選擇控制你的情感

不良情緒 —— 人生的破壞者
學會在現時中快樂的生活
人的情感可以選擇控制嗎
怎樣選擇控制你的情感
你無力改變世界，但你能夠改變自己

第一章　不良情緒 —— 人生的破壞者

情緒對心身健康有巨大影響

　　一位學員給我寫信，提出了一個使許多年輕人感到困擾和苦惱的問題。她說：「……好長時間了，我的心情總是不好，感到空虛無聊。上班、回家、吃飯、逛街……這似乎就是我渴望已久的新生活，卻又覺得這是在浪費青春，苦苦尋求了許久，我什麼都沒有得到。我原本是個快活、愛笑的女孩，

第九單元　自我覺察，選擇控制你的情感

成績好、朋友多，也有過許多幻想。可是命運偏偏在捉弄我，使我的生活暗淡無光。也許我當初考大學選錯了科系，也許我不該離開家，來到這舉目無親的大都市……總之，看到別人興高采烈，我的心裡總是酸澀的；明知有許多事情要做，卻又提不起精神。我該怎麼辦？將來又會怎樣？……」

這種心情可以理解，而且每個人都有這種消極的情緒體驗，只是程度有所不同而已。如何對待空虛、消沉和煩惱？

首先，不要著急，不要焦躁，不要以為別人都是心滿意足、興高采烈的。而唯獨自己不愉快，感到生活單調乏味。焦急不安，只會分散注意，看不清問題的實質，也會浪費許多時間和精力，會更加苦悶和煩惱。

保持良好的自我狀態是成功心理的要素之一。因為情感和情緒的變化對人的心態與行為有直接而巨大的影響。良好的情感就像發電機一樣能夠正常「供電」，振奮精神，促進和保持生活的積極態度；而不良的情緒就像是「短路斷電」，干擾破壞生活的正常運行，甚至有可能釀成災禍，燒毀一切。如果我們每當遇到不良刺激或遇到不如意的事情，就聽任自己堆積煩惱、積存憂慮，再去汙染別人的情緒，那就是在破壞自己的人生，損害自己的處境。

這種破壞和損害往往是嚴重的、多方面的，並帶有連鎖反應，首先是損害自己的心身健康。

情感與情緒大體上是一回事，就詞義來講是近義詞。不過，情感是較為內在的心理反應，情緒是心理活動的外在表現。情感與情緒作為人們對外界各種精神刺激因素的反應，其本身就是心理狀態的表現，因此說，情感和情緒不良自然會損害人的心理健康，或者說，情感和情緒不良正是心理不正常的表現。

俗話說：人非草木，孰能無情。在我們生活的大千世界中，每個人都要面對許多人和事的變化，都要受到各種各樣的刺激和影響。情緒反應不僅要

透過心理狀態而且要透過生理狀態的廣泛波動實現的。中醫把人的情緒歸納為七情：喜、怒、憂、思、悲、恐、驚。但是當這些精神刺激因素超過人的承受限度，或長期反覆刺激，便會引起中樞神經系統的失控，波及內臟功能紊亂，因而發生疾病，甚至會使臟器發生器質性病變。

　　臨床上因情緒不良引起內臟功能紊亂，最為常見的是心、肝、脾三臟。如憂思過度會影響脾胃功能，出現胃脘脹滿，不思飲食，腹痛腹瀉，甚至肌體消瘦，乏力貧血等。鬱怒傷肝，可出現胸悶脅痛，頭脹目赤，性躁易怒等肝火旺盛的現象。大喜傷心，過於高興，樂極生悲，也是常有的事。而長期心情壓抑、煩悶、生氣是誘發癌症的因素之一，甚至可以說是主要因素。不良情緒很容易使人體內的腎上腺素和其他內分泌激素急速上升，對身體造成損害，如導致冠心病和其他疾病，尤其是極度惱怒、大發雷霆的偏激情緒，其危害更大。因為一個人在大發雷霆時，體內會產生一種不良物質，而這種不良物質足以毒死小老鼠。臨床心理學家作了一項試驗，以觀察小老鼠在注射了發脾氣的人的血液後會有什麼反應。結果，本來是活生生的小鼠死去了。

　　以往許多人不相信人腦會產生化學物質，但試驗證明，人腦確實會分泌化學物質，被證實的已有三十七種，例如內啡肽便是其一。人腦所產生的一些類似嗎啡的物質，其鎮靜作用，比嗎啡藥物厲害得多。

　　人的心態，尤其是情感和情緒是生命的指揮儀和導向儀。在一切對人不利的影響中，最使人頹喪、患病和短命夭亡的就是不良情緒和惡劣心境。相反，心理平衡、笑對人生，特別有利於心身健康。所以有人說：自信而愉快是大半個生命；自卑和煩惱是大半個死亡。愉快的情感會使健康人不容易患病，而使患病者乃至危重病人也能得以康復，創造奇蹟。

　　卡內基曾講過一個俄爾·哈內先生親身經歷的故事。此人因為過度憂慮

而患了胃潰瘍。一天晚上，他胃部大量出血，趕緊到醫院去診治。他的體重已經由一百七十五磅降到九十磅，病逝嚴重到三位醫生都認為沒什麼希望了。他只能依靠點滴維持生命。幾個月過去了，病情依然未見好轉。最後，他對自己說：「俄爾・哈內你已經死到臨頭，沒有什麼指望了。既然如此，剩下的日子就應該好好利用。你不是一直都想環遊世界嗎？何不趁著臨死前的時間去完成你的願望呢？」醫生聽說他的打算十分驚訝，警告他說：「如果堅持旅行，結果只能是死在海上。」他回答：「無所謂，我會帶著棺材去！」隨後，他果真與船運公司協商，訂購了一個棺材，放到船上的儲藏室中。他若死了，請人家把他的屍體放人冷凍庫運回家鄉安葬。

他在輪船上盡情的欣賞沿途的風景，食用各地名菜，享受菸酒，精神煥發的玩牌、唱歌、交朋友，整天樂樂呵呵……就這樣，他不僅沒死在海上，當他回到美國時，體重已增加了九十磅。他甚至忘了自己患有嚴重的胃潰瘍。在他的一生中，他從來沒有感到這麼健康愉快。不久，他又回到了工作職位。這就是自信樂觀、笑對人生的力量！

不良情緒損害人際關係，並使人失去機遇

心境不佳、情緒汙染與處境不利、人際關係不和緊密相關，常常互為因果。因而，情緒不良的危害之一就必然會損害人際關係。

我們知道，世界上的人和事是複雜的，都有多重性。可為什麼在具體的看人處事的時候，卻會出現「要麼極好，要麼極壞」的極端呢？這是因為人們常常被潛伏在心中的偏激情緒所左右。情緒往往是人們待人處世的一副有色眼鏡，使人難以實事求是，恰當看待。

在文學作品中常常有這一類的描寫。同樣一條小河，天天在嘩嘩流淌。當主人公欣喜若狂之時來到河邊，會覺得它在盡情歡唱；而在悲痛的時刻倘

徉河畔，就會覺得它在嗚咽哀泣了。在實際生活中也常有這樣的情形：當你對某個人很不滿意甚至恨之入骨之時，聽到別人議論這個人的一些缺點和壞事情，儘管未加證實，你卻會本能的相信，甚至還會隨聲附和，添油加醋。反之，當你對某人深深敬仰乃至崇拜得五體投地時，聽到人們對他的溢美傳說，也會不加分析的相信，下意識的給他罩上光環。

在處理人際關係、人際社交上，若經常戴著有色眼鏡，被自己的一時情緒所支配，就很容易失去一個朋友或交上一個不該交的朋友，或者看錯了人，信任了不該信任的人。說話做事也是如此，若被偏激的情緒所支配而決定取捨，本來是一件應該去做的好事，卻因一時對它看不慣而放棄了它；而對本來不該參與的壞事，卻因一時的好感和衝動而盲目的投身其中，其結果也就可想而知了。

情緒不良，心理灰暗，你就沒有與人交往的欲望和興趣，很容易自我封閉，性情孤僻。但實際上，你不可能不與別人接觸和相處，那麼不良情緒會使你的言談、神態、舉止不對，有意無意的給別人以不良的資訊刺激。這麼一來，誰都不喜歡，怎麼會不影響人際關係呢？

如果你是一個對別人懷著敵意而時常煩惱、容易發脾氣的人，那麼為了你自己，也為了改善人際關係，你的當務之急就是應當平復和消除你的惱怒心情。一個人的敵意來自他那陰暗灰色的心理和對別人的不滿與不信任。一個心理陰暗灰色的人即使他並不清楚別人在想些什麼，他也會在那裡懷疑別人懷著不良動機。這一連串惱怒、懷疑和報復的連鎖心理反應，很容易使人昏頭脹腦、失控發瘋、說蠢話、做蠢事，甚至有可能因此而犯罪，給自我形象和人際關係造成惡劣的難以挽回的影響。

一個人情緒糟糕，往往會覺得一切都糟糕，即使遇到了好事和良機的預兆也會拒之門外，一腳踢開。所以，不良情緒的又一種危害，是容易使人把

第九單元　自我覺察，選擇控制你的情感

事情弄顛倒，失去難得的機遇。一般來說，人們在情緒糟糕的時候，其判斷力是靠不住的。這種情況下，不要做出重要的選擇。

奧斯卡是麻省理工學院的畢業生。他已經把幾種舊式的探礦儀器結合改造為用以勘探石油的新式儀器。他有聰明才智，向著成功之路邁出了第一步。一九二九年，他為一個石油公司勘探石油，在氣溫高達四十三度的西部沙漠地區做了好幾個月。可是公司因無力償還債務而破產了。他失業了，只好踏上歸途，回家再想辦法。一路上，他越想越感到倒楣透頂，情緒很壞，看什麼都不順眼。他在俄克拉荷馬城的火車站上等候火車，因為要等待好幾個小時，他便在月台上把他隨身帶的探測儀器架設起來，藉以消磨時間。這時儀器上的讀數表明車站下面蘊藏有石油，但情緒懊惱的奧斯卡不相信這一切，他倒以為；人倒楣了，連儀器也反常了。「這裡怎麼會有石油？不可能，真是見鬼了！」他一氣之下踢翻了那台探測儀器！然而，他踢開的卻是極為難得的機會和財富。不久之後，人們發現俄克拉荷馬這座都市就浮在石油上，完全可以開採，發大財。而最先的發現者奧斯卡卻丟棄了這巨大的發現。

奧斯卡有才能、有機會，本來是個幸運兒，但消極心理、不良情緒，把這一切剝奪殆盡。如果我們容許自己消沉苦悶，那就是自我破壞！一個有頭腦的人為什麼要做這種蠢事？我們為什麼不能選擇和控制自己的情感和情緒呢？

禍不單行，不良情緒破壞人生效率

人們常說，禍不單行，福無雙至，日常生活中確實常有這種現象。這是為什麼呢？這不是所謂「天意」、「運氣」、「命中注定」，而主要是不良情緒在作祟。

　　各種不如意的事情，如遺失財物、親友別離、環境變化、工作挫折、家庭不和等等「負性事件」，都會打破當事人原先的心理平衡，使人處於悲觀、消沉、煩惱、紊亂的心理狀態。人在這種不良心態的支配下生活與工作，便會心不在焉，注意力分散，引發又一次「負性事件」，在生產線工作時容易出事故、受工傷、做出瑕疵品，行走在路上很容易出車禍，買東西可能會遺失錢包，或是一連幾天不舒服，終於病倒了等等。

　　顯然，禍不單行，並非是命運和你作對，主要是你情緒不良、心理失衡造成的。我們每個人總是生活在矛盾的世界中，心理平衡時常有可能被打破，一旦打破，就有可能接連出錯，連鎖反應，這麼一來，怎麼能正常有效的生活和工作呢？

　　現在，人們越來越重視生產效率、工作效率，其實最應當重視的是人生的效率。中醫養生之道是延年益壽，是增加自然壽命，這當然不錯。然而，生命就是時間，時間就是生命，我們更應當重視和追求的是人生效率，是充分利用時間。美國前總統卡特在他的自傳裡說。「長壽的原則應當是充分利用生命多做工作。」美國管理學家彼德‧杜拉克指出:「時間是最珍貴的資源，如果我們不去管理時間，那麼其他任何東西都沒有必要加以管理了。」時間本是看不見、摸不著，是無法管理的。所謂管理時間就是管理運用時間的「自己」，就是要善於解決在一定的時間裡做什麼或怎樣有效的去做的問題。我們藉此可以減少自己生命的無謂消耗，過一天就要有一天的收穫，而且要運用最少的時間獲取最大的收益。這就是人生效率、生命價值。

　　然而，人在遇到不良刺激或發生負性事件的情況下所產生的憂傷、煩惱、痛苦和憤怒等不良情感卻是破壞人生、危害生命的大敵！輕者會讓人在幾天裡、數週裡提不起精神，什麼都做不成；重者會使人在幾年乃至幾十年裡心灰意冷、無所作為，甚至精神崩潰、自我毀滅！

　　法國故事片《羅丹的情人》中的主人公卡繆·克洛岱爾年輕、漂亮、倔強，具有非凡的藝術氣質。她從小喜歡雕塑，十九歲時成為羅丹的學生和助手。這段經歷預示著她將成為不亞於甚至有可能超過羅丹的藝術大師，給人類的文明做出寶貴的貢獻。

　　她的奔放性格和獨特才華強烈的吸引著羅丹，使羅丹愛慕著迷。卡繆也愛羅丹。可是羅丹和她戀愛的同時，卻又無法離開他青年時代的伴侶羅絲。他希望這兩個女人能適應他性格的不同側面。這種情況使卡繆倍感屈辱、壓抑和痛苦。在幾經心靈掙扎之後，卡繆精疲力盡的從這段長達十多年的感情糾葛中退了出來。孤寂的環境、痛苦的心情，加上世人對她的作品的冷漠和嘲諷，她的精神日趨崩潰。她打碎了自己的雕塑，扯碎了自己的心，最後被送進瘋人院，過了長達三十年的監禁生活，一朵非凡的藝術之花就是這樣枯萎了，不良的情緒毀了她的一生，這是多麼令人惋惜的悲劇。

　　在實際生活中，這樣的悲劇並不少見。儘管許多人沒有自殺，沒有被關進瘋人院，但終日空虛、煩惱、鬱鬱寡歡，精神垮了，還能有什麼人生的效率和生命的意義呢？總之，不良情緒是破壞人生的劊子手，我們要打倒這個劊子手，保持自信樂觀的情緒，走向成功之路。這就需要學會自我覺察，選擇控制自己的情感。

第二章　人的情感可以選擇控制嗎

學會自我覺察，換一種思考方式

　　儘管人類已經可以飛出地球，在回顧中看清楚這個美麗的球體，自由自在的飄浮在太空，但在日常生活裡，人們卻感到這個世界越來越沉甸甸的，空虛苦悶把人憋得要命，甚至有人認為當我們的生命開始之時，苦悶便緊緊

的摟住我們，死不肯放，其實不是這樣的。

消極心態、不良情緒，並不是我們與生俱來的天性，而心誠活躍、精神愉快才是人的一種自然狀態。我們只要看一看天真活潑、無憂無慮的幼兒，就可以認識並證實這一點。你也許會說，不對，孩子也有不滿意、鬧脾氣、不斷哭叫的時候。但孩子的哭鬧並不在心裡積存，並不受思想觀念的支配，而主要是一種直接感覺的表現。他想要的玩具你不給，他就哭鬧起來；如果你把玩具給他，他立刻就會恢復正常，高興起來。當然，我們不能否認孩子的不良情緒中完全沒有真實的煩惱，尤其是已經長大、稍微懂事的孩子有時也會有煩惱的心事。但這種情況也並不是人的天性，而是孩子逐步學會的一種感情反應。

我們聽到了某種批評指責，尤其是聽到了那種不顧事實、用心不良的批評指責往往會氣惱，感到自己受到了傷害，情緒一連幾天都好不起來。其實大可不必，只要我們心態積極，改變想法，完全能做到不生氣、不煩惱。卡內基就是這樣做的。

紐約《太陽報》的一位記者在報上發表文章攻擊卡內基。卡內基氣得打電話要求該報登文澄清事實，讓這個記者受到適當的懲罰。

等平靜下來後，卡內基為自己當時的行為感到慚愧。他了解到，買那份報的人大概有一半不會看到那篇文章；看到的人當中又有一半不把這件事當回事，而在注意到此事的人裡面，又會有大半在幾天或幾週後把此事給忘了。

人們往往忽視了這一點：一般人根本不會注意關心誰批評了誰什麼話，別人鬧什麼糾紛。因為人們最關心自己的事，對自己的細小問題的關心程度要比別人生死攸關的大問題更關心千百倍。因此，被別人不公正的批評指責，或是被別人嘲笑、貶低，或被別人說三道四，甚至被好朋友誤解，

第九單元　自我覺察，選擇控制你的情感

你用不著縱容自己氣憤惱怒，發洩不滿。能辯白的可以辯白，能回擊的適當回擊，但最好的辦法是：不管別人怎麼說，你只要自己心裡知道你是對的就行了。

環顧周圍世界，你想讓每個人都對你滿意是不可能的。實際上，如有一半或大半的人對你比較滿意，那就很不錯了。我們清醒的認識到這一點，用新的眼光來看待不同意見，並不期望人人都對你讚許而不批評，你就不會自尋煩惱、情緒消沉了。一棵大樹也許能經得起狂風暴雨的襲擊，但卻在許多不良情緒的小甲蟲的持續不斷的啃咬下腐朽斷倒。

林肯說得好：「假使要我讀一遍針對我的各種指責，更不要說逐一做出相對的答辯，那我還不如辭職了事。我是根據自己的知識和能力盡力工作的，而且將始終不渝的這樣工作。如果事實最後證明我是錯的，那麼即使有十個天使起誓說我是正確的，也將無濟於事。」

還有個方法能使批評指責不傷害自己的心情，那就是經常自覺的反省自己做的「傻事」、說的「錯話」。一個人難免沒點愚蠢和過度的表現，聰明人只是讓愚蠢、過度的表現限制在短暫的幾分鐘的時間裡，而不是一錯再錯，接連失誤，而且能從反對自己的人那裡獲取自我審視的啟示，自己做自己的嚴格批評者，在別人能有機會說什麼之前就找出自己的弱點加以改正，至少在說什麼之後要自我審視，有所改進、這是聰明的，也是避免遭受不良情緒損害的妙法。

透過以上分析，我們發現：人們遇到不如意的事情，往往忽視了三點：一是一般人並不關注與己無關的糾紛，因為人們對自己的細小事比對別人生死攸關的大問題更要關心；二是別人對你怎麼看怎麼說，是一個可以拋棄的包袱；三是情感畢竟是自己的心理反應，自己可以選擇和控制。選擇控制自己的情感，不僅是一時的制怒，一味的忍讓，也不僅僅是從消極方面避免意

氣用事，防止過錯，而是一種積極開放的自我意識，是一種自由和自治的生活態度。若想生產甜果，必須培養出能夠長出甜果的樹木。若想能夠自信自治，選擇控制自己的情感，就需要學會自我覺察。

自我覺察能力是一個人對自己的心理活動和行為進行觀察和思考的能力。這是人類擺脫了動物世界，成為萬物之靈的獨特力量之一。這種能力可以使人隨時檢查自己的心態、觀念和反應是否合乎實際，避免被社會的鏡子照出變形的儀容。

人遇到不良刺激是不是必然要產生和表現不良的情感呢？人們大多給予肯定的回答，似乎這很正常，其實這樣的解釋並不合乎實際，而人們大多沒有覺察到這一點。

你坐在一列等發車的火車裡，月台的另一邊正好停著另一列火車。這時候，你感覺到自己乘坐的火車開動了，結果卻發現實際上開動的是另一列火車。你的發現可能是由於注意到了旁邊的參考物。這說明人的感覺有兩個重要方面 —— 是感覺；二是對這種感覺的解釋。像火車開動這類感覺和隨後對真相的發現便屬於一誤一正的兩種解釋。我們的心態、觀念和情感傾向會影響我們的自我覺察和做出反應的能力。但我們要盡量做到客觀現實，做到實事求是，這就需要我們不斷的更新觀念，增強自我覺察能力，選擇控制自己的情感。

這樣去努力，我們會發現人並非是遇到不良刺激就必然要異常煩惱，而人擁有選擇控制的自由。這種自由包括自我覺察的能力、判斷是非曲直的良知、超越現實的想像力、創造力和獨立自主選擇控制思想感情以及決定採取什麼行動的能力。

第九單元　自我覺察，選擇控制你的情感

情感的本質是什麼

　　情感和情緒是人對客觀現實的對象和現象是否適應自己的需要和欲望的心理反應。它同知覺和思維一樣，都是人腦對客觀事物和外部刺激的一種反映形式，但情感這種反映形式與知覺和思維有所不同。這就是它在反映客觀事物和外界刺激的同時，還會對客觀事物和外界刺激持有一定的態度，並在內心產生一種體驗。

　　這種態度和體驗就是對人具有很大的支配和影響作用的情感。所以說人不僅是邏輯之人，而且還是感情之人。

　　西元一八四四年，著名哲學家和心理學家詹姆斯提出了一個簡明易懂而又實用的情感理論，隨後，一個叫卡爾·蘭格的學者也獨立研究出類似的理論。這就是後來被稱為詹姆斯 —— 蘭格情感理論。這個理論認為：情感或情緒是人對某種事物和刺激的感覺引起的心理反應，並且會引起身體的變化，但身體變化緊跟在受到某種刺激的感覺之後i與它同時發生變化的心理反應 —— 意識，就是情感。

　　這個理論的要義在於：真正的情感是我們意識到的自己對某種情景和刺激的反應。比如：一個人碰上黑熊，人的身體自身對之做出反應，因為人們生來就有求生存、求安全的裝置，即心理機制，以準備應付緊急情況。在這種危急時刻，肌肉會迅速拉緊，以使我們更靈活；心跳和呼吸也會頓時加快，以供給大量的能量；神奇的腎上腺素等使感覺變得靈敏，並給予緊急應變的能力……所有這些都在一瞬間發生，所有這些我們都意識到了，正是對這些反應的意識才使我們感到懼怕。由此可見，情感和情緒的本質就是意識。當然，意識是由存在決定的，它常常來自我們過去的經歷和見聞，我們早就從許多故事中知道黑熊是會傷害人的。假如一個人從小就知道黑熊會和小貓、小狗一樣與人和平相處，當然就不會有懼怕黑熊的意識。顯然，人懼怕熊儘

管和環境因素即熊的出現有很大關係，但從根本上講，不是熊本身所致，而主要在於主觀上的意識。這種意識包括了相互連繫和影響的三個環節：1. 早就知道黑熊可怕；2. 立刻意識到身體對熊的緊張反應；3. 同時還意識到自己無法控制這種危急的環境。所以說，情感和情緒的本質就是意識，就是思想觀念。

情感是可以選擇控制的

我們要主宰自己，改善人生，很需要培養一種嶄新的開放的思想觀念，需要提高自我覺察能力。這可能是一件相當困難的事，因為社會生活中有許多傳統習俗的東西使人形成了一種墨守成規的思維定式。如問一個孩子帶一百元去買一件七十五元的東西，但老闆卻只找了五塊錢給他，為什麼？你很可能會去想：老闆為什麼少給二十元，卻不會換個角度想，小明帶了一百元不等於給老闆一百元，而是給了八十元。一隻凶猛的餓貓，看到老鼠為何卻拔腿就跑？拔腿就跑並不意味著不跑去捉老鼠。你打破了「拔腿就跑」似乎就是趕緊逃跑的習慣思維方式，問題也就變得簡單明瞭了。同樣的道理，你也許從小到大都認為，自己的情感是無法選擇和控制的，因為總有些事情讓你自然而然的產生氣憤、憂愁、恐懼、怨恨、愛慕、喜悅、興奮、歡樂等等各種各樣的情感。使人高興的事當然誰都歡迎，可是諸如「落榜」、「失戀」、「意見分歧」之類的事情，它硬是攤到了你頭上，個人對它無能為力，不能改變它，只能接受，當然也就不可能去選擇和控制。所以你就認為，每當發生令人悲傷和苦惱的事情，你就會自然而然的感到悲傷和苦惱，直到出現了一些使你快樂滿意的事情，你的情緒才會好起來。

這樣的看法其實不對。情感和情緒的本質是什麼？是意識：既然是意識，那就不僅僅是你身上的某種感覺。既然情感是一個人對外界事物、某種刺激

而產生的心理反應，那麼，同樣的一件事，你可以做出消極的心理反應，也可以做出積極的心理反應。外界事物什麼樣，這由不得你去選擇和控制，但做出什麼樣的心理反應，這可以由你自己做主。你如果心態積極、獨立自主，你就不會做出自我挫敗性的心理反應。一旦你學會按照自己的選擇來控制自己的情感，你就踏上了自由來往、四通八達的康莊大道，而不會鑽進非此即彼的單行道和走投無路的死路。我們要確信，情感本是一種可以選擇的因素，而不是生活中的必然因素。如果你每時每刻都能做出思想感情上的選擇，那麼這正是你的個性自由和人格魅力。自由的本質不正是自主、自治和自我選擇嗎？

我們還可以透過邏輯推理借助一個簡單的三段論式，來說明一個人可以選擇和控制自己的情感。

大前提：我可以選擇控制自己的思想觀念；

小前提：我的各種情感來源於我的思想觀念；

結論：我可以選擇控制自己的情感。

大前提是可以成立的，因為一個人的思想觀念當然屬於自己，可以由自己來決定是否保留或改變，也可以自由選擇。除了自己，誰都無法鑽進你的大腦，也不能像你那樣體驗你的思想。所以，你可以選擇控制自己的思想觀念。

小前提也是對的，無論是科學研究還是常識判斷，其結果都可以證實這一點。沒有思想存在，也就沒有情感產生。外界的資訊刺激，只有透過感知和思維中心的處理，人才會出現喜悅、害羞、哭泣、心跳加速等等各種情緒反應。因而，人的各種情感來源於思想觀念，如果大腦功能不起作用，那麼感知、思維、心理反應全都不復存在了。

結論也是正確的，必然的。你可以選擇控制自己的情感，為什麼總以為

是外界刺激或別人的態度使你心煩意亂呢？如果沒有你的同意，沒有人能使你感到自卑和苦惱。使你心情不愉快的不是別人，而是你自己，因為你對生活中的人和事有一種不能自主的思想觀念，你總認為別人的看法比自己對自己的看法更重要。這就是說，如果你覺得無法選擇控制自己的情感，那就是觀念守舊、意識狹隘所造成的心理盲點，而不是事物的必然規律、自然法則。

　　一位老太太總是為兩個女兒的命運操心。大女兒嫁給傘店老闆，小女兒當上了洗衣作坊的內掌櫃。逢上雨天，她擔心小女兒的洗衣作坊的衣服晾不乾；遇上晴天，她深怕大女兒傘店的雨傘賣不出去。她就這樣天天為兩個女兒擔憂，日子過得很憂鬱。後來一位聰明人告訴她：「老太太，您真是好福氣！下雨天，你大女兒家生意興隆；大晴天，你小女兒家顧客盈門。哪天你都有好消息啊！」這一說，老太太才高興了。天還是老樣子，只是改變想法，生活的色彩竟然煥然一新。

　　這個改變想法的道理，同樣適用於各種事物。疾病本身並不一定使人憂鬱，你如果因為患病而憂鬱，那是因為你對患病的心理反應是消極的。當然，這不是說，你應該欺騙自己去喜歡疾病，而是說你可以想一想，心理決定健康，心態如何對於能否恢復身體健康具有極大的影響。「我為什麼非要鬱鬱寡歡，愁眉苦臉呢？這能使我積極有效的治癒疾病，恢復健康嗎？」這樣你就可以選擇控制自己的情感了。

第三章　怎樣選擇控制你的情感

轉變意識，糾正心理錯覺

每個人的生活和工作都面臨著一些困難、挫折，甚至是不幸，如失戀、

第九單元　自我覺察，選擇控制你的情感

求職不成、意見分歧、被人誤解、工作困難。家庭不和、委曲求全。待遇偏低、疾病事故等等。在這些難題的困擾和壓力之下，許多人往往煩惱不已。焦慮不安、悲觀失望、灰心喪氣，嚴重的還會精神崩潰、自絕於世。這些人之所以不能選擇控制自己的情感，而是被不良情感所支配影響，最重要的原因就是人們常說的「想不開」。他們總是想：我沒有做任何傷天害理的事，為什麼會這麼倒楣呢？為什麼這些倒楣的事會偏偏讓我遇上呢？其實，這樣的人應當把想法改變，想開一點：為什麼這類倒楣的事情可以發生在別人身上而絕不該發生在你的生活中呢？

毫無疑問，世界上有許多美好的令人愉快的事情，也有許多糟糕的令人煩惱的事情，卻沒有一種神奇的力量只把好事給你，而不讓壞事和你沾邊，當然也沒有一種神奇的力量把好壞不同的境遇完全合理的搭配，絕對平均的分給每個人。這樣實事求是想問題，我們就會發現一個真理：倒楣的事情是必然存在和發生的，它是生活的一部分，是每個人生活的一個組成部分，而不是存什麼上帝或天意成心和你作對。一個人如果能真正認識到自己遇到的不如意的難題不過是生活的一部分，並且不以這些難題的存在與否作為衡量是否幸福的標準，那麼他便是最聰明的，也是最幸福和最自由的人。因為他有實事求是的思想觀念，他有積極開放的意識，很少有心理上的盲點和錯覺。

許多事物的發生與否，結果如何，都有一定的不確定性。這種可能性的大小可用「客觀概率」這個術語來表述。比如拋一枚硬幣，正面向上與反面向上的客觀概率各為二分之一。另一方面。人們對某件事情的可跳，又有自己的測預測和判斷。這就是「主觀概率」。在許多情況下，主觀概率和客觀概率並不吻合。

賭博無非是你輸我贏，我輸你贏。如果排除了智商差別明顯和有人暗中

搗鬼作弊等特殊因素，那麼每個參與者輸贏的客觀概率應當是相當的，但是在絕大多數參與賭博者的潛意識中。總是覺得自己會贏，至少是自己贏的可能性更大一些。這種傾向於高估低概率事件的出現，或低估高概率事件的出現，特別是人們往往傾向於高估熱望對自己有利的事件的真實概率，就是心理錯覺。

許多人正是受心理錯覺的驅使而上當受騙，或大失所望，陷入煩惱的泥沼。

願望不等於現實，在這點上，人生如同牌局。如果你已經遭受煩難，即使委屈等待，下一步也不一定就會時來運轉。如果連續拋十次硬幣，每一次都是反面向上，那麼拋第十一次哪面向上的可能性會更大些呢？許多人會認為：正面，錯了！正面向上和反面向上的可能性仍然一樣大。如果沒有必然連繫、因果關係，那麼一件事發生的概率是不受先前各種結果的影響的。於是，許多人還有這樣一種心理錯覺：總愛預測暫時未出現的事件很可能將要出現，相信這種事件發生的概率。賭徒的幻覺就是這樣形成的。

賭徒們總愛假定，連續輸後就必定該贏了。正是受這種心理錯覺的支配，許多輸紅了眼的賭徒，仍不肯從賭場中抽身而退，而是孤注一擲，通宵達旦的賭下去而不能自拔。

當然，現實生活中陷於困境的人大多不是由於趨利惡勞撞大運、投機取巧去賭博而陷於困境，一蹶不振。但在心理錯覺導致心理失衡這一點上卻是同樣的自尋煩惱。許多人一旦陷於困境，不是怨天尤人，就是自我折磨。怪這怪那，怨天怨地；自責、自卑、自恨、自棄。這一切不良情緒只能為自己指示一條永遠看不到光明的「死亡之路」。泰戈爾說得好：「我們錯看了世界，卻反過來說世界欺騙了我們。」

困境、難題、挫折、不幸是不是生活的組成部分呢？是不是人人必領的

第九單元　自我覺察，選擇控制你的情感

「速食」呢？是不是既會困擾自己。也會光顧他人的十分正常、合乎自然的事情呢？如果你認為困境難題確實是生活的一部分，那麼你遇到了困難與挫折的時候就會沉住氣，就能學會選擇控制自己的情感。首先，你可以考慮自己所面臨的困境是否馬上能改變。可以改變就去努力改變；一時無法改變就要接受，這叫接受不可改變的事實。第二步，你再想，這件不如意的事壞到什麼程度？想方設法避免事情變得更糟，避免處境更加惡化。第三步，面對現實，分析原因，透過心理自救，即選擇控制自己的情感，並依靠自己的努力和爭取別人的理解和支持，去尋求和創造轉機，走出困境。在這個過程中，最關鍵的問題就是自信主動，善於選擇，保持心理的平衡。

相反，如果你認為生活本該一帆風順，萬事如意，那麼這種實際上不存在的良好願望只是你的心理錯覺，是你錯看了世界。若不改變心理錯覺，棄舊圖新，那就無法自主自救，只有聽天由命，自認倒楣了。

在轉變意識、糾正心理錯覺的問題上，還要注意另一種心理錯覺 —— 倒楣的時候只想著倒楣的事情，而沒有看到自己的生活還有光明的一面和美好之處。

「唉，我真倒楣事情總是不順，什麼也做不成……」

「唉，我這兩年過的是什麼日子？簡直是地獄。丈夫突然病逝，兩個月沒上班，工作也耽誤了……」

人們常常這樣，一旦遇到挫折和不幸就容易眼界狹窄，思維封閉，眼睛只是死死盯在自己遇到的困難、挫折、失敗和不幸上，結果把困境和不幸看得越來越嚴重，以致被憂鬱、煩惱、悲哀或憤怒的不良情感壓得抬不起頭來。由於注意力高度集中在挫折與不幸上，思想和意識就會被一種滲透性的消極因素所左右。就會把自己的生活看成一連串的無窮無盡的繩結和亂麻，感覺到整個世界都被黑暗、陰謀、艱難和邪惡所籠罩……這麼一來，那就只

有發出懊惱和沮喪的哀嘆了。其實，這是含有嚴重的扭曲成分和誇大程度的消極意識和心理錯覺。假如你經營不慎，虧損了幾萬元，你就再也沒有經營成功、發財致富的能力和機會了嗎？難道你自身的巨大潛能也都虧損了嗎？假如你在公司裡沒有評上應得的職稱，並不等於你沒有學識、才能和工作成績，而且你還可能擁有健康的身體、美滿的家庭。假如你的丈夫移情別戀，離開了你，但你還有可愛的孩子和愛你的親友……總之，我們既不會萬事如意，也不會一無所有，既不會完美無缺，也不會一無是處。

如果你能隨時隨地的看到和想到自己生活中的光明一面和美好之處，同時意識到自己面臨的難題、遭遇的困境，別人遇到的難題和困境甚至比自己的更嚴重，那你就能選擇控制自己的情感，保持心理平衡，從某種煩惱和痛苦中解脫出來，並且有可能獲得新生，會照樣或是更加自信而愉快的生活。

你看過《逃離索比堡》的電影嗎？這部戰爭劇情片反映的是第二次世界大戰中的一個真實的事件。索比堡是納粹德國設立的滅絕人性、慘無人道的集中營之一，地點在波蘭東部。這個集中營裡關押著六七百個猶太人，每隔數日還會有許多猶太人被運送到這裡被處理、焚燒。有手藝的人還有可能被監禁起來做苦工，多活幾天，但他卻眼睜睜的看著自己的妻子兒女或父母被驅趕到「洗澡更衣」的地方被焚燒了。唯有森林上空每天升騰的火光濃煙是他們的葬禮……

這是死亡的集中營，沒有逃跑生還的可能。高牆上有電網，周圍雷區密布。誰要逃跑也活不了，若從唯一的通道路進森林，也會被哨兵發現，被慘無人道的處死。有一次，出去伐木的十三個人乘機逃跑，全被抓住。公開處決時，每個人還要再找一個陪伴者一起被處決，若有誰觀看處決轉身閉眼，立刻就加入死亡者的行列……這是多麼悲慘的處境，多麼可怕的地獄呀！一個人身陷如此殘酷的環境。除了麻木和死亡，還有可能選擇控制自己的情感

嗎？還有可能去尋求人生的光明一面和美好之處嗎？有，依然有！

　　鞋匠里昂，還有後來的盧卡女孩、薩沙中尉等人，就是一些在滅絕人性的野獸中而照樣人性不滅、自由自主的人。由於他們能夠選擇控制自己的意志和情感，他們暗中接頭、周密謀劃、組織力量，終於消滅了大部分德寇，帶領和掩護全體難友逃離魔窟，使三分之二的人得以生還。這是一個偉大的奇蹟！

　　如今，我們遇到的困難與挫折能有多大？會有什麼坎坷過不去？不論我們陷於什麼樣的困境，我們畢竟活得好好的，還有許多事可做，還有許多值得嘗試、經歷、熱愛和享受的東西。我們為什麼要忽視那些美好的東西？我們只要更新觀念，轉變意識，糾正心理錯覺，就一定能夠做到。

遭遇重大不幸，怎樣度過難關

　　如果你遭遇重大的不幸，一定要從深重的悲痛中走出來。

　　我們每個人在生活中都會有些重大的喪失，甚至遭遇意外的不幸。一個老年人得了心臟病，必須改變生活方式；一個年輕人被突然的事故傷害得肢體殘疾，必須面對殘酷的現實；做父母的人若孩子夭折，他們就失去了人間的至寶……任何人遭遇不幸，痛失所失，都會有一種慘遭掠奪和傷害的感覺。問題在於我們應該知道怎樣渡過這些人生的難關。

1. 深重的傷痛必須用時間去治療，不能期望遭遇不幸的人，一切照常生活或迅速恢復正常生活。操之過急，說得輕巧，只會使他們更加憂傷，悲痛的時間會更長。傷痛不是一種精神病，儘管有時像是精神失常。悲哀、焦慮、失眠、絕食、恐懼、自思自疑、只往壞處想等等，總之會產生一種「快要發瘋了」的感覺。實際上這是極度傷痛的正常過程和組成部分。要知道，我們所說的是選擇控制情感，

而不是否定和消除情感。

在傷痛的早期階段，一個人通常會時而平靜、呆滯；時而悲愴、落淚；對於所發生的不幸仍難以置信和不知所措。隨後，便會漸漸進入一個憂鬱期，一連幾十天或幾個月都消沉沮喪。任何事物都會使他觸景生情，想起自己親身經歷的悲慘遭遇。喪偶的人會注意到每對夫婦都是攜手並肩的，身旁的人似乎全都歡天喜地，令他因而倍覺孤寂。

一個人怎樣才能盡快的從悲痛中走出來呢？第一，把自己的哀痛宣洩出來，悲苦就不會拖長，也不會過於深重。向親友訴說，就是發洩情緒和治療創傷的有效方法。即使你不要向別人傾訴悲苦，寧願獨自忍受，但你也可以透過與親友交談得到慰藉。你必須明白，寂然獨處只會使情況更壞，友愛有治療心靈創傷的功效。

2.　以清醒的意識和積極的心態看待不幸，化悲痛為力量。

你如果能認識到：不幸是生活的一部分，既然事實無法改變就要接受下來，那麼你就會沉住氣，鎮靜下來。你就會意識到你可以突破悲苦的重圍。維托・法蘭克爾是一個在二戰中被關在德國的集中營的不幸者，他所經歷的苦難極為深重，也很有啟發性。他在集中營裡雖飽受折磨卻堅守著一種希望。他想像自己在戰後站在一班學生面前，對他們講解人在痛苦中如何活下去。如何活得有意義，他決心記住自己所遭受的苦難，把它們轉化為有價值的東西。這種意念使他得到力量。他引述尼采的話說：「未致我於死的東西，可使人變得更加堅強。」這種意識是極為寶貴的。我們必須擺脫那些以過去和痛苦為中心的問題，例如總問「這事為什麼發生在我身上」之類的問題，而改為提出「抓住今天，展望將來」的問題，例如：「既然事情已經發生了，我該怎樣應付？」

3.　在起初的幾天度過之後，應付重大不幸的可行辦法就是投身工作或

第九單元　自我覺察，選擇控制你的情感

幫助別人做事，這樣既可以轉移注意力，有利於恢復正常生活；還可以盡量珍惜時間，有所收穫。在極度悲痛中，鼓舞自己奮起行動，可能會有困難，但是工作和做事有極大的治療價值。如果你有了明確的目標，這會幫助你發現內心的力量。

馬瑞爾·道格拉斯是卡內基的一個學生，有一年，他失去了他最喜愛的五歲的女兒，他和妻子被這突如其來的災難震呆了，簡直無法承受如此慘重的打擊。就在他們悲痛欲絕的時刻，又一個可怕的打擊降臨在他們頭上 —— 第二個女兒病倒了，送到醫院沒幾天，便告別了父母，離開了人世。

雙重的打擊使這對夫婦無法喘息，無法接受這樣悲慘的事實。

他們的頭腦中時刻浮現著兩個女兒的音容笑貌。他們顧不上吃飯、睡覺，一切時間都在回憶兩個女兒，全身的神經繃得緊緊的，鬆弛不下來，所有對生活的信心都一掃而空。雖然醫生建議道格拉斯服用安眠藥，外出旅行等等，但他依然無法減輕心中的悲傷。他的心像卡進了老虎鉗，被扭得越來越緊，幾乎到了崩潰的邊緣。

幸好，他還有一個可愛的兒子。一天中午，他正痛苦的倦伏在沙發上，兒子走進來，天真的說：「爸爸，幫我做一艘小船好嗎？」

他當時根本沒有心思做任何事情。但看著兒子那期待的目光，他無法拒絕，只好答應了。兒子要的這個玩具小船消耗了他三個小時的時光。當做完了小船，他忽然發現，在製作小船的三個小時他就忘記了別的事情，忘記了家庭的不幸。他是那麼平靜的一心一意做小船，這種心理上的寬鬆與寧靜是近幾個月裡所沒有的。這個發現使他震驚，他開始用頭腦想問題了，這件事使他認識到，一邊專心致志的工作，一邊心懷哀傷是不可能的。既然為兒子一心一意做玩具能夠放逐悲傷，為什麼不想辦法讓自己忙碌起來呢？於是，他從第二天開始，檢查了家中的每一個角落，將所有需要修理的地方一一記

錄。兩週之內，他居然找出了兩百多處需要修理的地方。隨後，他用了兩年的時間，陸陸續續的將損壞之處修理完畢。此外、他還為自己安排了許多活動。每週有兩個晚上參加成人教育學習班，還參加學校家長會、紅十字會等各項社會活動。在終日忙碌、與人交往的日子裡，他已經沒有時間去憂慮、痛苦了。

沒有時間憂慮！這是生活務實、活得瀟灑的主要特徵之。許多人的煩惱和痛苦的產生，就是因為閒散的時間太多，以至於讓無意義的想法占據了頭腦而破壞了原來安寧的情緒，甚至會無緣無故的懷疑一切。努力做你的工作，這樣，心靈就會充實。日子就會好過，強盛的生命力就會把無謂的煩悶一掃而光！

如果一時沒有什麼使你感興趣的事情吸引你的注意力，還有一個好辦法就是跑步、跳舞、打球。鍛鍊和娛樂，既是一種體力消耗、感情宣洩，更是精力的恢復與積蓄，也是對付不良情緒的「抗體」。

轉移目標、採取行動為什麼是治癒心靈創傷的靈丹妙藥？因為這樣做不僅會轉移注意力，而且會影響情感發生轉變，恢復心身健康。

美國心理學家鮑利斯‧比萊講過這樣一件事例：他去看望一位二十七歲、病情已難救治的女孩。女孩臉色蒼白、目光呆滯，只能說些簡單而不連貫的話。顯然，她在重大不幸的打擊下，精神已不正常。鮑利斯掏出一塊隨身帶來的紙黏土給女孩看，隨後捏出一張粗略的人臉……女孩像小孩似的盯著要求再捏一次。鮑利斯再次捏弄之後又讓女孩自己試試……此後，鮑利斯每週到女孩那裡去一次。一年裡，他們一起捏了許多的小小人。

科學試驗表明：人的智商隨著使用手的能力而成長，手工勞作要求注意力集中、思路清晰，手工勞作和創造性工作，能使人親眼看到在自己手中逐漸成型的作品所以它能產生和增強自信心與價值感。

第九單元　自我覺察，選擇控制你的情感

　　透過經常捏小小人，那位女孩雙手變得靈巧了，心身恢復健康了。而且，數年之後，她成為一名雕塑師。她的作品曾在許多重要的展覽會上展出。她已經能夠快樂的生活，併發揮她那富有個性的創造力。

　　許多事實證明了心理學上的一條原理：情感能影響行為，行為也會影響情感。根據這個原理，當你陷入困境，尤其是遭遇重大不幸的時候，你千萬不要過多寂然獨處，不要為憂愁、煩惱或悲痛之情所困，變得無可奈何、唉聲嘆氣或暗自傷心，而要與人交流，宣洩情感，尤其要有意識的轉移目標，採取行動、精神有所寄託，感到生活充實，你就會很快轉變心情。請記住，沒有時間焦慮和傷心的人是幸福的！

壓力不在事變本身，而在於內心體驗

　　人的情緒反應雖然是受外界環境的影響和刺激而變化。但是直接決定人的情緒反應的關鍵因素還是人自己的內心體驗。是一個人對外界環境的影響與刺激的評價和估量。這就是說，問題不在於事變本身，而在於你以什麼樣的心態和觀念去感應。許多事情的發生，我們個人無法做主，許多時候也無力改變。但我們的心理體驗和反應，自己可以做主，也可以改變。說到底，這就是我們選擇控制自己情感的根本出路和主要方法。

　　火箭發射塔架足有四五十層樓房那麼高。同樣登上發射塔架的頂端，有的人放眼遠望，心曠神怡，而有的人卻提心吊膽，越看越怕。對於玩遊樂園裡的滑行鐵道雲霄飛車，有些人乘坐飛轉一番，感到非常過癮和刺激，但有些人上去一試就怕得不行，再也不敢嘗試。同樣的事物，為什麼會有截然不同的感覺和情緒反應呢？

　　再如，你騎車子急忙趕路，眼看就要遲到了，必須分秒必爭，可偏偏又遇到交通阻塞，每到一個路口都亮起了紅燈。一看紅燈禁行，你可以著急上

火，焦躁不安，甚至罵人，產生不良的情緒反應；但你也可以平和放鬆，趁此端詳人們的步態行色，欣賞漂亮女郎的身姿時裝……顯然，同樣的環境刺激，你可以選擇煩惱，也可以選擇愉快。生活裡的許多事情不都可以由你來決定自己的內心體驗嗎？

小王是個某公司的業務員，上司認為他很笨，對他評價很低。

小王訴說後，當然感到十分痛苦。但是，假如小王並不知道上司認為他很笨，他會痛苦嗎？當然不會。一個人不可能為自己不知道的事情而喜怒哀樂，但小王不知道上司認為他很笨，本等於這種看法不存在。所以，真正使小王痛苦的原因並不在於上司的看法，而在於他自己的感覺。他的心理反應，還在於他不能摒棄別人會怎麼評價自己的顧慮，在於他總是確信自身的價值是由別人的看法決定的。如果他認定最高仲裁者是自己，而不是別人，他就不會為了上司的看法而痛苦。

我們弄明白了不良情感的壓力並非在於事變本身，而在於我們的內心體驗，在於我們的意識，這就不僅讓我們更加懂得了怎樣選擇控制自己的情感，而且明確了一個新的觀念：我們每個人都要對自己的情感負責。

什麼叫對自己的情感負責？就是你若為什麼事情生氣、煩惱、壓抑、煩悶和憤怒等等。其責任不在人身上，而在你自己身上。

人們常說：「氣死我了」，而不說，「我氣死了」。其實不對。

「氣死我了」一般是指造成不良情緒的原因和責任在別人身上，而「我氣死了」才意味著問題在自己身上。實際上，生氣的根本原因並不是別人的所作所為，某種過錯。而正是自己的「想法」，即內心體驗。實事求是說應當是「我的意識和想法把我氣死了」，因為同樣的情況，你可以選擇生氣，也可以選擇不生氣。有句話說得好：「他來氣我我不氣」，因為「我若生氣中他計，氣出病來無人替。」

第九單元　自我覺察，選擇控制你的情感

七情致人發病。決定於人的內在正氣的盛衰，而正氣又是人的意識、觀念和心理態度所決定的。一個人要保持良好的自我狀態，最根本的祕訣就是心態開放、自我更新。這樣的人即使遇到重大挫折、惡劣刺激，也能選擇控制自己情感，並對自己的情感負責，絕不怨天尤人。

自己對自己的情感負責，不僅可以強化我們選擇控制自己的情感的能力，而且能夠避免許多人事糾紛和情緒汙染，有利於發展人際關係。

你氣我惱，情緒汙染，既損害他人，又損害自己，我們何必要用這種方式來傳遞資訊呢？我們應當接受自己的行為，接受別人的表現，接受已經發生而又不可改變的事實，然後再尋求可以改進的途徑，爭取好的結果。從情感選擇上講，就是要學會對自己也對別人微笑。

有人也許會說，我自己已經夠煩惱了，哪還有心思去對別人微笑？其實，讓別人感到愉快，自己也會感到愉快，做到這一點，心病就會好了一大半。為什麼會產生這麼好的效果呢？因為當你真心實意的去關心別人的時候，就會忘記自己，使得憂愁、煩惱、孤寂、恐懼等不良情緒無法占據你的心頭。所以，我們要在現時中快樂的生活。那就要每天都表現出美好的言談舉止，以微笑的面容去對待別人。

第十單元　重塑自我，堅持積極的心理暗示

第一章　自我意識決定一個人的命運

微小的差距造成巨大的差別

如前所述，每個人都帶著一個看不見的法寶。這個法寶具有兩種不同的作用，這兩種不同的力量都很神奇。它會讓你鼓起信心和勇氣，抓住機遇，採取行動，去獲得財富、成就、健康和幸福；也會讓你排斥和失去這些極為寶貴的東西。這個法寶的兩面就是兩種截然不同的心理上的自我暗示，關鍵就在於你選擇哪一面，經常使用哪一面了。

一個孩子，家境貧寒，生活窘迫，不得不經常拾煤塊，揀破爛，因而有些同學就看不起他。放學以後，常有三個愛欺負人的孩子襲擊他，以此為樂。他每次受到驚嚇或是挨了打罵，只有流著淚回家，感到恐懼和自卑。後來，他讀了一本書《羅伯特的奮鬥》，內心受到啟發和鼓舞。他在心理上進行

第十單元　重塑自我，堅持積極的心理暗示

了積極的自我暗示，決心拚命戰鬥，打敗對方。這天放學的路上，他又遇到那三個恃強凌弱的孩子。那三個孩子一起喊叫著衝向他。他這回不是逃跑，更不是害怕求饒，而是挺身迎戰，一鼓作氣和他們拼打。這是一場惡戰。他打倒了一個，另一個見勢不妙逃跑了，領頭的那個也只好退卻了。從此，那三個孩子再也不敢欺負他了。實際上，他不比幾個月前強壯多少，攻擊他的三個孩子也沒有變得虛弱。前後不同的只是他的心理上的自我暗示不同，他改變了自己的心理態度，也就改變了他的命運。

　　心理上的自我暗示固然是個法寶，但這個法寶的巨大魔力。還需要透過經常的長期的運用，形成一種意識，才會充分的顯示出來。具有自信主動意識的人必然會長期堅持積極的自我暗示，而具有自卑被動意識的人卻總是使用消極的自我暗示。可以說，經常進行積極暗示的人在每一個困難和問題面前看到的都是機會和希望；而經常進行消極暗示的人在每一個希望和機會面前看到的都是問題和困難。很明顯，正是這種由成千上萬次的心理暗示所形成的意識決定了一個人有無發展，能否成功。

　　美國社會學學者華特‧雷克博士研究了這樣一個問題：他從兩所小學的六年級學生中，找出兩組截然不同的學生作為研究對象。一組是表現不好，難以救藥的。另一組是表現優良，能夠上進的。那些品行不良的孩子，在他們遇到某種困難時，往往會預期自己一定會有麻煩，覺得自己比別人低下，認定自己的家庭糟糕透頂等。而那些素行優良的孩子則相信自己在學習上會成功，相信不會遇到什麼麻煩。經過五年的追蹤調查，結果顯示正如原先所預期的情形。好孩子都能保持繼續上進的記錄；而那些品行不良的孩子則經常會出問題，其中還有人進過少年法庭。

　　以上的事實和研究結果再次證實：自我意識、自我評價本身確實能左右一個人的發展。一個孩子如果有了不利的自我意識，就會有不良的表現。也

就很容易被人們看成是「沒出息」、「沒用」，甚至「有犯罪意圖」。一個人的心理暗示經常怎樣，他就會真的變成那樣。想要戒菸的人如果告訴自己：「我戒不了菸」，那麼他就永遠不會戒菸。凡事認為「我不行」、「我注定會失敗」的人，他怎麼可能會成功呢？

　　人與人之間本來只有很少的差異，但這很小的差異卻往往造成了巨大的差異！巨大的差異當然決定了是成功、幸福，還是平庸、不幸。而原本很小的差異就是凡事所採取的心理暗示不同。所以說，兩種不同的心理暗示必然會產生兩種不同的結果。

　　一個人的命運是由自我意識決定的，這句話的含義就包括了潛意識。因為積極的心理暗示要經常進行，長期堅持，這就意味著積極的自我暗示能自動進入潛意識，影響潛意識，只有潛意識改變了，才會成為習慣。

　　潛意識就是已經習慣成自然，不用有意控制的心理活動。根據大自然的構造，人類完全能夠控制經由各種感覺器官進入潛意識的各種資訊刺激和物質力量。但是，這並不等於人們隨時隨地經常的動用自己的控制力。而在絕大多數情況下，許多人並不運用這種控制力。如果人們都能主宰自己，怎麼會有那麼多人心態消極，一生貧苦卑賤呢？

　　潛意識就像一塊肥沃的土地，如果不在上面播下成功意識的良種，就會野草叢生，一片荒蕪。自我暗示就是播撒什麼樣的種子的控制媒介。一個人可以經由積極的心理暗示，自動的把成功的種子和創造性的思想灌輸進入潛意識的大片沃土。相反，也可以灌輸消極的種子或破壞性的思想，而使潛意識這塊肥沃的土地野草叢生。

　　堅持心理上積極的自我暗示，這對於領會成功心理的基本原則有以下意義。

　　1.　透過心理暗示的作用，把樹立成功心理、發展積極心態這個總原則

第十單元　重塑自我，堅持積極的心理暗示

變成了可以具體操作的方式和手段了。就是說，轉變意識、發展積極心態，就要從心理上的自我暗示做起。

2. 第二，心理暗示是人的自我意識中「有意識」和潛意識之間的溝通媒介。人的思想行為不可能一切都要有意識的選擇和控制，透過經常持久的積極暗示，讓自信主動的電流與潛意識接通，這才是真正的具有巨大魔力的自我意識。

3. 第三，由於心理暗示的內容是具體的、實際的，所以堅持積極的自我意識也就必然要選擇確立自己的目標，而且主要的目標將滲透在潛意識中，作為一種模型或藍圖支配你的生活和工作。

4. 第四，透過心理暗示這個具體實際、可以操作的環節，我們能把內容複雜的成功心理學融會貫通。化作簡單明確而又堅定不移的信心和意志，並且可以立刻行動。正因為心理暗示能夠直接支配影響你的行動。所以，「自我意識決定你有無發展、能否成功」這句話就變得更加實在了。

改變自我意識，夢想成為現實

福勒，一個美國黑人小孩。因家中貧困，他五歲就幫忙工作。

但小福勒有一位不同尋常的母親。她經常對兒子談論她的夢想：「福勒，我們不該貧窮。這不是上帝的安排，我們會窮是因為你父親從未想過致富。我們家庭中的任何人都沒有過改變命運的想法。」母親啟發了小福勒的心靈，在他的心靈深處刻下了深深的烙印以致改變了他整個的一生。他決定經商，開始為一家肥皂公司推銷肥皂。他推銷肥皂長達十二年之久。後來他聽說供應他肥皂的那個公司，即將拍賣出售，售價十五萬美元。他當時積蓄了兩萬五千美元，儘管相差懸殊，但他果斷要買。雙方協議，他先交兩萬五千美元，到期不交齊的話將失去兩萬五千美元的保證金。於是，他抓緊時間，到

處借貸，一求人幫忙，奔波到第十天前夜，還差一萬美花這真是決定成敗的關鍵時刻，怎麼辦呢？

福勒找過了所有他認識的人，一無所獲。半夜，他開車駛過幾個街區後，看見一所承包商事務所還亮著燈光。他走進去，只見在一張書桌旁坐著一個因深夜工作而疲乏不堪的人。福勒有點認識他，並意識到自己必須勇敢些。他直截了當的問：「你想一下子就賺一千美元嗎？」承包商嚇得朝後一仰：「是呀，當然！」「那麼，給我開一張一萬美元的支票，當我奉還這筆借款時，我將另付一千美元利息。」福勒想到對方不會輕信，就把其他借款給他的人名公司給對方看，並詳細解釋了這次商業冒險的情況，以便取得對方的信任。

就這樣，福勒在關鍵時刻借到了一萬美元，買下了那個肥皂公司。他努力經營，果然發財致富，後來又在七家公司獲得了控股權，成了百萬富翁。當人們問他成功的奧祕時，他用母親以前所說的話做出回答。總之，他就是以積極的心理態度把夢想變成了現實。顯然，一個人的命運如何，不是上帝和客觀因素所決定的，而是他的心理態度所決定的。這裡確實也有個機遇問題。人們在議論某些成才者或成功者的命運轉折時，常常談到並過度渲染了「機遇幸運」的問題。如某位演員原本是一名郵差，因送一封信偶爾認識了某位導演，從此便時來運轉，紅透半邊銀幕。

又如，某青年學者載譽歸來，說他「總是和幸運連在一起。」如果承認機遇的至關重要，豈不就等於承認「命裡注定」了嗎？

機遇就是在人際社交中得到的機會。用哲學語言來說，它是一種偶然性反映了事物的某種變化和連繫。這種偶然性是客觀存在的；機遇確實改變了某些人的經歷，為其人生帶來了意外的變化，增添了光彩。科學實踐中的機遇，往往會成為新的研究的起點，引起科學上的重大發現。創作靈感、愛情

第十單元　重塑自我，堅持積極的心理暗示

姻緣、商業冒險等等，也都和某種偶然性和促進是分不開的。上面談到的福勒如果沒有那家肥皂公司拍賣出售和那個承包商在關鍵時刻借給他一萬美元等機遇，他怎麼會發財致富呢？可是，我們不要忘記，這些偶然性的機遇並不是專為福勒一個人而出現的，別人也可以買下那家公司，別人也可以去找承包商借錢，但唯有福勒勇於決斷和冒險又能堅持不懈的努力爭取。顯然，發展與成功的根本原因不是機遇，而是一個人能夠發現和爭取機遇的自信意識和積極心態。如果你要像福勒那樣發家致富，或是想在化學方面發現一種新元素，或想創作一支動人的歌曲，或想設計一種最新最美的時裝，或想培養你的孩子成才，其決定因素和主要法寶就是要有抓住機遇的積極心態和果敢精神，也就是經常進行積極暗示的自我意識。

正是堅持積極的心理暗示的自我意識，把一個人的夢想、渴望、價值觀念、奮鬥目標深深的刻在潛意識中，並自動的採取行動、付出代價，向著自己期望的目標一步步邁進，走向了成功！拿破崙就是借助於這個方法，使自己從一個來自貧窮的科西嘉島上的出身低微的人，成為主宰法國、稱霸歐洲的不可一世的人物。愛迪生也是借助於這同樣的方法，使自己從一個被開除的小學生、賣報生，變成世界最偉大的發明家。林肯也是借助於這同樣的方法，跨越了一道道挫折與失敗的鴻溝大壑，使自己從肯塔基山區一棟小木屋走向社會，最後成為最優秀的美國總統。羅斯福和邱吉爾更是借助於這同樣的方法，使自己成為自己國家最有成就的首腦之一。更值得我們深思的是，戴爾·卡內基本是一個出身貧苦家庭、曾經深感自卑的農民子弟，但他改變了自我意識，竟然使自己從一個缺乏自信、不善言談的「卑賤者」，成為一個以畢生精力培養人們的自信心和口才與社交能力的貢獻卓著的成人教育家。

其實，在現實生活中，就在我們的身邊和眼前，依靠自己的辛勤勞動而發財致富，有所創造或在某一領域領先開拓、冒出頭的成功者，有哪一個不

是依靠心態的改變，自我意識的改變，從而把夢想變成了現實的呢？

　　懦弱平庸的人總是嘆息自己沒有機遇，總是等候盼望有個什麼特別的機遇而一舉成功。其實，生活中到處都有機遇學校的每一門課程、社會上的每一次活動、報刊上的每一篇文章、人際的每一次交往、嘗試中的每一次成敗、生活中的每一次轉折、工作上的每一次洽談等等，全都可能給你帶來新的感受、新的資訊、新的朋友，全都可能對你是一次測試、一次選擇、一次機會。問題在於你的意識和心態、你的觀念和追求是否積極，你是否能發現和抓住每一次機會。對每個人來說，機遇和條件自然有所不同，但沒有一個人在一生中，機遇一次也不降臨到他頭上。然而，當運氣發現你並不準備接待她的時候，她就會悄悄的溜走了。

　　一位女孩處境不佳，她找朋友借了錢去都市找機會。這位朋友並不指望她會時來運轉，歸還這筆錢，因為她既沒什麼專長和像樣的學歷，也沒有一副招人喜歡的長相，而且到了都市也沒什麼親戚朋友能幫她，除了碰釘子、遭冷遇，哪裡會有異想天開的運氣呢？但她充滿自信，不怕挫折，終於在一家小公司當了一名雜工，總算得以謀生。她不僅認真仔細的工作做事，贏得老闆的信任，而且眼觀六路、耳聽八方，利用每次送茶倒水、擦拭桌椅的機會，用心聆聽每個客戶的訪談。她從這當中，一方面暗自學習人們是怎樣談生意、拉關係的；另一方面又暗自記下每個來客的姓名、地址和電話……做了一年之後，她突然辭職了，老闆感到很奇怪。原來她要自己開辦一個小商店，她四處奔波，去請求她暗自記下姓名的一些人幫忙。她就這樣廣交朋友，挖空心思，很快開辦了自己的商店，並且不斷盈利。對於當初借錢給她的那位朋友，她不僅歸還了欠款，而且邀請他到都市來玩，一切開支，由她支付。這位朋友對她的變化感到驚奇，看到她的商店生意興隆，不由得感慨萬分。這位所謂缺才少貌的女孩是憑什麼點石成金、改變命運的呢？憑的

就是勇於冒險，善於經營自己的積極心態。只有這樣的人才能抓住寶貴的機遇，開闢自己的路！蕭伯納說：「人似乎總是把自己的處境歸咎於機遇不好，我不相信機遇。在這個世界上，取得成功的人，是那些努力尋找機會的人。如果找不到機會，他們就自己創造機會。」

自我暗示不是說空話，而是改變自己

自我暗示果真是具有魔力的法寶嗎？有些人表示懷疑。比如：我的口袋裡只有一元，我整天在心裡惦記：我一定要多賺錢。我要發大財……我就會發財嗎？有比如：我是一個智商不高、缺少專長的人，我經常自我暗示：我一定要做成什麼事情，我一定要取得偉大成就……我就能有所作為嗎？事情當然不會這麼簡單、容易，「心想」畢竟不等於「事成」，但一切「事成」都是由「心想」所啟動的。你想發財致富或有所成就，當然不等於你已經發財致富或有所成就，但你經常這樣在心理上自我暗示，就會形成一種一定要愛財致富或有所成就的自我意識。這種意識又導致你積極行動，刻苦奮鬥，勇於冒險，開拓新路。

自我暗示的魔力是在二十世紀初由一位名叫古爾的藥劑師發現的。有一天，一個顧客來到古爾的藥局要買一種必須有醫生的處方才能出售的藥。這個客人頑固之極，他沒有醫生的處方，卻非要買這種藥不可。古爾拗不過他，但又不能違法出售那種藥。為了應付這位不可理喻的顧客，他靈機一動，拿了幾粒沒有藥性的糖衣錠給這個客人，並把這種「藥」的效力鼓吹了一番。

數天後，這個客人又來找古爾。古爾暗自吃驚，生怕闖了大禍。沒想到，客人是來對他道謝的。他感謝古爾的「藥」治好了他的頑疾，還稱讚古爾不愧為藥劑師，對這種藥物的推薦十分有效。

這可把古爾弄糊塗了：按說，糖衣錠無法治癒這個人的疾病，但事實上，他又因為吃了這種「藥」而痊癒。到底是什麼治好了此人的病呢？唯一合理的解釋是心理因素起了作用。客人本來就相信這種藥的治癒能力，再加上古爾的一番鼓吹，糖衣錠使達到了靈丹妙藥的作用。這就是心理暗示的魔力。由此，古爾對心理治療產生了極大的興趣，他開始鑽研心理學，又向專家求教，經過幾年努力，創立了一個以自我暗示為主的心理治療學派。

古爾的學說流傳很廣，影響很大。在心理學方面，自我暗示一直都占有重要的地位。富生特在《富豪的心理》一書中說。「很多人因為古爾的方程式過於簡單而懷疑它的可行性 —— 千萬不要這樣……我研究過的富人雖然未必明顯的採納這方程式，但實際上每當他們面對困難或新局面的時候，都會不自覺的運用類似的自我暗示去幫助自己闖難關、攀高峰。」

自我暗示其實就是運用語言去改變自己，當你喜歡的人對你說「你真能幹」、「你真有用」，這幾個字會有巨大的推動力；當你喜歡的人對你說「你不行」，「你真沒用」，這幾個字就會有巨大的挫折力。

你可能仍然有疑問：別人說我「能幹」、「有用」，我當然感到高興、有一種推動力；自我暗示是自己說自己「能幹」、「有用」，可是我知道自己不行，這不等於是說空話、說大話嗎？會有什麼魔力呢？

這樣想是不對的、自我暗示，不論是自我貶低，還是自我激勵。都會有一種魔力，並不是毫無作用的空話。人總有某種惰性，很容易被多次重複的說法牽著鼻子走。凡是經常重複的自我描述，不論是心裡想的，還是嘴上說的，次數多了，時間長了，就會形成一種自我感覺、自我意象、自我期望，也就是自我意識，就會具有一種改變自己的魔力。

有這麼一句流傳已久的話：「把一個人當作什麼，他就會是什麼。」同樣，你把自己當作什麼，你就會成為什麼。這句話似乎純粹是唯心論的夢囈。其

第十單元　重塑自我，堅持積極的心理暗示

實，這不是胡吹瞎說，而是實實在在的事物發展規律。從心理學的角度來看，這就是所謂的「畢馬龍效應」，或者叫「預言的自我實現效應」。

畢馬龍是希臘神話中的賽普勒斯王，因為他熱衷於雕刻，為自己所雕刻的美女形象傾注全部心血，結果他熱戀上自己雕刻的美女雕像而如醉如痴，不能自拔。愛神感其真誠，遂賦木雕女像以生命，二人終結良緣。

有人問，美國橄欖球教練傑米·強森是怎麼把達拉斯牛仔隊這個爛攤子改造成了一支無戰不勝、無堅不摧的超級盃冠軍隊的，強森就講了畢馬龍的傳說。為了進一步說明「相信自己能贏，就一定能贏」的道理，他又舉了一個現實生活中的例子。

他說：「幾年前，德克薩斯技術大學一位叫阿爾伯特·金的研究生做過一個試驗。他召集了一幫勞工，辦了一個電焊培訓班。金告訴教電焊的老師，班上某某等人具有電焊天才，是可造之材。其實，金只是隨便點幾個人的名字而已，他自己對這些工人的才能如何也一無所知。但是，老師卻把金的話記在心裡。他真的把那幾個人當做有天分，經常用肯定和鼓勵的語言促其上進，並明確無疑的對其寄予很高的期望。結果，培訓班結束後，那些最初被金點過名的人果真成了班上的佼佼者。」

強森又說：「不論我是把一個球員當作一個勝利者看待，還是將整個球隊看做一支冠軍隊，或者是將教練助理視為甲級隊中最聰明、最勤奮的教練助理，我都以足夠的真誠對待之，這樣收到的效果往往是令人滿意的。」

相信自己能贏，就一定能贏！這就是強森僅經過短短的四個賽季就把一支失魂落魄的橄欖球隊塑造為全美超級杯冠軍隊的祕訣。這些事實證明，「畢馬龍效應」早已從神話典故變成了現實的規律，所以，你如果追求成功，必須積極暗示，讓內在的自我首先成功……

人的本性就是追求目標，實現心願。不論你的願望是什麼，只要你目標

明確的想做成什麼事，想成為什麼樣的人。你的大腦和神經系統就會源源不斷的提供你所需要的資訊，驅使你自覺的甚至是無意識的向著追求目標、實現願望的方向運動。所以，我們可以相信，堅持心理上的積極的自我暗示，就會使自己變得自信主動，有生氣、有活力、有創造性。

　　科學研究表明，人的大腦與神經系統具有類似電腦一般驚人的能力。它不僅能儲存大量的資訊，而且幾乎可以一模一樣的再現這些資訊。消極的資訊刺激會使管思想衝動和管感情色彩的大腦皮質下的神經中樞不再促使智慧和熱情迸發、交流，反倒把智慧和熱情禁錮起來，使人感到憂鬱、緊張和焦躁不安。而一個接受積極的資訊刺激，包括回憶和想像美好的事物和美好的形象，才會使自己的思想感情活躍、開放，具有應變力和創造力。

　　日本東京有個創新能力研究所，他們曾做過一個試驗：將兩百人分成智商相當的兩組，規定一組人只回憶愉快、得意的經歷，而另一組相反，盡想一些倒楣的事情，然後讓兩組人做同一種測試題。結果表明，前者的記憶力、理解力和表達力大大高於後者。常言道：「一事成功，萬事如意」，指的就是成功的記憶會成為固有的儲存資訊，激發一個人努力開發潛能，去爭取更大的成功。那麼，對於一個總是經歷挫折與失敗，或總是認為自己不行，感到自卑的人，是否意味著無從吸取以往成功的經驗，接受美好的資訊刺激，而只能感到自卑，悲嘆自己淪於失敗的境地呢？回答是否定的。

　　荷蘭哲學家斯賓諾莎說：「人的自卑心理來源於心理上的一種消極的自我暗示。」如當眾演講，你總覺得自己不行，害怕出醜讓人笑話，擔心損害了自我形象，這就是心理上的消極自我暗示。這種消極的自我暗示，只會引起並加重膽怯和緊張的心理反應，使自己捲入一種螺旋般的加速的懼怕反應之中。如果你認為自己能行，勇於並樂於當眾自我表現，那你就會振奮精神，集中起注意力，去應付不尋常的挑戰，經由這樣積極的自我暗示，你改變了

第十單元　重塑自我，堅持積極的心理暗示

自我意識，也就改變了自己。

　　富蘭克林‧羅斯福總統的夫人埃利諾是美國有史以來最受歡迎的第一夫人。在羅斯福一九二一年因病致殘後，她對政治活動即趨積極，丈夫的耳目未能顧及的方面，多虧了這位夫人照顧。對當時的美國人來說，沒有人不知道埃利諾的名字。她所作的努力增加了羅斯福的聲望，增添了總統的開明和進步的色彩。

　　作為總統夫人如此傑出，似乎也不足為奇。但埃利諾在少女時代是一個自卑、膽怯的「醜小鴨」。就拿交際風度來說吧，她由於對自己的長相不滿意而深感苦惱，與人交際過於拘謹。為了克服這種自卑感和羞怯感，她在閱讀大量的文學名著、名人傳記的過程中，精心揣摩書中那些貴婦名媛們的神情態姿、舉止氣派。每當參加舞會或社交的場合，每當走進一個有陌生人聚集的場所，她都想像自己是一個光彩照人的女王，正朝著她的臣民走去……這種積極的自我暗示，使她從自身的深淵中解脫出來，一以自己優雅的風度和機敏的智慧，在社交場合上獨具魅力，贏得了當時一位最受女孩子青睞的英俊青年富蘭克林‧羅斯福的愛情，並為她後來塑造最美好的第一夫人的形象打下了基礎。

　　一個人自我暗示自我形象美好就會變得美好麼？一個時常想像自己能成功就果真能走向成功嗎？事實的確如此，改變了自我意識，夢想就會成真，這是成功心理學所揭示的一個極重要的奧祕。這是什麼道理呢？

　　國外的有關專家經過多年的探索發現，人的大腦和神經系統對於「真正的成功」與「想像的成功」沒有分辨力。假如你能透過自我暗示，即能在想像中對你所要做的事情和所希望的結果構成了一幅鮮明清晰的「心理圖片」，「看到」自己扮演成功的角色，依照你所希望的那樣去感受，去行動，並且不斷的給自己展現這幅想像的畫面，添加一些枝葉細節，反覆體會。等到你的

「心理圖片」經過多次重複而變得十分清晰、越來越「真實」的時候，相對的感覺就會油然而分，就像「事實上已經成功了」所產生的效果一樣。這時候，你的大腦內部和神經系統也會隨之變化。大腦皮質將刻下新的「記憶痕跡」和「神經中樞」樣式，它將激發你的潛意識中全部的能量，使你以最開朗爽快的心情，以最佳的精神狀態，去選擇和從事你所喜歡的事情，投身到人生的拚搏之中。

　　這樣，你就與你的「心理圖片」越來越接近，從而塑造出一個新的自我。

第二章　擺脫舊我的桎梏，重新自我描述

舊我 —— 消極的自我描述

　　堅持積極的自我暗示，養成積極的自我意識是成功的法寶，為什麼許多人總是習慣於消極的自我暗示呢？即使在我的培訓班上，有的朋友也反映說，聽了幾課成功心理，很受啟發，心情振奮！可是回到現實生活中，自己好像還是老樣子，仍不能自信主動，這該怎麼辦呢？

　　不必奇怪，也不要著急，一個人要改變自我意識，由經常進行消極的自我暗示轉變為自覺的堅持積極的自我暗示，實在不是一件容易的事情。首先，我們要明白，一個人的自我意識會受到許多因素的影響。而且是經歷了相當長的時間形成的，怎麼可能一下就改變，一蹴而就呢？從影響心理暗示的多種因素來看，至少有這樣幾方面：

1. 如何看待自己的品格、智商，主要是如何看待自己的優缺點。如果認為自己條件很差，缺點很多，並害怕承認，力圖掩蓋，當然就會影響自我認識，對自己的評價偏低。如果能充分認識自己的優點和潛能，並充分表現自己的優點，開發自己的潛能，又不想掩飾自己

的缺點不足，那就會自我評價較高。

2. 為自己選取什麼樣的目標，提出什麼樣的標準。如果自我期望和要求很低，就會總能感到志得意滿，不思進取；但如果對自己的目標選擇期望標準過高，也會感到力不從心，悲觀失望。只有從實際出發，選擇和期望較為恰當，才會產生積極作用。

3. 和什麼人比較。一個人透過和不同的對象做比較，可以使自己顯得很矮小或者很高大，顯得笨拙或者聰明。一個人如果眼界狹窄，見識很少，僅僅只與幾個人相比較，就會產生過度的自卑感或優越感。

4. 個人的歸屬感。一個缺乏自信的人如果發現他所屬的群體、環境較為優越和可依靠，微不足道的自我由於「我們」而會增強信心。反之，就會感到平庸而虛弱。同樣的道理，家庭出身、別人的看法、學歷的高低等等也都是影響自我意識的因素。

5. 如何看待實踐中的成功與失敗。成功令人鼓舞，失敗令人沮喪。這兩種截然不同的情況自然對人的自我意識有很大的影響。

　　在這個問題上，還包括成功或失敗所引起的影響對自己產生的或褒或貶的影響。

　　正因為我們的自我意識要受到多種因素的影響，所以我們要把成功心理所包括的各個方面的思想內容相互連繫，融會貫通，才能領會其精神實質，應用到具體實踐中去。但不論因素有多久最根本、最關鍵的因素依然是由自我認識、自我評價。自我期望與要求所構成的自我意識，因為一切因素的影響都要透過你的心理反應才起作用。你到底認為自己能行，還是不行？你是側重於「想要」什麼，還是總想「不要」什麼？你是習慣於生活在別人的眼光裡。還是一定要做自己的最高仲裁者了這一連串的自我意識和選擇便決定了

你遇到問題和挑戰時將會進行什麼樣、的自我暗示，採取什麼樣的行動，並得到什麼樣的效果。

　　老實說、誰不想成功？人人都想於成功一件事情，哪怕是不大的事情也好。可是許多人在夢想成功而行動之前，就首先從心理上發生了動搖，產生了懷疑。他們總是從消極的方面自我暗示。「我能成嗎？失敗了怎麼辦？」「看起來，這件事很可能做不成。」「算了，既然決定了，那就試試運氣吧」「但願不要失敗，不要叫人笑話……」諸如此類的消極暗示、失敗心理，往往導致事情真的失敗了。而這類挫折和失敗。又作為經驗和資訊儲存在自己的大腦，並在下一次進行新的嘗試的時候，再一次出現消極的自我暗示，形成惡性循環。「大概不行，我這人天生不行」這樣的心理暗示，其結果不是導致再一次失敗，就是索性放棄努力，不再追求成功了。所以說，成功是一種習慣，失敗也是一種習慣。

　　一位碩士研究生畢業的女律師準備第一次出庭辯護，內心緊張不安：「我不要神色拘謹，說話不順。我不要被人家看出我是第一次出庭，沒見過世面。我不要被人看做太年輕，沒經驗。我不要被人看做太幼稚，沒本事。我不要……」

　　她掉進了一連串的「不要」、「不能」、「可別」之類的陷阱裡，她總是擔心出錯露怯，害怕挫折失敗。這當然屬於消極的自我暗示。可是，事情往往是你不要什麼，你害怕什麼，卻偏偏會出現什麼，得到什麼。因為她的大腦裡產生了一系列糟糕的畫面。有關的研究表明。人的大腦裡多次出現的畫面會像實際情況那樣刺激人的神經系統。如打高爾夫球，你總是告誡自己：「不要把球打進水裡」，大腦就會浮現出「球掉進水裡」的情景，那麼事情必然不妙 —— 許多人在當眾演講、與人交際、求職面試、與異性約會、參加某種比賽等活動中，尤其是初次參與這些活動的時候，都會出現這種消極的心態，

第十單元　重塑自我，堅持積極的心理暗示

都會掉進一連串「不要」的陷阱裡。

　　那麼，這位女律師應當怎樣自我暗示呢？她應當把注意力集中在自己所希望發生的情景上，她應當在心裡說：「我相信我能行！

　　我相信自己一出庭就顯得很有精神，很有氣質。我希望一張口辯護就使人感到我精通法律，主持正義，我的論點是有充分的事實為依據的。我希望語言流暢，論辯有力，能夠吸引人們的注意和興趣，贏得人們的贊成與支持！」於是，她就想像那種充滿自信、論辯有力的具體情景，經過這樣的練習和準備。她就會在第一次出庭辯護中獲得成功。

　　既然如此，何樂而不為呢？實際上，許多人並不是絕對不使用積極的自我暗示，但他們不經常、不堅持這樣做。當他們面對困難，遇到挫折的時候，他們就對積極的心理暗示失去了信心。人們的願望、意圖大都是不錯的，也多少知道一點應當積極自我暗示，自己給自己打氣、鼓勵。但現實的困境、某種「厄運」，或某種不良刺激，又常常迫使他們把心理暗示這個法寶翻轉到消極的早已習慣的那一面。有些人之所以難以把成功心理貫徹到自己的實際生活中去，其原因就在於此。這就說明，如果我們的自我意識不能脫離早已習慣的舊軌道、老框框，那就會誤以為積極的心理暗示沒有用。

　　你對自己如何評價？你經常用什麼樣的詞語在心裡或口頭上描繪自我形象？面對這些問題，你要認真檢查一下自己的經歷和意識。很多人在社會生活中的笨拙行為和言談舉止上的遲鈍現象以及無能為力嘗試新事物的守舊習慣，都是由於他人所云而形成的，並轉化為消極的自我描述，也就是心理上消極的自我暗示。

　　一個女孩子上小學，起初她很喜歡描描畫畫，塗塗寫寫。可是有一次，她的老師看了她的塗鴉之作直搖頭，很簡單容易的告訴她：她畫得不好，沒有繪畫的天賦。聽了這種不中聽的話，女孩子很不高興，暗自傷心，但又不

相信自己能行，難道老師的看法還會錯嗎？此後，她就再也不願塗塗畫畫了，再也不想去上美術課了。過了沒多久，老師的兩句話 —— 給他掛上的小標籤，開始變成她的自我描述了：「我美術不行。」她長大後，考大學選專業，或選擇職業，或考慮業餘愛好，若有人問她為什麼不畫畫。她就會說：「我美術不行，一直就是這樣，我確實沒有繪畫的細胞。」

由此可見，自我描述詞語大都是你過去的經歷並接受他人給自己掛標籤的產物，而你自己卻又一直沒有檢查分析這些詞語有什麼不對。那麼，這種消極的自我描述也就成為你生活的一部分了。

另一原因是個性弱化、觀念守舊，使人習慣於自我貶低。傳統守舊的觀念使你謹小慎微，事事謙虛，使你總覺得貶低自己總比自信自愛來得容易和保險，似乎可以避免自高自大之嫌。你總是自我描述：我膽子太小，我記性不好，我不敢冒險，我水準不高，我總怕說話說不好……起初也許是為了表示謙虛，不過是嘴上說說，但久而久之，便成了一種思維方式，自我意識。

有一個中年人，他很想上大學深造，因為某些原因使他錯過了機會。他有一回決心一試，可是他又害怕自己比不上年輕人，懷疑自己的能力。臨到考試那天，他一看別人都很年輕，這就認為「我年紀太大了，頭腦不靈光了，其實我對上大學也沒多大興趣。何必跟自己為難，又讓人看笑話呢？」許多人常以這樣的自我描述來迴避自己很想做的事情，而且會形成惡性循環。

自我描述和自我意識如此循環。成了習慣，你怎麼能把發展積極心理態度的嶄新意識培養起來，用到實踐中呢？你要塑造新的自我，那就必須驅除消極自我描述這個惡魔拋棄以往的消極的心理暗示，宣布你現在另有選擇！

宣告「我可以」，重塑新的自我

棄舊圖新，改變自我意識，必須要自我肯定。你只有認定「我一定可

第十單元　重塑自我，堅持積極的心理暗示

以！」才能在心理上進行積極的自我暗示。

生活告訴我：我一定可以！—— 這是一位青年朋友的親身體會。他說：

我從小體弱多病，不能像別的孩子那樣快速的奔跑，也不能像別的孩子那樣工作，自感事事不如人，慢慢的養成了膽怯、孤僻的性格，從不敢冒險進取。長輩們說：「這孩子長大不會有什麼出息。」父母對我的未來也不抱什麼希望，時時遷就我的軟弱，說我撿條命已經是千辛萬幸的事了。

不知是受到何種魔力的驅使。在班導老師告訴我可以不用參加期中考試時，我脫口而出的話竟是「我一定可以！」然而話一出口，我又後悔，因為自文理分班後，我就病倒在床躺了一個多月，課程落了一大截。可是現在⋯⋯有生以來，我第一次被逼到了進退兩難的境地。我痛罵自己：「逞什麼能，真是瘋了！幾次想對老師說不考了，又難於啟齒。只好咬緊牙拼一場。苦過累過，那次考試我居然名列全班第五名！」

從荒僻的鄉村來到繁華的都市，又有了自卑感。開學後不久的一次聯歡會上，都市同學大顯身手，吹拉彈唱樣樣令我羨慕不已，自愧弗如只能當個觀眾。不知是誰非要我「露一手」，心慌意亂中，我暗暗對自己吼道：「我能行！」努力鎮靜下來，鼓足勇氣講了一個民間笑話，沒想到同學們笑得前俯後仰，抱以熱烈的掌聲。

第一次參加詩賽，信心不足。我一個無名之輩還想得獎？我又給自己打氣：不參加怎麼知道行不行呢？

儘管如此，抄詩時，手仍然顫抖得難以控制。時隔數月，傳來消息，我的詩獲得佳作。

「我一定可以！」成了我的座右銘。這句話不同於「芝麻開門」之類的咒語，它實實在在能鼓舞人，給人以自信和勇氣，發掘出自身的潛在智商，並使之有展示的機會。

由此可見，這位青年朋友能擺脫舊的自我，進行積極的心理暗示，不要顧慮這是「逞能」、「發瘋」，而要對自己提出較高的要求，勇於把自己逼到進退兩難的境地。事在人為，你說「我能行」，你就能行！即使一時沒有達到目標，你也會從實際努力中成長了見識和才幹。有人說，盲目自信也會導致失敗。不錯，但導致失敗的原因是「盲目」而不是自信，而且經過了實踐的檢驗，你摸到了事情的深淺難易，不再盲目了，這不也是一種進步和發展。

請不要忘記，棄舊圖新、心態積極本身就意味著不怕失敗。

擺脫舊的自我，重新描繪自我形象，還要注意發現自身的優勢，而不要總是羨慕別人，覺得自己事事不如人。其實，人人都是無知無能的，只不過表現在不同的事情上而已；而人人也都有自己的長處和優勢，只不過需要自我發現、自我激勵而已。

只有棄舊圖新，才會感受到生活的美好。你在心裡說你可以，並付之行動，你就一定能行！

追求夢想，你所得到的不僅是夢想成真。

一位叫小衛的女子竟然三十歲學芭蕾，這是怎麼回事呢？還是讓小衛自己來講述她的故事吧。

我的童年有許多夢，經常夢見我突然變成一個漂亮的小女孩，會跳各種好看的舞蹈。但我不會跳舞，現實也不會給我機會讓我跳舞，因為我太高（小學時已一百六十六公分）、太醜、太黑又太笨。舞蹈和我無緣，別人這麼看，我自己也這麼認為。我從不敢說我喜歡跳舞，我怕遭到輕視和嘲笑。我把這個夢隱藏在內心深處，只能在夢中跳舞。

我沒想到，三十歲了，我竟會走進中央芭蕾舞團的排練廳，開始學習我夢寐以求的芭蕾舞。我在一所學校當班導，曾經膽大包天的把《藍色多瑙河》編成舞蹈，教給我班上的孩子們跳。

第十單元　重塑自我，堅持積極的心理暗示

　　芭蕾舞團的一個演員看了孩子們的演出，稱讚我的想像力，並建議說：你該去團裡的業餘班學芭蕾。

　　三十歲時，我就讀研究所，我變得更加成熟，許多觀念開始發生變化。最大的變化是：我尊重別人對我的感覺，但我更尊重我對自己的感覺。我再也不會因為別人認為我與舞蹈無緣就放棄舞蹈。我熱愛並需要舞蹈，它能使我更好的享受藝術，享受生活。對我來說，這才是最重要的。

　　我慶幸終於有機會學習芭蕾。其實，機會不是三十歲時才有的，只因為以前的我觀念太古板，許多機會被錯過了，有機會也等於沒機會。

　　我發現我真的年輕了，從身體到心靈，我發現我真的漂亮了，從心靈到身體。我的身體柔軟而富有彈性，我的心靈勇於去嘗試。

　　我想做的一切。我發現我具有無限發展的潛能，我知道我的心靈還可以容納更廣大的東西。

　　小衛不僅學會了芭蕾，實現了夢想，更學會了一種生活態度，塑造了一個新的自我。而這一切的根基就是「我知道我一定可以！」

重新自我描述不是表面化妝，而是內心整型

　　重新描述自我形象意味著自我承認、自我肯定、改變自我意識，也就是為了具體明確、經常持久的進行積極的自我暗示。

　　有人也許會想，既然積極的心理暗示是個靈驗的法寶，那麼我們凡事都抬高自己、鼓吹自己，不就行了嗎？我想怎麼樣就能怎麼樣嗎？事情沒這麼簡單，積極的心理暗示確實有效，但不是隨心所欲，一味虛妄的空想和瞎吹。

　　首先，積極的心理暗示，是內心的意念而不是嘴上的吹噓。你在自我意識上認為自己是聰明的、美麗的，這會使你精神煥發。情緒愉快、風度大

方，這樣自然會有一種氣質美。如果你整天逢人就吹噓自己有多麼聰明美麗，這豈不是一種妄自尊大的醜態嗎？即使你長得漂亮，如果自我吹噓，也是孤芳自賞。顯然，內心的意念不等於外部的表現，而是能支配影響外部的表現。

其二，自我肯定、積極暗示，可以開發自身的潛能，而不是脫離實際，空想好事。比如前面提到的小夥子要去與女孩約會的心理暗示。他說話語無倫次，臉紅心跳，本來是消極心態造成的膽怯和緊張，並不是他根本沒有能力和女孩大大方方的交談。積極的心理暗示，只是促使自己把潛在能力釋放出來，這當然是很實在的事情，絕非是空想瞎吹。

其三，較為重大的人生選擇方面的心理暗示，往往是追求較高的理想和目標。如你要成為作家或富翁，這種意念與自身的處境、能力和條件當然會有明顯的差距，但這是一個不斷開發潛能、不斷創造條件的奮鬥過程，而不是立竿見影、唾手可得的事情。只要堅持不懈，夢想可以成真。實際上，總的目標和進程分解到每件事和每一步上，是十分具體而平常的事情，並不是虛無縹緲的幻影。比如：一個立志要當作家的人，星期天放棄娛樂而要練習寫作，收到退稿反倒加倍努力，如此自我暗示和激勵，怎麼能說是異想天開呢？千萬次的累積，許多年的拚搏，他當然會成為一名作家。這樣自覺而持久的積極的心理暗示，怎麼能和當時同日而語呢？一般來說，所謂「夢想」，只是一種形容。人們追求自我實現，大都是從實際出發，經過艱苦的努力可以做到的。

其四，積極的心理暗示並不是出於虛榮心和賭氣。某件事別人認為你不行，你非要爭這口氣不可！怎麼爭呢？這就要看你在心理上進行什麼樣的自我暗示了。如果你這樣想：我要讓那幫傢伙明白，他們難不倒我！我不能讓他們把我看扁了！——你的目的是為了讓人明白嗎？是為了讓別人不把你看

第十單元　重塑自我，堅持積極的心理暗示

扁嗎？他們明白了，你就自信了嗎？他們不把你看扁，你就不扁了嗎？如此賭氣爭高低，主要是虛榮心作怪，而不是積極的心理暗示。因為你把自己的價值交給別人去評判，這就不能主宰自己的靈魂和命運。

其五，自信不是自負。如果你認為積極的心理暗示，不過是一種驕傲自大的自吹自擂，是一種令人反感的思想意識，這實在是極大的誤解。心理的自我暗示不僅不必掛在嘴上，而且自信與自負恰恰是兩種相反的自我意識。儘管在表面上自信與自負都是自我肯定，但自信意識並不需要貶低和否定別人，也不需要透過自吹自擂來贏得別人的認可和讚許。而自負剛好相反，它在本質上是和自卑同屬一種消極的心態，二者同樣都是缺乏自信而必須依據別人的看法來評價自己，為了不讓別人小瞧自己，從自己不如別人這個極端，忽而跳到視自己比別人都高明的另一個極端，這就是自負，不過是消極心態的另一種表現而已。而積極的心理暗示 —— 自信自愛的意識，這是實事求是認識並主宰自我的意識，它並不非要別人信你愛你不可，何必要在他人面前瞎吹炫耀，表現得自命不凡呢？

就像科學家創造一種能夠防治疾病可以注射到身體裡的疫苗一樣，我們也試圖綜合出一些原則和道理，歸納成一種如何自信主動取得成功的心理方面的訣竅，注射到人們的心靈中去。為達此目的，朋友們一定要深入和準確的領會「自信」與「成功」這類概念的涵義。

自信就是相信自己有能力、有價值，也有缺點不足，總之一句話，是認為自己「能行」。請注意是「我能行」，而不是「我最好」。「成功」的定義是「達到預期的目標」，但它真正的涵義應當是最大限度的發揮你的能力，展現你的價值 —— 包括你的體力、智商、精神和感情的力量，而不論你做的是什麼事情，達到多高的成就。如果你充分的發揮了你的能力，你就會感到滿足，這就是成功。

真正弄明白了這些，我們也就明白了。自信、成功、積極的自我意識，改變自我描述等心態問題、在本質上並沒有比較性和競爭性不需要為了競爭取勝而採取損人利己、誘騙利用等不正當的行為，更不需要為了自己出類拔萃而恨不得把別人宰了。

競爭對於個人爭取成功和對於社會進步發展當然具有至關重要的意義。競爭取勝對於人的自信心和價值感會產生積極而深遠的影響。成功有助於人對自己的肯定和滿意，這本身就是一種獎賞，不僅對一個人當時的生活品質有積極的影響，而且會改變他對未來的選擇和態度。但我們對於競爭精神要有正確的理解，需要實事求是、通情達理的明確其定義。我們參與競爭，並且要在競爭中取勝，這並不意味著要壓倒別人或欺騙對手。實際上，正當的競爭能夠使大家都能從中獲益，使每一個人都透過競爭的促進而發揮出最大能量，並體會到一種社會責任和關心他人的意識。

真正自信的人，也相信別人有自己的價值；真正成功的人，也認為別人有能力和機會爭取成功。樹立成功心理的人主要是同自己爭勝，從心態的特徵來講是沒有比較性和競爭性的，所以，這樣的人勇於迎接挑戰，勇於在競爭中取勝，但不會在競爭取勝的過程中對別人抱敵視和不友好的態度，也不會去貶低損害別人。所以說，自信不是自卑，也不是自負。

總之，重新自我描述不是外表的化妝，而是內心的整型，是為了改變自我意識。

馬醫生是整型專家，許多大人物和大明星，都是他的整型手術刀塑造出來的。大部分人在整型手術後，改變了人生觀念，比以前快樂，但也有一小部分人，外表明明由醜化美，但心裡仍然和以前一樣煩惱，甚至更加沮喪！這是為什麼？

馬醫生是具有尋根究底精神的科學家，他花了整整二十年的時間去解答

第十單元　重塑自我，堅持積極的心理暗示

心中的疑團。一九六〇年，他寫了一本名為《心理訊息傳播學》的書，轟動一時。他立下了一個重要論點：人的快樂與否，並非由外在因素決定，而是基於他內心世界的「自我形象」。大部分人整型後變得快樂，因為他們認為自我形象變得美好了；小部分人整型前不快樂，整型後仍然不快樂，是因為他們認為自我形象沒有什麼改觀；少數人整型後情緒更低落，是因為他們覺得自我形象因手術而差了，或覺得自己是暗地裡欺世盜名，比以前更糟糕！

馬醫師的《心理訊息傳播學》認為，人的潛意識就是一部「服務機制」—— 一個有目標的電腦系統。而人的自我形象，就如同電腦程式，直接影響心理機制運作的效果。如果你總覺得你的自我形象是一個失敗的人、懦弱的人，你就會不斷的在自己內心那「螢光屏」上看到一個垂頭喪氣、無能為力的自我，聽到「你是沒出息、不長進」這一類的負面資訊。電腦的程式「注定」輸出的關於自我形象的正或負，「注定」我們的心態的積極或消極，從而「注定」我們的人生是成功或失敗！所以說，重新自我描述主要不是表面化妝，而是內心整型，是透過改變自我意象來改變自我意識。

你也許還會有疑問：重新自我描述總是要把自己看得相當美好，是增強自信自愛意識，而這麼一來，豈不是和做人處世要有謙虛的美德有矛盾嗎？不！俗話說，一瓶不滿半瓶晃，如果你覺得自己這個瓶子裝得滿滿的，又怎麼會晃蕩呢？真正的謙虛不是自我貶低，而是實事求是認識自我。真正的自信永遠意味著自己有缺點不足，而且能勇於改正那些妨礙自己發展的缺點不足，怎麼會驕傲自滿呢？越是認為自己有能力有價值的人，也越會認識到別人也有能力和價值，他怎麼會妄自尊大，不尊重他人呢？真正有智慧的人必然會承認自己無知，他怎麼會不謙虛呢？

法國數學家笛卡兒經常慨嘆自己的無知。有人感到不解，便問他：「你的學問那麼廣博，竟然感嘆自己的無知，豈不是大笑話？」

笛卡兒說：「哲學家芝諾不是解釋過嗎？他曾畫了一個圓圈，圓圈內代表已經掌握的知識，圓圈外代表浩瀚無邊的未知世界。」如果自己掌握的知識越多，圓圈越大，那麼圓周自然也越長。這樣它的邊緣與圈外未知世界的接觸面也就越大，不知道的東西豈不是更多了嗎件這話一點不假，《禮記‧學記》說得好：「學，然後知不足。」所以，我們主張自我肯定、自信自愛，絲毫也不意味著對謙虛美德的否定。

內心整型，改變意識，必須要自我肯定，自信自愛，讓內在的自我首先成功。

世界優秀的高爾夫球運動員尼克勞斯說得好：「人的精神世界可以看成只有一升容量。成功者時常留意的是在自己的精神容器裡裝滿積極的思考。他們每天思考的是如何正確而出色的打出那些球。如果說平常之人之所以成為平常之人，那是因為他們在只有一升的容器裡，至少裝入了一半的懷疑和失敗。他們不是想怎樣能打好那個球，而是想怎麼打能不失敗。」這裡說的就是內心整型，就是自我意象和自我感覺。生活中的尼克勞斯從不讓失敗、疑慮在他的心中有絲毫餘地，當別人的精神狀態時而這樣時而那樣混亂不堪的時候，他卻一個勁的認定自己能行，緊緊盯著「成功」。後來，他將自己在體育上的積極的自我意識，應用到生產經營中，同樣獲得了驚人的成功。

我們要讓內在的自我首先成功，那麼就不要再懷疑、貶低、否定自己，把這些東西從你的精神容器裡清除出去，堅信自己一定能行。這就是心理上的積極的自我暗示。因而，成功心理要求我們不是簡單淺薄的自我肯定、自我激勵，而是要把認識自我、走出盲點、適應環境、突破局限、更新觀念、人生選擇、控制情感、重視實踐等幾個方面的思想內容融會貫通，結合為一個和諧統一的整體，這樣才能成為人生的科學和成功的法寶。

你缺乏的不是機遇，而是自知之明

PMA 學說、卡內基課程……一本書讓你改變自我，打造積極人生

作　　者：李樹蔭
發 行 人：黃振庭
出 版 者：崧燁文化事業有限公司
發 行 者：崧燁文化事業有限公司
E-mail：sonbookservice@gmail.com
粉 絲 頁：https://www.facebook.com/
　　　　　sonbookss/
網　　址：https://sonbook.net/
地　　址：台北市中正區重慶南路一段六十一號八
　　　　　樓 815 室
Rm. 815, 8F., No.61, Sec. 1, Chongqing S. Rd.,
Zhongzheng Dist., Taipei City 100, Taiwan
電　　話：(02) 2370-3310
傳　　真：(02) 2388-1990
印　　刷：京峯彩色印刷有限公司（京峰數位）

國家圖書館出版品預行編目資料

你缺乏的不是機遇，而是自知之明
：PMA 學說、卡內基課程 …… 一
本書讓你改變自我，打造積極人生
/ 李樹蔭著 . -- 第一版 . -- 臺北市：
崧燁文化事業有限公司 , 2022.01
　面；　公分
POD 版
ISBN 978-986-516-992-3(平裝)
1.CST: 成功法
177.2　　110021360

定　　價：420 元
發行日期：2022 年 01 月第一版
◎本書以 POD 印製

電子書購買

臉書